Dōgen
Shōbōgenzō
Ausgewählte Schriften

DIE IZUTSU-BIBLIOTHEK
DER ORIENTALISCHEN PHILOSOPHIE

BAND 3

Herausgeber

MATSUBARA Hideichi
em. Prof., Keio Universität Tokyo

ŌHASHI Ryōsuke
Prof., Universität Ōsaka

SAWAI Yoshitsugu
Prof., Universität Tenri

KAMADA Shigeru
Prof., Tokyo Universität

Beirat

NAKANE Chie
em. Prof., Tokyo Universität

NITTA Yoshihiro
em. Prof., Tōyō Universität Tokyo

MAKINO Shinya
em. Prof., Fremdsprachliche Universität Tokyo

WATANABE Makoto
Botschafter a. D.

ANZAI Yuichiro
Präsident, Keio Universität Tokyo

ICHIKAWA Hiroshi
Prof., Tokyo Universität

Dōgen
Shōbōgenzō
Ausgewählte Schriften

Anders Philosophieren aus dem Zen

Zweisprachige Ausgabe

Übersetzt, erläutert und herausgegeben von
Ryōsuke Ōhashi und Rolf Elberfeld

Keio University Press

Die Publikation dieses Bandes wurde ermöglicht
durch die Stiftung zur Förderungs der Izutsu-Bibliothek
der Keio Universität.
Die Stiftung wurde durch die Spende von Herrn Kenichi Tanaka
gegründet, Präsident der Firma Kakuichi.

Keio University Press Inc.
19-30, 2-chome, Mita, Minato-ku,
Tokyo 108-8346 Japan

Parallelvertrieb durch
Friedrich Frommann Verlag · Günther Holzboog
Stuttgart-Bad Cannstatt

Copyright © 2006 Ryōsuke Ōhashi, Rolf Elberfeld

Das Werk ist in allen seinen Teilen urheberrechtlich geschützt.
Jede Verwertung ist ohne Zustimmung des Verlags unzulässig.
Alle Rechte vorbehalten.

Gedruckt in Japan

ISBN 4-7664-1201-X (Japan)
ISBN 3-7728-2390-4

Erste Auflage 2006

DIE IZUTSU-BIBLIOTHEK
DER ORIENTALISCHEN PHILOSOPHIE

Vorwort

Die Textquellen der orientalischen Philosophie sind ebenso unzählig wie die Sterne am Himmel. Ein Projekt mit dem Ziel, aus diesen Quellen auszuwählen und zu übersetzen, drohte, selbst wenn es großzügige Unterstützung erfahren würde, leicht mit dem Ergebnis zu enden, eine armselige Sternenkarte mit nur wenigen verzeichneten Punkten ohne jeden Zusammenhang untereinander zu bleiben. Um grundlegende Verbindungslinien zumindest anzudeuten, beschränkt sich die Izutsu-Bibliothek der orientalischen Philosophie, die jetzt begonnen wird, vorläufig darauf, eine Sammlung philosophischer Primärtexte zu sein, die in die Konstellation der orientalischen Philosophie einführt, zugleich aber die Dynamik dieser Konstellation weiterentwickelt.

So etwas wie die „orientalische Philosophie" existiert noch nicht, zumindest nicht als strukturierte und einheitliche philosophische Bewegung. Sie ist vielmehr ein erst jetzt aufgehendes, riesiges Gebiet, das uns als Problembegriff aufgegeben wird. Toshihiko Izutsu hat lebenslang sein Denken der Aufgabe gewidmet, den Aufriß dieses Gebietes sichtbar zu machen. Er sagt: „Wie bekannt, sind im Orient seit alters viele wichtige Philosopheme tradiert worden. Über den historischen Zusammenhang zwischen diesen Traditionen wurde schon viel geforscht. Bisher wurde jedoch kaum versucht, diese verschiedenen Strömungen der Philosopheme in ihrer strukturellen Einheit zu begreifen. In dieser Hinsicht kann man keinen Vergleich machen zwischen der ‚östlichen' und der ‚westlichen' Philosophie. Die letztere basiert auf zwei Rhizomen namens Hellenismus und Hebräismus, die sich trotz aller Gegensätze in sich als eine einheitliche Bewegung gut strukturieren läßt. Bei der östlichen Philosophie kann hingegen von einer solchen Einheitlichkeit noch keine Rede sein. Hier liegt eine große philosophische Problematik, die der ‚Orient' zu bewältigen hat".

Welchen Zugang bahnte Izutsu selber zu der Aufgabe, die orientalischen Philosopheme als eine strukturierte, einheitliche Bewegung zu begreifen? Er legte ein Arbeitsmodell vor, das von einem „Netzwerk der Schlüsselbegriffe" ausgeht. Demnach sollen die Schlüsselbegriffe der einzelnen orientalischen Philosopheme gesammelt, gesichtet und vernetzt werden, damit die zentralen Philosopheme „synchronisch strukturiert" werden können. Die Tiefenschichten der einzelnen Philosopheme können dadurch in einen semantischen Zusammenhang gebracht, als ein sinngebender Text rekonstruiert, und zu einem umfassenden Gedankenraum gebildet werden, der einen zukunftsträchtigen Weg des Denkens in Aussicht stellt. Dieser Gedankenraum ist es, den Izutsu die „orientalische Philosophie" nennt.

Die „Izutsu Bibliothek der orientalischen Philosophie" hat als ihre basale Koordinate die Schlüsselbegriffe, die Izutsu selber gesammelt hat bzw. hätte. Sie zielt darauf, Texte in fundierten Übersetzungen zu präsentieren und die darin enthaltenen Schlüsselbegriffe philosophisch zu entwickeln. Jeder der so vorgelegten Texte wird in die jeweiligen Philosopheme einführen, und die Sammlung im ganzen soll im Sinne Izutsus „das Ganze der orientalischen Philosopheme als einen fügsamen und plastischen ‚Text von Begriffsmosaiken' zusammenweben". Als Aufbau einer solchen Textsammlung will diese Bibliothek eher ein Beitrag zur Zukunft als nur eine bloße Aufbewahrung der Vergangenheit sein.

Die zu publizierenden Texte erscheinen alle in europäischsprachigen Übersetzungen. Der Grund hierfür ist, daß die orientalische Philosophie, damit sie sich als Zusammenhang entwickeln kann, den ‚Dialog mit dem Westen' benötigt, ebenso wie die westliche Philosophie zu ihrer weiteren Entwicklung den ‚Dialog mit dem Osten' braucht. Das ganze Werk Izutsus kann als ein solcher ‚Dialog' zwischen dem östlichen und dem westlichen Denken betrachtet werden. Durch diesen Dialog erst können die orientalischen Philosopheme, wie Izutsu sagt, „als Philosophie der Gegenwart neu entwickelt werden, die das heute dringend benötigte, mehrdimensional-mehrschichtige Kulturparadigma mitträgt". Die Izutsu Bibliothek, die ein langfristiges Projekt im 21. Jahrhundert sein wird, zielt darauf, ein magnetischer Ort der Denkversuche zu sein, die im oben erwähnten Sinne der orientalischen Philosophie ein neues Netz zu weben versuchen.

Heinrich Rombach
(1923-2004)

im Andenken zugeeignet.

Er hat durch sein Denken und Wirken das Gespräch mit der ostasiatischen Welt nachhaltig gefördert.

INHALT

Einleitung   1
Ryōsuke Ōhashi

I. Texte aus dem *Shōbōgenzō*
Übersetzt von Ryōsuke Ōhashi und Rolf Elberfeld

Hinweise zur Textgestaltung und zur Kommentierung   33
1. Genjōkōan — Offenbarmachen des vollen Erscheinens   36
2. Shinfukatoku — Das unfaßbare Herz   50
3. Kūge — Leere Blüte   62
4. Uji — Sein-Zeit / Zu-einer-Zeit   92
5. Sansuikyō — Berg-und-Wasser-Sutra   116
6. Soshiseirai'i — Warum Bodhidharma aus dem Westen kam   158
7. Shōji — Leben und Told   172
8. Zenki — Alle bewegten Momente   178
9. Kaiinzanmai — Sammlung in die Meeresinschrift   186

II. Dōgen und sein Werk
Rolf Elberfeld

1. Dōgens Bedeutung für ein Philosophieren der Gegenwart   211
2. Dōgen — Mensch und Werk   249

III. Anhang

   1. Erklärungen zu den Titeln der übersetzten Texte   279
   2. Worterklärungen   282
   3. Kommentierung zu Personen und Texten in den Übersetzungen und Anmerkungen   291
   4. Auswahlbibliographie   295

Sachregister   307

Einleitung
Ryōsuke Ōhashi

I

Es ist unabdingbar, vor der Lektüre der ausgewählten Texte aus dem *Shōbōgenzō*, dem Hauptwerk Dōgens, zu bedenken, welchen Textcharakter die schriftlichen Überlieferungen von Dōgen besitzen.[1] Der in der europäischen Tradition stehende Leser wird bald bemerken, daß zwischen den in der abendländischen Philosophie seit den Griechen überlieferten Texten und den Texten des *Shōbōgenzō* ein erheblicher Unterschied besteht. Es ist sicher zu leicht und für die Lektüre nicht ausreichend, wenn man diesen Unterschied damit erledigt, nur auf die „Fremdheit" und „Spezifik" des Zen zu verweisen. Man kann in diesem Unterschied vielmehr einen Ansatz dazu finden, daß das philosophische Denken im Sinne der europäischen Tradition zu einer Selbstbesinnung veranlaßt wird. Es könnte sogar sein, daß das Denken hier einem „anderen Denken" begegnet. In diesem Sinne besteht die erste Aufgabe dieser Einleitung darin, den

---

[1] Es gibt zwei verschiedene Textsammlungen Dōgens, die den Titel *Shōbōgenzō* tragen. Die eine ist in japanischer und die andere in chinesischer Sprache überliefert. Im vorliegenden Band wird mit dem angegebenen Titel die erstere Sammlung gemeint. Das andere Textkorpus umfaßt eine Sammlung von dreihunderteins Kōan-Fragen, die seit alters her unter dem populären Titel *Sanbyakusoku* (Dreihundert Kōan) bekannt ist. Die dem vorliegenden Band zugrundegelegte Ausgabe des in japanischer Sprache verfaßten *Shōbōgenzō* ist die Ausgabe von Ōkubo Dōshu, vgl. Literaturangaben. Für weitere Informationen zu Leben und Werk Dōgens siehe die Zusammenstellungen im Anhang.

Textcharakter sowie die Art und Weise des Denkens im *Shōbōgenzō* einführend zu beleuchten.

Zunächst ist darauf hinzuweisen, daß die meisten Texte des *Shōbōgenzō* mit einer Bemerkung über Zeit und Ort der Entstehung und der Bemerkung enden: „den Leuten vorgetragen" (示衆). Die hier gemeinten „Leute" sind die Schüler Dōgens, denen er den jeweiligen Text vorgetragen hat. Sein erster Schüler und Nachfolger Ejō übernahm dann häufig die Abschrift der vorgetragenen Texte. Es gibt freilich auch Schriften, die Dōgen selber in Reinschrift hinterlassen hat. Letztlich ist es aber nicht wirklich entscheidend, ob ein Text von Dōgen selber oder von Ejō abgeschrieben wurde, da Dōgen als Autor jeden Text überprüft und autorisiert haben muß. Der Hinweis „den Leuten vorgetragen" (示衆) am Ende vieler Texte zeigt einen besonderen Textcharakter an. Er besagt, daß der jeweilige Text in erster Linie eine „Predigt" war, die den Schülern vorgetragen wurde.

Worin genau liegt nun der Unterschied zwischen einer „Predigt" und einem „philosophischen Text", und welche Predigten hat Dōgen seinen Schülern vorgetragen? In Rücksicht auf das innere Wesen der Philosophie, so schrieb Hegel einst, „gibt es weder Vorgänger noch Nachgänger".[2] Schüler und Lehrer sind in der Philosophie in der Art gleichberechtigt, daß ein Schüler die Vorlesung seines Lehrers kritisieren darf. Es wird sogar gefordert, der Vorlesung des Lehrers immer kritisch zuzuhören. Der Lehrer muß seinerseits mit solcher Kritik rechnen und seine Forschung erst im Dialog mit Anderen weiterführen, die ihm gegenüber kritisch sind. Die Diskussion ist in der philosophischen Übung wesentlich. Anders verhält es sich bei der Predigt, vor allem im Zen. Die Predigt eines Meisters vor den übenden Schülern ist nicht dasselbe wie der Vortrag eines Universitäts-

---

2 Hegel, Differenz des Fichteschen und Schellingschen Systems der Philosophie, in: Hegel, *Werke*, Bd. 2, 17.

professors vor einem allgemeinen Publikum. Sie muß erstens immer der Selbstausdruck der Persönlichkeit des Meisters sein, im Sinne eines Musters und Vorbildes für die Schüler. Zweitens soll sie dieselbe Wahrheit erweisen, die einst von Bodhidharma und den alten Meistern aufgezeigt wurde. Dabei wird die stereotype, bloß nachgeahmte Vollzugsform als das „Zen der Toten" verachtet und zurückgewiesen. Nur die freie, je und je mit ganzem „Leib-Herz" (shinjin)[3] erlebte Wahrheit muß das sein, was in der Predigt mitgeteilt wird. Am Ende muß also die Predigt mit der absoluten Selbstsicherheit vorgetragen werden, die nicht vom individuellen Glauben, sondern vom *dharma*[4] selbst autorisiert wird. Der Predigt des Meisters zuzuhören, heißt für den Schüler, dem „*dharma*" zuzuhören. Von ihm wird also gefordert, während der Übung seine eigene, verengte Ansicht aufzugeben. Wenn der Meister als Lehrer nicht ausreichend bewandert und reif genug ist, oder der Schüler an seinen eigenen, verengten Ansichten hängenbleibt, treten die beiden nicht ins Verhältnis des gegenseitig kritischen Dialogs ein.

Hier ist keinesfalls ein autoritäres Verhältnis der Unterwerfung gemeint. Vielmehr ist die Freiheit der beiden Seiten trotz allen Anscheins der absoluten Strenge der Meister-Schüler Beziehung die allerwichtigste Voraussetzung. Die beiden Seiten versuchen aufs radikalste zu sehen, ob und wie die Ansicht des Anderen die buddhistische Wahrheit treffend übernimmt und realisiert. Die beiden treten zwar nie in eine einander kritisierende Diskussion ein. Weil aber die beiden absolut frei sind, endet das Meister-Schüler Verhältnis, wenn der Schüler mit der Ansicht seines Meisters letztlich unzufrieden bleibt, oder der Meister den Schüler nicht überzeugen kann. Der Schüler muß dann gehen, um einen anderen Meister zu finden.

---

3 Siehe hierzu die Worterklärung im Anhang.
4 Siehe hierzu die Worterklärung im Anhang.

Drittens ist darauf hinzuweisen, daß die Predigt im Zen immer eine Anweisung zur Übung ist, die nicht bloß intellektuell zu vollziehen ist, wie dies bei den meisten philosophischen Texten der europäischen Tradition notwendig ist. Auch in der philosophischen Seminarübung geht es vor allem um ein intellektuelles Verstehen und nicht um praktische Übungen. Die Übungspraxis im Zen hingegen wird durchgeführt mit dem ganzen „Leib-Herzen" (shinjin), wobei, je ausschließlicher die Übungspraxis, desto strenger die Aufforderung ist, das nur reflektierende Räsonnement aufzugeben. Freilich muß eine bestimmte Art des reflexiven Denkens in voller Anstrengung durchgeführt werden, um das gesuchte *dharma* zu begreifen. Aber es geht am Ende nicht um ein begriffliches Verständnis, sondern um die lebendige Aneignung des *dharma*. Das bloß intellektuelle Verstehen muß um der aktiv-lebendigen Aneignung des *dharma* willen einmal von Grund aus negiert bzw. vergessen werden. Im *Shōbōgenzō* werden zwar philosophische Themen wie „Zeit", „Welt" und dergleichen behandelt, deren tief spekulativer Inhalt eine Reflexion von hohem Niveau verlangt. Aber auch in diesem Fall wird das intellektuelle Verständnis ohne Aneignung mit dem Leib-Herzen als ungenügend zurückgewiesen. Das begriffliche Verständnis des angesehenen Sutra-Meisters Tokusan zu einem Schlüsselwort im Diamant-Sutra genügte nicht, wie Dōgen treffend in einem der hier aufgenommen Texte erörtert.

Die Selbigkeit des Inhaltes der Lebenserfahrung mit dem des Denkens wird bei der Lektüre eines philosophischen Textes nicht streng postuliert. Das fundamentale Element des Philosophierens ist das Denken selbst, das sich nicht damit zufrieden gibt, der Lebenserfahrung einen Maßstab zu liefern. Es will vielmehr umgekehrt diese Lebenserfahrung übersteigen. Selbst der Empirismus, der alles Wissen auf die Erfahrung zurückführen und von dieser her dessen Entstehen erklären will, geht nicht über das genannte fundamentale Element des Denkens hinaus, solange er sich als philosophische Reflexion vollzieht. Es ist leicht zu sehen, daß dieser Unterschied zwischen der Philosophie und dem Zen im Verhältnis des Denkens zur Erfahrung in der textlichen Überlieferung zu einem fundamentalen Unterschied im Textcharakter bei beiden führen muß.

Der Hinweis auf diesen Unterschied könnte die philosophisch interessierten Leser zunächst in Verlegenheit bringen. Denn diese Leser nehmen den Text des *Shōbōgenzō* nicht zum Zweck der Übungspraxis in die Hand. Sie möchten ihn eher in gleicher Weise lesen, wie sie Aristoteles, Descartes, Kant oder andere große Philosophen lesen. In der Tat gibt es keinen Grund, ihre Leseweise als ungerechtfertigt zurückzuweisen. Die in ihm behandelten und mit der Philosophie gemeinsamen Themen fordern sogar, den Text in der Weise der vergleichenden Betrachtung zu lesen. Nur ein Problem sollte noch reflektiert werden: Die Stellungnahme zum Predigt-Charakter des *Shōbōgenzō*. Kann man ihn einfach ignorieren? Oder sollte man vielmehr in ihm eine philosophisch bedeutsame Fragestellung finden, durch die das philosophische Denken selber in Frage gestellt wird?

Wirft man einen Blick auf die europäische Philosophiegeschichte, so findet man, daß es „die" Philosophie nicht gibt, sondern nur die jeweiligen Gestalten der Philosophie. Man sieht, daß und wie sie sich oft sprunghaft durch die Begegnung mit dem ihr fremden Geist verwandelte. Als besonders einschlägiges Beispiel ist daran zu erinnern, daß die Philosophie in der *griechischen* Antike durch die Begegnung mit dem Christentum von Grund auf erschüttert, dann in dessen *Theologie* aufgenommen wurde, aber in der Neuzeit als christlich-europäische *Philosophie* wieder aufzublühen begann. Es ist also nicht auszuschließen, daß die europäische Philosophie durch die Begegnung mit dem Buddhismus eine Verwandlung und Neuentwicklung erfährt. Die Philosophie der Kyōto-Schule seit Kitarō Nishida gilt als ein Beispiel hierfür.⁵ Wer kann ausschließen, daß eine ähnliche Begegnung zwischen der Philosophie und dem *Shōbō-genzō* geschieht? Es ist klar, daß man dabei nur auf die innerlich-qualitative Verwandlung des Denkens zu achten hat und von dem wirkungsgeschichtlichen Maßstab zunächst absehen sollte.

Eine mögliche Verwandlung, die durch diese Begegnung auf der Seite des philosophischen Denkens geschehen kann, ist in zwei Hinsichten zu betrachten. Die eine ist die Art und Weise des „Lesens" überhaupt. Der Akt des Lesens ist von vornherein bei jedem Leser ein anderer. Wenn es sich um Texte unterschiedlichen Textcharakters handelt, so muß auch das Lesen von Text zu Text je anders sein. Der Leser des *Shōbōgenzō* wird z.B. finden, daß es in diesem Buch ständig um das „Leib-Herz" (shinjin) geht, auch wenn er mit der Erörterung vielleicht nicht einverstanden sein kann. Dieses wohl etwas befremdlich wirkende Wort entspricht einigermaßen der Rede von „Leib und Seele" oder auch „Körper und Geist". In den entsprechenden Redewendungen, die die europäische Tradition anbietet, werden Leib und Seele getrennt und erst durch das Wörtchen „und" verbunden. „Leib-Herz" kann demgegenüber als *ein* Wort aufgefaßt werden, so daß nahegelegt wird, daß der Leib ohne das Herz und umgekehrt nicht bestehen kann. Das gemeinte „Herz" wird nie metaphysisch vorgestellt, wie es oft bei der „Seele" der Fall ist. Der Leser wird sehen, daß das gemeinte „Leib-Herz" nicht ein objektiv betrachtetes Gegebenes ist, sondern es immer um das jeweils eigene Leib-Herz des einzelnen geht. Er wird insofern ahnen müssen, daß es eine andere Art des Lesens als die philosophische im gewöhnlichen Sinne geben kann.

---

5 Zum Überblick für diese Fragen vgl. Ōhashi, Einleitung, in: *Kyōto-gakuha no shisō* (Die Philosopheme der Kyōto-Schule); s. a. ders. (Hg.), *Die Philosophie der Kyōto-Schule. Texte und Einführungen*.

Einleitung

Das „andere Lesen" läßt ein „anderes Denken" ahnen. Seit Parmenides wurde in der Hauptströmung der abendländischen Philosophie das „Denken" und das „Sein" in einer untrennbaren Zusammengehörigkeit erfahren. Das Denken blieb und bleibt für sie das Elementarste des Menschenwesens. Im *Shōbōgenzō* dagegen nimmt das Denken eine völlig andere Stellung ein. „Miß nicht mit dem [*eigenen*] Herzen, sage nichts mit Worten" (*Shōji*, 175). Denken und Sprache werden dort einmal zunichte. Aber indem man „sowohl seinen Leib wie auch sein Herz losläßt und vergißt" (ebd., 176) und eben dadurch erneut das Leib-Herz (shinjin) entstehen läßt, geht dort ein anderes Denken hervor, das als ein gleichermaßen leib- und herzgebundenes Denken bezeichnet werden kann. Wenn also philosophische Themen wie die „Zeit" und die „Welt" thematisiert werden, ist die Art und Weise des Denkens durchaus leib- und herzgebunden, und muß im Vergleich zu bestimmten Traditionen der in Europa überlieferten Philosophie sehr anders sein. Wer aber diese Andersheit ins Auge faßt, wird entdecken, daß in der Tat auch das philosophische Denkens anders sein kann.

Diese Feststellung ist nur ein erster Schritt, um den Textcharakter des *Shōbōgenzō* zu erhellen. Das *Shōbōgenzō* enthält heute in vielen Ausgaben 95 Texte.[6] In diesen Texten finden sich verschiedene Typen der Erörterung. Drei Typen sollen hier unterschieden und kurz vorgestellt werden. Bei dem ersten Typus handelt es sich um einführende Anweisungen zur Übungspraxis, mit der das Leib-Herz des Übenden aufgerichtet und gestärkt werden soll. Ein typisches Beispiel dafür ist der Text *Zazengi* (坐禅儀), die schlichte Anweisung zur Sitzübung. Dieser Text ist nicht in den vorliegenden Band aufgenommen worden, teilweise aus dem Bedenken, daß die freiwillige Übungspraxis, die allein auf Grund der schriftlichen Anweisung ohne den richtigen Lehrer gemacht

---

6 Vgl. den Anhang zu den verschiedenen Editionen des *Shōbōgenzō*.

wird, manchmal zu fatalen Irrwegen führt. Als Gegenpol zu diesem ersten Typ kann man die in diesem Band aufgenommenen Texte *Genjōkōan*（現成公案）und *Uji*（有時）ansehen. Der erstere, der in den alten Fassungen immer am Anfang des *Shōbōgenzō* stand, zeigt dessen Grundgedanken in exemplarischer Weise auf. Der letztere enthält die Erörterung der „Zeit" (ji) im Zusammenhang mit dem „Sein" (u). Die Erörterungen in diesen beiden Texten werden in tiefsinnig-spekulativer Reflexion vollzogen, und dies ist wahrscheinlich der Grund dafür gewesen, daß sie nicht mündlich „den Leuten vorgetragen" wurden, wie viele andere Texte, sondern von Dōgen schriftlich ausgearbeitet und überliefert wurden ohne Hinweis auf einen mündlichen Vortrag am Ende des Textes.

Zur „praktischen Anweisung" und „spekulativen Reflexion" tritt noch ein dritter Typus hinzu: die konkrete Darstellung dessen, was sonst quasi-spekulativ erörtert wird. Die Darstellung wird bei diesem Typus oft auf eine alltäglich-konkrete Szene bezogen. Es ist ein wesentlicher Charakter des Zen, die sonst auf der Ebene des „Logos" （理）durch die Vernunft verstandene Lehre schlicht und konkret aufzuzeigen, und zwar oft anhand alltäglicher Handlungen. Dieser Typ ist als lebendigster Ausdruck des Zen angesehen worden. Das erste Beispiel dafür ist der Text *Shinfukatoku*（心不可得）, in dem der Sinn eines Spruchs im Diamant-Sutra durch ein Gespräch zwischen dem Meister Tokusan und einem Reisknödel verkaufenden Weib aufgezeigt wird. Der Text *Zenki*（全機）, in dem „Leben" und „Tod" je als ergründendes Erschöpfen erörtert werden, oder auch der Text *Shōji*（生死）, in dem ebenfalls das Problem von Leben und Tod mit leicht verständlichen Worten erläutert wird, können zu diesem dritten Typ gezählt werden.

Um ein Mißverständnis zu vermeiden, ist hinzuzufügen, daß die oben genannten drei Texttypen drei Aspekte bzw. drei Schwerpunkte sind, die nicht unabhängig voneinander stehen.

Jeder enthält die anderen beiden in sich, so daß es auch Zwischentypen gibt, die nicht eindeutig zu einem der drei zugewiesen werden können. Der Text *Kaiinzanmai*（海印三昧）z.B. entwickelt eine spekulative Idee, die deshalb ebenfalls wie die Texte *Genjōkōan* und *Uji* nicht mündlich „den Leuten vorgetragen" wurde, die aber andererseits durchgehend anhand konkreter Metaphern wie z.B. des „Meeres" dargestellt wird. Demgegenüber ist die ebenfalls teilweise spekulative Erörterung in dem Text *Sansuikyō*（山水經）konkret genug, um „den Leuten vorgetragen" zu werden, indem „Berg" und „Wasser" in der Naturwelt zum Thema gemacht werden. Dasselbe kann auch von dem Text *Kūge* （空華）gesagt werden, in dem die Vorstellung von der „Blume" bzw. „Blüte" der ganzen Darstellung zugrundegelegt wird.

Im folgenden ist nun weitergehend zu sehen, wie in den hier übersetzten Texten die Themen „Leib-Herz", „Zeit" und „Welt" wiederholt erörtert und entwickelt werden.

II

Es wurde bereits erwähnt, daß unter den 95 Texten des *Shōbōgenzō* der Text *Genjōkōan* das Ganze sehr grundsätzlich aufzeigt und daher in den alten Ausgaben immer am Anfang stand. Auch die überlieferten Kommentare sind über seine fundamentale Stellung durchgehend einig. Das Thema in diesem Text ist zugleich der Titel des Textes. Das Wort „gen" im Zusammenhang mit dem Wort „jō" bedeutet das volle Erscheinen bzw. die restlose Anwesenheit. Das Wort *Kōan* ist heute der Name für eine Übungsmethode in der Rinzai-Schule des Zen, eine Art Frage-Antwort zwischen Meister und Schüler. Ursprünglich bedeutete es aber eine öffentliche Bekanntmachung, insbesondere von Erlassen der Obrigkeit. Im übertragenen Sinne ist es das, was universal gültig ist. *Genjōkōan* bedeutet also das Offenbarmachen der Welt, wie sie im vollen Erscheinen und in restloser Anwesenheit sich zeigt.

Diese im Titel des Textes implizierte Welt als *Genjōkōan* wird im Hinblick auf ihre fundamentalen Aspekte in den ersten beiden Absätzen unterschieden. Der erste Absatz lautet: „Zu der Zeit (jisetsu), wenn alle *dharma* Buddha-*dharma* sind, gibt es eben dann Irren und Erwachen, gibt es Übung, gibt es *shō* (*Leben, Geburt, Entstehen*), gibt es *shi* (*Tod, Sterben*), gibt es all die Buddhas, gibt es leidende Wesen" (36). Der zweite Absatz lautet: „Zu der Zeit (jisetsu), wenn die zehntausend *dharma* ichlos sind, gibt es weder Irren noch Erwachen, gibt es weder all die Buddhas noch leidende Wesen, gibt es weder *shō* (*Leben, Geburt, Entstehen*) noch *metsu* (*Vergehen, Sterben*)" (36).

Man sieht leicht, daß es in den beiden Absätzen um eine ganz besondere „Zeit" geht, die anhand der gewöhnlichen Zeitvorstellung überhaupt nicht zu verstehen wäre. Aber sie ist auch keine schwebende, abstrakte und unbestimmte Zeit, was daran zu erkennen ist, daß es in dieser Zeit um „Irren und Erwachen", „Übung", „Leben und Tod", „Erwachte und Unerwachte" und ähnliches geht. Es handelt sich mithin um Sachverhalte, die für den, der sein Leben ernst nimmt, zum Wichtigsten gehören. Weil sie so „lebensnah" sind, dulden sie keine Abstraktion.

Der erste Satz zeigt die Zeit des „es gibt", d. h. die Zeit, in der alles, was ist, als *dharma* bejaht wird, während der zweite die Zeit der Verneinung dieses „es gibt" ist, in der alles, was ist, als ichlos angesehen wird, d.h. nicht in seinem substantiellen Sein, sondern lediglich in seinem scheinhaften Erscheinungsaspekt. Diese gegensätzlichen Zeiten werden im dritten Absatz vereint: „Da der Buddha-Weg ursprünglich über Fülle und Kargheit sprunghaft hinausgeht, gibt es *shō* (*Leben, Geburt, Entstehen*) und *metsu* (*Vergehen, Sterben*), gibt es Irren und Erwachen, gibt es leidende Wesen und Buddhas" (36).

Diese Formulierung allein bliebe bei einer bloß formalen

Vereinigung der nebeneinander auftretenden Zeiten stehen. Die beiden gegensätzlichen Zeiten müssen darüber hinaus zu einer konkreten, „gelebten" Zeit verbunden werden. Darum wird der dritte Absatz mit dem folgenden Wort abgeschlossen: „Obwohl es so ist, fallen trotzdem die Blütenblätter nur in [*unseren*] Neigungen und das Gras wuchert nur in [*unserem*] Ärger".

Jeder wird so etwas wie das Fallen der Blütenblätter und die Trauer darüber, oder das Wuchern des Grases und den Ärger darüber erfahren können. Insofern entspricht diese Stelle dem dritten Typ der Darstellung im *Shōbōgenzō*, dem konkreten Aufzeigen des sonst spekulativen Gedankens am einfachen und konkreten Faktum. Dōgen erklärt nicht, wieso dieses einfache Faktum die Reflexion von „es gibt..." und „es gibt nicht..." realisiert. Denn die Darstellung im *Shōbōgenzō* wird meistens nicht im Stil der „Erklärung" vollzogen, sondern in dem des „Aufzeigens". Sie ist keine konsistent-logische Entfaltung. Es ist wohl „nicht-philosphisch", aber man kann nicht sagen, es sei „anti-philosophisch". Denn das unmittelbare Aufzeigen des Faktums ist für jedes Philosophieren der Ausgangspunkt.

Statt eilig zu bestimmen, was „philosophisch" heißt, ist noch zuvor die weitere Entfaltung des Themas „Zeit" in Betracht zu ziehen. Es handelt sich um all das, was ist, aber vor allem um unser Selbst, für das es um Leben und Tod geht. So beginnt der vierte Absatz mit dem Satz „Sich selbst (*jiko*) tragend die zehntausend *dharma* übend erweisen, das ist Irren; die zehntausend *dharma* kommen her und erweisen übend mich selbst (*jiko*), das ist Erwachen" (38). Wem die Wendung Dōgens vertraut ist, der weiß, daß hier Irren und Erwachen keinen dichotomischen Gegensatz bilden, sondern die beiden Seiten ein und derselben Sache sind. Es versteht sich, daß das hier gemeinte „sich selbst tragend" die Übungspraxis mit dem ganzen Leib-Herz (shinjin) bedeutet, und die „zehntausend *dharma*" alle Erscheinungen der Welt sind. Es ist hier darauf aufmerksam zu machen, daß das

„Leib-Herz" und die „Welt" in einem untrennbaren Verhältnis zueinander stehen.

Daß dieses Verhältnis zugleich das der „Zeit" ist, wird im fünften Absatz aufgezeigt, der mit dem Satz beginnt: „Wenn Buddhas wahrlich Buddhas sind". Dieses „wenn" verweist auf die Zeit der Übungspraxis, die wie folgt ausgeführt wird: „Wenn man Leib und Herz gesammelt Farben anschaut, Leib und Herz gesammelt Töne vernimmt..." (38).

Leib und Herz bzw. Leib-Herz sind nach der gewöhnlichen Vorstellung an sich schon ein sinnlich-organisches System der Bedürfnisse. Sind dann also Leib und Herz noch ausdrücklicher von der Ichheit geprägt? Tritt, wenn man Leib und Herz gesammelt Farben anschaut und Töne vernimmt, die Egoität noch stärker in den Vordergrund? Hier erhebt sich folgende Frage: Hat die Übungspraxis überhaupt als die Suche nach dem wahren Selbst mit ganzem Leib und Herzen nicht einen verstärkten Ich-Charakter?

Der sechste Absatz betrifft gerade dieses Problem. Er lautet: „Den Buddha-Weg erlernen heißt, sich selbst (*jiko*) erlernen. Sich selbst erlernen heißt, sich selbst vergessen. Sich selbst vergessen heißt, durch die zehntausend *dharma* von selbst erwiesen werden. Durch die zehntausend *dharma* von selbst erwiesen werden heißt, Leib und Herz meiner selbst (*jiko*) sowie Leib und Herz des Anderen (*tako*) abfallen zu lassen" (38f.).

Wenn das Lernen des eigenen Selbst bloß die Versammlung des Bewußtseins in sich im Sinne der Steigerung der Ichheit ist, so bliebe die Übungspraxis nichts anderes als die Verfestigung des Ich-Bewußtseins. Sie würde nicht zur Auflösung der aus dem egozentrischen Bewußtsein entspringenden Verwirrung und Leiden. Das Lernen des Selbst muß in einer ganz anderen Richtung vollzogen werden. Eben diese andere Richtung wird angedeutet mit dem Wort „sich selbst vergessen". Dies wird, solange das Selbst gegenständlich vorgestelltwird, als ein Paradox klingen.

Einleitung

Wenn aber klar wird, daß es in Wahrheit um das so vorstellende Ich selbst, bzw. dessen Ursprung geht, dann wird der Anschein des Paradoxen verschwinden. Dōgen sagt, daß mit dem Eintreten in diesen Ursprungsbereich, in dem das eigene Selbst vergessen wird, dieses Selbst „durch die zehntausend *dharma* von selbst erwiesen wird". Dies drückt zunächst dieselbe Lage aus wie die im vierten Absatz – nämlich, daß „die zehntausend *dharma* herkommen und mich selbst (jiko) übend erweisen". Aber im sechsten Absatz kommt eine neue Formulierung hinzu: „Leib und Herz (shinjin) meiner selbst (jiko) sowie Leib und Herz des Anderen (tako) abfallen lassen".

Alles kommt auf dieses Abfallen-lassen von Leib und Herz bzw. des Leib-Herzens (shinjin) an. Dies ist ein Sachverhalt, der auch in der Phänomenologie des 20. Jahrhundertes, die doch das Problem des „Leibes" so intensiv und rege untersucht hat, nie in den Blick trat. Denn das Abfallen-lassen von Leib und Herz gehört einer anderen Dimension an als der der Bewußtseinsakte, der in der Phänomenologie ständig thematisiert wurde. Erst recht nicht ist es ein Akt eines getrübten Bewußtseins. Es kommt eher dadurch zustande, daß die Ichheit des Bewußtseins fallen gelassen wird und der Leib, befreit vom Bewußtsein, *als* Leib auftritt. Das Abfallen-lassen von Leib und Herz führt zum Entstehen eines Leib-Herzens, das sich selbst fallen gelassen hat. Es handelt sich, so sagt Dōgen, um eine Lage, in der die Spur des Erwachens verschwindet, aber die verschwundene Spur des Erwachens lang, lang hervortritt. Der Leser wird hier an die Grenze der sprachlichen Vermittlung einer Erfahrung geführt. Er kann sich aber gerade deshalb an eigene Erfahrungen erinnern, die er während der voll konzentrierten Beschäftigung mit einer Sache gemacht hat. Er kann dann nachvollziehen, daß er sich seines Leibes und Herzens in der konzentrierten Beschäftigung nie bewußt war und dennoch bzw. gerade deshalb Leib und Herz in voller Lebendigkeit hervorgetreten sind.

Wie es die Ausdrücke „vor" und „nach" im neunten Abschnitt andeuten, geht es hier um das Problem der „Zeit". Die Gedankenentwicklung Dōgens selber belegt dies. Im neunten Absatz findet sich der Satz „Man soll wissen, daß das Brennholz im *dharma*-Rang des Brennholzes bleibt und ein Vorher und Nachher besitzt. Obwohl es ein Vorher und Nachher besitzt, sind die Bereiche des Vorher und Nachher abgeschnitten. Die Asche ist im *dharma*-Rang der Asche und besitzt ihr Vorher und Nachher" (40f.). Das „Abschneiden von Vorher und Nachher" ist ein Schlüsselwort in der Zeitlehre Dōgens. Der Sachverhalt des *Genjōkōan,* das Offenbarmachen des vollen Erscheinens, ist ohne dieses „Abschneiden" nicht zu verstehen. In der Tat, wie gegen Ende des Absatzes gesagt wird, ist Leben deshalb ein Rang zu einer Zeit, und Tod ein anderer, weil bei jeglichem Leben und Tod ihr „Vorher" und „Nachher" voneinander abgeschnitten sind. Jedes Leben und jeder Tod sind dann an sich schon in jedem Augenblick das volle Erscheinen des Ganzen.

Diese Aussage bleibt Spekulation, solange nicht gezeigt wird, wie dieser Augenblick an unserem eigenen Leib-Herzen konkret realisiert wird. Um dieser Frage nachgehen zu können, dürfen wir jetzt, über alle weitere Darstellung des Gedankens in dem Text *Genjōkōan* hinaus, direkt zu dem Gespräch übergehen, das am Ende des Textes zwischen einem Mönch und dem Meister Mayoku Hōtetsu geführt wird. Der Mönch fragt den Meister, wieso er den Fächer benutzt, während die Wind-Natur überall gleichbleibend sein muß. Mit der Wind-Natur ist ohne Zweifel die Buddha-Natur gemeint, die in jedem Lebewesen enthalten sein muß, so daß gewissermaßen zu sagen ist: Jeder Mensch ist von Natur Buddha. Wozu benutzt man dann also den Fächer? Der Meister benützte weiter den Fächer, statt ihm eine Antwort zu geben. Anstelle des Meisters erklärt Dōgen: „Wer meint, daß man den Fächer nicht benutzen soll, da [*die Wind-Natur*] beständig ist, und daß man den Wind spüren soll, auch wenn man [*den Fächer*] nicht benutzt, der kennt weder Beständigsein noch Wind-Natur" (48). Damit wird deutlich gesagt, daß erst in dem Akt des Fächelns, somit in der Übung mit ganzem Leib-Herz, die gleichbleibende Wind-Natur, somit auch die Buddha-Natur, vollauf erscheint.

Bisher wurde versucht, die Erörterungen zu den Themen „Leib-Herz", „Zeit" und „Welt" in dem Text *Genjōkōan* nachvollziehbar zu machen. Im folgenden wird in etwas kürzerer Form zu sehen sein, wie die genannten Themen in den anderen Texten mit Variationen wiederholt werden.

In dem Text *Shinfukatoku* wird eine Zeitauffassung thematisch, die im Wortlaut des Diamant-Sutras folgendermaßen zum Ausdruck kommt: „[*Das*] Herz der Vergangenheit [*ist*] unfaßbar, [*das*] Herz der Gegenwart [*ist*] unfaßbar, [*das*] Herz der Zukunft [*ist*] unfaßbar" (50). Wenn in der Zeitlehre der abendländischen Philosophie die „Seele" durchgehend als das Element der Zeit ins Auge gefaßt wurde, so ist hier das „Leib-Herz" (shinjin) das Element. Das heißt, daß das Herz der Vergangenheit, der Gegenwart und der Zukunft nicht anders als durch das eigene „Leib-Herz" und in ihm begriffen wird. Im Text wird dieses „Leib-Herz" „der die zwölf Tageszeiten nutzende Leib" genannt. Das Begreifen solcher Art ist kein bloß intellektuelles Verstehen. Es müßte eher gesagt werden: „Mit dem ganzen Leib die zwölf Tageszeiten nutzen, dies ist das unfaßbare Herz" (50). Tokusan, die Hauptfigur in diesem Buch, versteht aber dieses Wort nur im Kopf und glaubt, er habe damit bereits das Ganze des Diamant-Sutras begriffen. Im Verlauf des Textes entblößt er sein Unvermögen, dem Gehalt des Wortes zu entsprechen, in einer alltäglichen Situation des Essens. Das Essen im Zen-Tempel wird „Herzstärkung" genannt, weil es nicht zum Genuß, sondern zur Stärkung des Herzens um der Übungspraxis willen eingenommen wird. In der Begegnung mit einer alten Reisknödelverkäuferin sieht Tokusan, der sich rühmt, er kenne sich aus im Diamant-Sutra, sich mit der Frage der alten Verkäuferin konfrontiert, welches Herz er denn auf welche Weise jetzt mit dem Reisknödel stärken wolle, den er gerade zu kaufen gedenke. Tokusan bleibt die Antwort schuldig. Dōgen aber gibt am Ende, die Stelle Tokusans einnehmend, die Antwort: „Nach allem bedeutet, [*das*] Herz [*ist*] unfaßbar' ein Stück gemalten Reisknödel kaufen und ihn mit einem Biß zerkauen und herunterschlucken."

Die bloße Analyse des „Zeitbewußtseins" kann, so weit sie auch durchgeführt werden mag, nie zu dem Akt des „mit einem Biß zerkauen und herunterschlucken" hinführen. Dōgen wiederum erklärt nicht, zumindest nicht in „philosophischer" Sprache, wieso dieser vielleicht etwas merkwürdige Akt die Verwirklichung des Wortes „das Herz der Vergangenheit ist unfaßbar, das Herz der Gegenwart ist unfaßbar, das Herz der Zukunft ist unfaßbar" sein sollte. Die gelebte und konkrete Zeit entzieht sich der erklärenden Sprache, denn sie ist „unfaßbar". Dennoch muß es möglich sein, diese Zeit in ihrer Unfaßbarkeit auszusprechen, wenn sie im und durch Leib und Herz in ihrer Unfaßbarkeit erfaßt wird. Dieses leibliche Erfassen zeigt sich eben im Akt des „mit einem Biß zerkauen und herunterschlucken". Hier wird ein von der traditionellen Philosophie her gesehen fremdes, „leibliches" Denken ins Spiel gebracht. Das in ihm behandelte Thema ist jedoch der Philosophie keineswegs fremd.

Wenden wir uns dem Text *Kaiinzanmai* zu. Das Meer (kai) kann hier als das Meer des *dharma* verstanden werden. Etwas in das Meer einzuschreiben (in), scheint ebenso unsinnig zu sein wie der Versuch, in das gewöhnliche Meer etwas einzuschreiben. Wenn man aber gesammelt und zugleich im großen Meer schwimmen kann, so ist man selber ein Zeichen, das inmitten des Meeres dieses erfahrbar macht und erweist. Die Sammlung (zanmai) im freien Schwimmen in diesem Meer ist nichts anderes als die Meeresinschrift. Es geht in diesem Text um die

Zeit, zu der diese Einschreibung vollzogen wird. Darum beginnt es mit dem Satz „Spricht man von all den Buddhas und all den buddhistischen Meistern, so sind sie gewiß in der Sammlung in die Meeresinschrift. Im freien Herumschwimmen in dieser Sammlung gibt es die Zeit des Predigens, die Zeit des Erweisens und die Zeit des Übens" (186).

Diese „Zeit" ist nun mit dem Leib-Herz (shinjin) untrennbar verbunden. „Buddha sagt: ‚Nur durch vielerlei *dharma* setzt sich dieser Leib zusammen. In der Zeit des Hervorgehens gehen nur die *dharma* hervor und jedesmal wenn [*diese*] vergehen, vergehen nur die *dharma*. Wenn diese *dharma* hervorgehen, wird nicht gesagt, daß das Ich hervorgeht. Wenn diese *dharma* vergehen, wird nicht gesagt, daß das Ich vergeht" (187). Derselbe Sachverhalt, der vorhin anhand des „Abschneidens von Vorher und Nachher" benannt wurde, wird jetzt anhand des „Hervorgehens" und des „Vergehens" wiederholt. Das Wort „Hervorgehen" ist das Schlüsselwort in diesem Text, zu dem gesagt wird: „Hervorgehen ist immer Ankommen einer Zeit (jisetsu), denn Zeit ist Hervorgehen" (190). Das jeweilige Hervorgehen ist das Geschehen des vollen Erscheinens.

Bisher wurde gesehen, daß die gelebte, konkrete „Zeit" untrennbar verbunden ist mit unsrem Leib-Herzen (shinjin), und diese soll differenziert werden von der physikalisch abstrahierten Zeit. Dasselbe kann auch von der Zeit der Naturwelt gesagt werden. Die konkrete „Zeit" ist in eins mit dem, was dort geschieht. Dies wird in dem Text *Kūge* deutlich. Der Text beginnt mit dem Wort Bodhidharmas: „Eine Blume entfaltet fünf Blätter, [*und*] trägt Früchte, die von selbst so hervorgehen". Der Kerngedanke ist darin zu sehen, daß der Zeitverlauf von „die Frucht wächst von selbst" der Seinsweise des Selbst des Übenden entspricht. Der Titel *Kūge* bedeutet ursprünglich die Illusionen, die in den kranken, trüben Augen erscheinen. Dōgen möchte aber alles Erscheinen der Welt, das Sinnhafte (色) überhaupt, als das Erscheinen der „Leere" (空), somit als „leere Blüte" (Kūge) verstehen. Die Welt als unsere Wirklichkeit ist die der leeren Blüte. „In der Leere (空) gibt es ursprünglich keine Blüte", aber dennoch, wenn die Zeit kommt, dann blüht die Blüte. „Die Blüten müssen die Zeit sein und Blüten müssen das Ankommen sein. Diese richtige und treffende Zeit, in der die Blüten ankommen, war noch nie in Unordnung" (74).

Hier kommt die untrennbare Zusammengehörigkeit von „Zeit" und „Leib-Herz" wieder in den Vordergrund. Denn die „Zeit des Ankommens der Blüte" tritt je und je durch das „Auge" als ein leibliches Organ ein. Man findet in dem Text *Kūge* die Rede von verschiedenen Augen: „trüben Augen", „klaren Augen", „Buddha-augen", „Meisteraugen", „Weg-Augen", „blinden Augen" und dergleichen. All diese Augen sind je der Ort, in dem die „leere Blüte" (Kūge) blüht. Es mag zu literarisch klingen, wenn man nur dieses sagt. Aber Dōgen geht nicht über die reale Welt hinaus. Denn er sieht: „Die Blüten der Pflaume und Weide blühen bestimmt an Pflaume und Weide" (74). Er spricht niemals von einer realitätsfernen Phantasiewelt.

Dasselbe wird auch in dem Text *Sansuikyō* wiederholt. Auch in diesem Text, der mit dem Wort „Berge und Wasser der Gegenwart (shikin) sind das volle Erscheinen (genjō) der Worte der alten Buddhas" (116) beginnt, geht es um die Zeit des „Jetzt" als Gegenwart. Berge und Flüsse, somit die Naturwelt, die gerade jetzt vollauf erscheint, ist zugleich, so meint Dōgen, das volle Erscheinen dessen, was die alten Buddhas sagen. Das „jetzt" in diesem Fall ist je und je als unsere Gegenwart da. Zugleich ist es „schon vor dem Äon der Leerheit (d.h. vor allem Entstehen)" (116). Dies ist nicht die Phantasie Dōgens, sondern seine Erfahrung, die Erfahrung seines Selbst, das selber „vor dem Entstehen jeglichen Anzeichens" steht, wie dieses Jetzt.

Der Sinn der Zeit solcher Vergangenheit und Gegenwart soll nachher anhand des Textes *Uji* eingehender betrachtet werden.

Einleitung

An dieser Stelle genügt, festzuhalten, daß dasselbe Problem hier wieder behandelt wird. Berge und Wasser, d.h. Flüsse, bilden die Welt, die in eins ist mit unserem Leib-Herz (shinjin). „Die buddhistischen Meister nehmen immer das Wasser auf und machen es zu ihrem Leib und Herzen und zu ihrem Denken". Wem dieser Ausdruck zu fremd klingt, kann die Phänomenologie im 20. Jahrhundert zu Hilfe nehmen, die über die Struktur der „Leiblichkeit" einiges zu sagen hat. Sie zeigt, daß und wie unsere eigene Leiblichkeit das Strukturelement unserer „Welt" ist, als deren Gewebeknoten unser Leib *ist*.[7] Wenn man zum Ausgang des Saales geht, ist man schon dort; man könnte gar nicht hingehen, wenn es nicht so wäre, daß man bereits dort ist.[8] Der Gedanke Dōgens ist die Vorwegnahme einer solchen phänomenologischen Beobachtung bzw. eine noch radikalere Formulierung, wie bereits im Gedanken des „Fallenlassens von Leib und Herz" zu erblicken war.

Die Texte *Zenki* und *Shōji* sind beide kurz und schlicht. Auch die Hinweise zum Verständnis sollen auf das Notwendigste beschränkt bleiben. Das Thema des ersteren Textes ist das „Manifestieren aller bewegten Momente", wie es als Leben und auch als Tod verwirklicht wird. Es läßt sich leicht ahnen, daß es um denselben Gedanken geht wie beim „Abschneiden von Vorher und Nachher". Das Thema des letzten Textes kommt am schärfsten in folgenden Sätzen zum Ausdruck: „*Shō* (*Leben, Geburt, Entstehen*) ist ein Status zu einer Zeit und hat so bereits [*sein*] Vorher und Nachher" (174), und „*Metsu* (*Vergehen, Sterben*) ist ebenfalls ein Status zu einer Zeit, und hat so auch [*sein*] Vorher und Nachher". Hier ist daran zu erinnern, daß

---

7 Vgl. die Schriften *Das Auge und der Geist* und *Phänomenologie der Wahrnehmung* von Merleau-Ponty.
8 Vgl. Heidegger, Bauen Wohnen Denken, in: *Martin Heidegger Gesamtausgabe* Bd. 7, Frankfurt a. M. 2000, 160 f.

ganz ähnliche Formulierungen auch in dem Text-*Genjōkōan* mit dem Beispiel des Brennholzes und der Asche zu finden waren. Der Sinn der Formulierungen ist wiederum nicht mit dem Kopf, sondern mit Leib und Herz zu begreifen. Genauer: Wer dies begreift, muß der sein, der „sowohl seinen Leib wie auch sein Herz losläßt und vergißt" und „sich in Buddhas Haus hineinwirft, von Buddha geführt wird". Der Gedanke des „Fallenlassens von Leib und Herz" wird hier in einer anderen Formulierung wiederholt.

III

Oben wurde darauf hingewiesen, wie die Grundthemen „Leib-Herz", „Zeit" und „Welt" in den Texten des *Shōbōgenzō* wiederholt entwickelt werden. Dabei wurde der für die Behandlung dieser Themen entscheidende Text *Uji* noch nicht in Betracht gezogen. Die bisherige Erörterung gilt angesichts dieses Textes nur als Vorbereitung.

Alles, was bisher erblickt wurde, wiederholt sich in diesem Text. Schon der Titel *Uji* (Sein-Zeit) weist auf das Problem der „Zeit" hin. Der erste Satz nach der Einleitung lautet: „Zeit (ji) ist [immer] schon [ein bestimmtes] Gegebenes (u), alles Gegebene ist [bestimmte] Zeit" (92). Das „u", das sonst mit dem Wort „Sein" übersetzt wird, meint nicht allgemeines Sein bzw. Seiendes überhaupt, sondern das, was jeweils in der wirklichen Welt da ist. Darum wird gesagt: „Daher ist auch die Kiefer Zeit und auch der Bambus ist Zeit" (100). Es handelt sich nicht nur um die einzelnen Dinge, sondern auch um die Gesamtheit dessen, was ist, die „Welt". So „ist jedes Zu-einer-Zeit / jede Sein-Zeit die ganze Zeit (jin-ji) und ist jedes Gewächs und jede Erscheinung Zeit (ji)" (96). Das Abschneiden von Vorher und Nachher ermöglicht ebenfalls die jeweilige Zeit. Denn: „In der Zeit der jeweiligen Zeiten ist alles Seiende (jin-u) und die ganze Welt".

All dies wurde schon in anderen Texten in der jeweiligen Weise dargestellt. Aber in dem Text *Uji* kommt ein neuer Ausdruck hinzu: „meine Sein-Zeit". So lautet eine Passage: „Auch der dreiköpfig-achtarmige [*Wächtergott*] ereignet sich nämlich jedesmal als meine Sein-Zeit (uji); obwohl er dort gewesen zu sein scheint, ist er gerade gegenwärtiges Jetzt. Auch der bald acht Fuß und bald sechzehn Fuß [*große Buddha*] ereignet sich nämlich jedesmal als meine Sein-Zeit (uji); obwohl er dort gewesen zu sein scheint, ist er gerade gegenwärtiges Jetzt. [...] Da [*alles, was ist*] Sein-Zeit (uji) ist, ist es meine Sein-Zeit (uji)" (100).

Prinzipiell wird dasselbe auch in den anderen Texten dargestellt. In dem Text *Zenki* z.B. kommt eine Szene vor, in der ein Mensch mit einem Boot auf dem Wasser dahingleitet, indem er sich und das Boot mit einem Stab fortstößt. So trägt das Boot den Menschen, und ohne Boot könnte er nicht bestehen. „In dieser richtigen und treffenden Zeit ist das Boot niemals nicht die Welt. Himmel wie Wasser wie Küste sind alle die Zeiten (jisetsu) des Bootes" (180). Dann folgt ein Satz, der dem Inhalt nach eben „meine Sein-Zeit" ausdrückt: „Daher ist Leben, was ich leben lasse, und ich bin, was Leben mich sein läßt" (180). Man kann die erste Hälfte dieses Satzes paraphrasieren mit einem Wort aus dem Text *Genjōkōan*, das lautet: „Sich selbst (jiko) tragend die zehntausend *dharma* übend erweisen". Die letzte Hälfte des Satzes kann paraphrasiert werden mit dem weiteren Wort: „Die zehntausend *dharma* kommen her und erweisen (shō) übend mich selbst". Wenn aber ein Gedanke, der sonst in verschiedener Weise wiederholt wird, zu einem festen Terminus verdichtet wird, so führt dieser bewußte Schritt zu weiteren. Im Fall des Terminus „meine Sein-Zeit" folgt der nur in dem Text *Uji* aufscheinende eigene Gedanke des „ereignishaften Verlaufens" (kyōryaku 経歴). Im Anschluß an den Absatz, in dem von „meiner Sein-Zeit" die Rede ist, folgt der bekannte Satz: „Die Sein-Zeit besitzt das

Vermögen (kudoku) des ereignishaften Verlaufens (kyōryaku). Das heißt: von heute nach morgen ereignishaft verlaufen, von heute zu gestern ereignishaft verlaufen, von gestern nach heute ereignishaft verlaufen, von heute zu heute ereignishaft verlaufen, von morgen zu morgen ereignishaft verlaufen" (100).

Diese Stelle kann nicht deutlich verstanden werden, solange nicht ins Auge gefaßt wird, daß die „Sein-Zeit" immer je „meine Sein-Zeit" ist und nur als diese ereignishaft verläuft. Wie die gleichbleibende Windnatur erst dadurch aktualisiert wird, daß man einen Fächer benutzt, so auch die „Sein-Zeit", deren „Vermögen" erst dadurch zustande kommt, daß sie als „meine Sein-Zeit" vollzogen wird. Dieses „Vermögen" kann zwar prinzipiell auch in der Sicht der anderen Texte erkannt werden. Aber infolge der deutlichen Formulierung *„meine Sein-Zeit"*, erreicht der Gedanke des Vermögens der „Sein-Zeit", der in anderen Texten niemals vorkommt, die Ebene einer spezifischen Zeitlehre.

Wenn man als Anhalt zum Verständnis dieser Zeitlehre historisch ältere Beispiele innerhalb der buddhistischen Zeitlehre sucht, so wird man kaum etwas finden. Rolf Elberfeld wies aber mit Recht darauf hin, daß Fazang, der dritte Patriarch der Kegon-Schule (643–712) ein Vorgänger war mit seiner Schrift über die „Zehn Generationen".[9] Fazang entwickelt ein mehrstufiges Zeitmodell, in dem jede Zeit mit jeder Zeit in relationaler Verbindung steht. Jede der drei Zeitphasen, das Vergangene, das Gegenwärtige, das Zukünftige, enthält in sich wiederum drei Zeitphasen. Neben der Differenzierung der dadurch entstandenen neun Zeitphasen sieht Fazang noch eine weitere „Zeit". Der von Elberfeld zitierte Text lautet:

„Wiederum [*aber*] bilden diese neun *Zeitphasen*(九世) zusammengefaßt *eine Vergegenwärtigung* bzw. einen Vorstellungsaugenblick

---

[9] Elberfeld, *Phänomenologie der Zeit im Buddhismus*, 202 ff. Vgl. auch den Beitrag im zweiten Teil des vorliegenden Buches.

(為一念), und [*dabei bilden*] die neun *Zeitphasen* [*ein*] Reihen (九世歴然). [*Werden sie*] auf diese Weise im ganzen – *differenziert und vereinigt* – erörtert, sind es zehn Zeitphasen (総別合論為十世).“[10]

Das im Zitat wörtlich mit „Reihen" übersetzte Wort *rekizen* (歴然) bedeutet in verschiedenen Wendungen auch „deutlich". Diese Wortnuance muß auch bei Fazang impliziert sein, wenn in dem „einen Vorstellungsaugenblick" der zehnten Zeitphase die neun Zeitphasen nicht bloß vorgestellt, sondern erblickt bzw. durchblickt werden sollen. Das heißt, in dem Vergegenwärtigungsaugenblick werden die neun Zeitphasen nicht so zusammengefaßt, daß sie wie ein Knödel zu der zehnten Zeitphase zusammengebacken werden. Vielmehr ist diese zehnte Zeitphase als der Vorstellungsaugenblick (一念) durchaus „*meine* Zeitphase", in der die neun Zeitphasen differenziert, somit „deutlich" erblickt bzw. durchblickt werden. Dieses Erblicken bzw. Durchblicken als „*meine* Zeitphase" muß deshalb möglich sein, weil jede der neun Zeitphasen eigentlich jeweils „meine" Zeitphase ist. Die neun Zeitphasen bilden „ein Reihen" (歴然), indem sie in der zehnten Zeitphase *als* neun Zeitphasen differenziert, somit „deutlich" (歴然) er- und durchblickt werden. Dies heißt, daß die zehnte Zeitphase der Augenblick „meines" deutlichen Gewahrwerdens der neun gereihten Zeitphasen ist.

Jedoch ist hier noch eingehender zu sehen, wie Dōgen sagen kann, daß „meine Sein-Zeit" die „ganze Sein-Zeit" ist, und wer es ist, der dort „meine" Sein-Zeit anspricht. Wer ist dieses „Ich"? Es kann nicht ein gewöhnliches, empirisches Ich sein, da dieses durchaus endlich ist, und die endlos weite Vergangenheit ohne Anfang sowie die endlos weite Zukunft ohne Ende für dieses Ich tiefe, unsichtbare Nacht sein muß. Es kann auch nicht das „absolute Ich" sein, wie es im deutschen Idealismus gedacht

---

[10] Ebd., 210.

wurde. Denn es handelt sich um das „spekulativ" begriffene Ich, das trotz aller Tiefe und seines spekulativen Charakters nicht als lebendiges und konkretes Faktum aufgezeigt wird. Ist es im Vergleich dazu eine übertriebene Spekulation, wenn „ich" die ganze Sein-Zeit als „meine Sein-Zeit" ausdrücke?

Dōgen zeigt aber eine besondere Seinsweise des „Ich", bzw. des „Selbst", wenn er schreibt: „Sich selbst lernen heißt, sich selbst vergessen". Das Ich, das sich selbst bzw. sein Selbst vergessen hat, ist in der Tat nicht mehr bloß subjektiv. Es wird nicht durch seine ichliche Selbstreflexion begründet, sondern „von den zehntausend *dharma* erwiesen". In diesem Augenblick kann „ich" sagen, daß die zehntausend *dharma* meine *dharma* sind. Das durch die ichliche Reflexion erreichte Vorstellungsbild bleibt ewig in der Sphäre reflexiver Vorstellung, ohne die zehntausend *dharma* selbst zu berühren. Das volle Erscheinen der zehntausend *dharma* fordert, die reflexiv vorstellende Ichheit von Grund aus fallen zu lassen, d.h. zu vergessen. Dieses volle Erscheinen wird nicht in einer transzendentalen Reflexion, aber auch nicht im naiven Realismus erfahren. Der letztere setzt naiv die objektive Realität voraus, indem er in seiner Reflexionslosigkeit ein substantielles Ich hypostasiert. Das Subjekt-Objekt-Schema wird dort von vornherein übernommen, während „meine Sein-Zeit" diesseits eines solchen Gegensatzschemas liegt. „Die buddhistischen Meister nehmen immer das Wasser auf und machen es zu ihrem Leib", weil an ihnen selbst bzw. an ihrem vergessenen Ich das Wasser als „mein Wasser" und der Berg als „mein Berg" sich erweist.

Jedoch, dieser Gedanke kann, wie gesagt, prinzipiell auch vom Gesichtspunkt der anderen Texte erschlossen werden. Die Frage ist, welcher Gedanke folgt, nachdem „meine Sein-Zeit" so klar ausgesprochen ist. Als diese erwartete, neue Ansicht kommt nun das „ereignishafte Verlaufen der Sein-Zeit" in den Vordergrund. Die Bewegung der Zeit ist nach der gewöhnlichen Vorstellung irreversibel, aber „meine Sein-Zeit" ist frei im Hin und Her zwischen der Vergangenheit, Gegenwart und Zukunft. Sie verläuft ereignishaft von heute nach morgen, von heute zu gestern, von gestern nach heute, von heute zu heute, von morgen zu morgen.

Wenn man sich auf die Zeitlehre der abendländischen Philosophie stützt, die im Element der „Seele" oder des „Bewußtseins" entwickelt wurde, so kann man einigermaßen vorbereitet sein, den Gedanken des ereignishaften Verlaufens zu verstehen. Augustinus z.B. zeigte, daß die „Vergangenheit" als die Gegenwart der Vergangenheit im Gedächtnis, die „Gegenwart" als die Gegenwart der Gegenwart in der Anschauung, und die „Zukunft" als Gegenwart der Zukunft in der Erwartung zu erfahren ist. Man kann dann sagen, man gehe im Gedächtnis von heute zu gestern, in der Anschauung von heute zu heute, in der Erwartung von heute zu morgen. Daß die Vergangenheit nicht bloß vergangen, sondern im Gedächtnis gegenwärtig ist, kann auch heißen, daß man nicht nur von heute zu gestern, sondern auch von gestern zu heute geht. In ähnlicher Weise kann man sagen, daß, wenn das Morgen in der Erwartung gegenwärtig ist, dann die Bewegung „von morgen zu heute" auch die „von heute zu morgen" ist.

Dasselbe kann auch von „einem deutlichen Reihen der neun Zeitphasen" (九世歷然) gesagt werden. Indem Fazang in einem Vorstellungsaugenblick (一念) erblickt bzw. durchblickt, daß die neun Zeitphasen sich deutlich in einer gereihten Ordnung finden, kann er mit seinem Blick zu den drei Zeitphasen der Vergangenheit gehen, dann zu den drei Zeitphasen der Gegenwart, und zuletzt erreicht er die drei Zeitphasen der Zukunft. „Ein Vorstellungsaugenblick" ist dann nichts anderes als „das ereignishafte Verlaufen der Sein-Zeit", wie Dōgen meint.

Fazang hat jedoch nicht so radikal formuliert, wohl deshalb, weil das ereignishafte Verlaufen noch nicht so scharf zum Bewußtsein gebracht wurde wie bei Dōgen. Dagegen könnte man sagen, daß das ereignishafte Verlaufen der Zeit bei Augustinus schon in der „Seele" erblickt war. Aber gerade diese seine Ansicht läßt die Frage nach dem Element des Leibes in der Zeit noch übrig. Die Tendenz, ohne das Element der Leiblichkeit nur das Zeitbewußtsein zu analysieren, wurde in der Zeitlehre der idealistischen Neuzeit bis in die Phänomenologie im 20. Jahrhundert weiter übernommen.

Um der Metaphysik der „Seele" den „Leib" zu vindizieren und die leibliche Zeitlehre zu ermöglichen, sollte der Leib so aufgefaßt werden, daß er sich nicht der irreversiblen Zeit unterwirft. Die Zeit ist, wie Goya in seinem Bild des „Saturn" in aller Drastik dargestellt hat, der Gott, der seine eigenen Kinder frißt. Saturn ist, wie sein griechischer Name Chronos besagt, das mythologische Bild der „Zeit". Es war Zeus, der als das letztgeborene Kind den Penis dieses Gottes abgeschnitten, somit die Zeit überwunden hat, um zum Gott der Götter zu werden. Die Überwindung der Zeit war bei Zeus nicht nur im Gedanken, sondern durch die leibliche Tat vollzogen.

Dieselbe Überwindung wird auch von Nietzsches Zarathustra vollzogen, der den „Übermenschen" predigt. Der Übermensch mußte vor allem ein Gesetz überwinden, „jenes Gesetz der Zeit, dass sie ihre Kinder fressen muss".[11] Die Zeit erscheint als der Geist der Rache, der den Widerwillen jeden Willens gegen die Zeit rächt. Er symbolisiert den Gedanken der ewigen Wiederkehr des Gleichen, der in einer Vision Zarathustras in der Gestalt einer schwarzen Schlange erscheint. Die Schlange kriecht in den Schlund eines Hirten; Zarathustra gelingt es aber nicht, die Schlange mit der Hand herauszureißen. Der Geist der Rache kann nicht von außen her ausgetrieben werden. Darum schreit Zarathustra: „Den Kopf ab! Beiss zu!" Der Hirt beißt mit aller

---

[11] Friedrich Nietzsche, Also sprach Zarathustra, in: *ders., Sämtliche Werke. Kritische Studienausgabe*, Bd. 4, 180.

Kraft und spuckt den Kopf der Schlange aus. „Niemals noch auf Erden lachte je ein Mensch, wie *er* lachte!"[12]

Diese berühmte Stelle aus Nietzsches *Zarathustra* erinnert an die Szene des Kauens und Schluckens des Reisknödels mit einem Biß, die von Dōgen in dem Text *Shinfukatoku* beschrieben wird. Mit dem Kauen und Schlucken wird der Kreis der ewigen Wiederkehr des Gleichen, die die sonst endlos verlaufende, irreversible Zeit bilden soll, als „mein Kreis" angeeignet. Der endlos laufende Weg der Vergangenheit und der Zukunft wird als „meine Sein-Zeit" erblickt, womit das ereignishafte Verlaufen von heute zu gestern, von morgen zu morgen, von heute zu heute, nicht nur im Element der „Seele", sondern im „Leib-Herz" (shinjin) vollzogen wird. Allerdings blieb all dies bei Zarathustra eine „Vision", die ihn erschöpfte.

Diese Beispiele aus der abendländischen Zeitlehre zeigen, daß der Gedanke Dōgens vom „ereignishaften Verlaufen" im Hinblick auf die überlieferte philosophische Zeitlehre auch in Europa kein gänzlich fremder Gedanke ist. Aber man will vielleicht gerade deshalb fragen, ob der Gedanke Dōgens vom ereignishaften Verlaufen der Sein-Zeit nicht wiederum eine bloße Interpretation der Zeit sei, die nichts an der Tatsache ändert, daß ein Mensch irgendwann sterben muß und das gestrige Geschehnis weder wiederholt noch geändert werden kann.

Dōgen redet freilich nicht von der unsinnigen Idee, daß man wie mit einer Zeitmaschine in die Welt der Vergangenheit zurückfahren und das einst Geschehene wiederholen kann. Er redet nur von der in seinen Augen gewöhnlichen Tatsache, daß sowohl das Leben wie auch das Sterben ein Status zu einer Zeit ist und sein Vorher und Nachher hat. Er würde aber hinzufügen, daß diese gewöhnliche Tatsache eine ungewöhnlich tiefe Schicht in sich birgt. Das „Abgeschnittensein von Vorher und

---

12 Ibid., 201 f.

Nachher" ist, wie Dōgen einsieht, z.B. schon ein Ausdruck für diese Tiefe. Damit wird die Einsicht ausgesprochen, daß der sonst extreme Gegensatz von „Leben" und „Tod" kein Gegensatz mehr ist. Beide sind nur ein Status zu einer Zeit. Die Einsicht wird als „deutlich" bezeugt in der Erfahrung „meiner Sein-Zeit". Das „Ich" bezeugt die Vergangenheit in ihrem irreversiblen Nichtmehr und die Zukunft in ihrem zukommenden „Noch-nicht", und in dieser Weise verläuft „seine Sein-Zeit" ereignishaft zu diesen Zeitphasen. Die Irrreversibilität der Zeit verschwindet nicht; sie wird „meine Irreversibilität". Das Eintreten in die Tiefe der gewöhnlichen Tatsache ist nicht die gewöhnliche Erfahrung.

Jetzt ist klar, daß diese Erfahrung keine Spekulation, sondern die im Grunde gleiche leib- und herzbezogene Erfahrung ist, die mit jenem „Biß und Schlucken der Reisknödel" vollzogen wurde. Diese Tat bezeugt nichts anderes als das „ereignishafte Verlaufen der Zeit". Bisher wurde schon gesehen, daß diese Erfahrung auch im Lichte der philosophischen Zeitlehre einigermaßen sichtbar gemacht werden kann. Zum Schluß ist noch versuchsweise zu sehen, daß der Gedanke Dōgens philosophisch gesehen nicht nur „verständlich" ist, sondern auch zum philosophischen Denken „beitragen" kann. Damit wird die am Anfang erwähnte Frage, ob und in welcher Weise das philosophische Denken angesichts des ihm fremden, leib- und herzgebundenen Denkens sich verwandeln könnte, nochmals aufgegriffen. Die Textstelle, die sich unmittelbar an die Passage des „ereignishaften Verlaufens der Sein-Zeit" anschließt, lautet wie folgt: „Weil das ereignishafte Verlaufen das Vermögen der Zeit ist, liegen die Zeiten von gestern und heute weder übereinander noch nebeneinander; trotzdem ist auch [*Meister*] Seigen Zeit, [*Meister*] Ōbaku Zeit und sind auch [*Meister*] Kōzei und [*Meister*] Sekitō Zeit" (101).

Die Namen der bekannten Meister in der Blütezeit des Zen während der Tang-Dynastie werden hier genannt. Diese Namen bilden die „Geschichte" des Zen-Buddhismus. Die Zeit, die diese Meister jeweils als „ihre Sein-Zeit" vollzogen, ist die „Geschichtszeit" dieser Geschichte. Sie ist von der physikalischen Zeit zu unterscheiden, aber auch von der „Sein-Zeit", die als Kiefer oder Bambus anwest. In den Augen Dōgens gilt freilich: „Berge und Wasser der Gegenwart (shikin) sind das volle Erscheinen (genjō) der Worte der alten Buddhas". In gleicher Weise wesen auch Kiefer oder Bambus an, so daß das Begreifen der Sein-Zeit der Naturwelt dasselbe sein muß wie das Begreifen der Sein-Zeit der alten Meister. Es darf keinen Unterschied geben zwischen der Zeit der Naturwelt und der Zeit der Geschichtswelt. So werden in dem Text *Uji* die Welt der alten Meister und die Welt der Kiefer sowie des Bambus auf derselben Ebene behandelt. Aber man muß auch berücksichtigen, daß in der Lebenszeit Dōgens das Problem der Geschichtswelt noch nicht als solches auftauchte. Niemand dachte daran, daß die Geschichtswelt mit ihrer Industrie und Technologie die Naturwelt als ihre Herkunft umzugestalten und von Grund auf zu zerstören imstande ist. Für uns, die in einem derartigen Zeitalter und einer solchen Situation leben, ist es unverkennbar, daß die „Zeit" im Spruch „Die Kiefer ist auch Zeit, der Bambus ist auch Zeit", und die „Zeit" im Spruch „Meister Seigen ist Zeit, Meister Ōbaku ist Zeit und auch Meister Kōzei und Meister Sekitō sind Zeit", in ihrem Prinzip und ihrer Struktur von großem Unterschied sind.

Um diesen Unterschied in der Darstellung des Textes *Uji* andeutungsweise zu suchen, ist darauf aufmerksam zu machen, daß Dōgen scharfe Kritik an den Mönchen in der großen Sung-Dynastie übt. Sie seien Leute, die die Worte der alten Meister mißverstehen und verdrehen. Je eloquenter diese Leute von den alten Meistern reden, desto mehr wird die „Geschichte" der alten Meister verdeckt. Von dem, der die Geschichte der Meister erzählt, wird gefordert, daß er Augen haben müsse, mit denen er den innerlich-geistigen Stand der alten Meister erblicken kann. Wenn nicht, dann kann die Geschichte der Meister nie richtig überliefert werden. So ist die „Sein-Zeit" in den Worten: „Meister Seigen ist Zeit, Meister Ōbaku ist Zeit und auch Meister Kōzei und Meister Sekitō sind Zeit" die „Sein-Zeit" der „Geschichtswelt", die unterschieden werden muß von der „Sein-Zeit" der Kiefer oder des Bambus. Die Eigentümlichkeit der ersteren liegt darin, daß man die alten Meister als „*meine* Meister" sich aneignet, indem man den innerlich-geistigen Stand der Meister erblickt bzw. durchblickt.

Die hier gemeinte Aneignung hat nichts zu tun mit dem subjektiven Beurteilen oder Vorstellen. Sie ist vielmehr der Beleg dafür, daß „die alten Meister sich selbst tragen und das Selbst erweisen". Konkret heißt das, daß man „Leib und Herz gesammelt" den alten Meistern zuhört, in diesem Zuhören sein eigenes „Leib-Herz" (shinjin) ausfallen läßt und die Sein-Zeit der alten Meister als die eigene Sein-Zeit zeigt und erzählt. So aufgefaßt kann das „ereignishafte Verlaufen der Sein-Zeit" als ein neues Paradigma des Geschichtsdenkens angesehen werden.

Das hier angedeutete Geschichtsdenken muß innerhalb der „Geschichtsphilosophie" im Abendland noch fremd sein, da in dieser der Erzähler das Geschehene überblickt, objektiviert, begreift und „erzählt". Genau dieses „Erzählen" war die ursprüngliche Bedeutung der „Historie". Demgegenüber fällt jedoch in dem Geschichtsdenken in der Weise des „Ausfallens von Leib und Herz" nicht nur das Bewußtsein, sondern auch das „Leib-Herz" des Erzählers aus.

Dieses Paradigma des Geschichtsdenkens verweist somit auf eine andere Dimension der Zeitlehre als die in Europa überlieferte. Denn in ihr handelt es sich darum, daß der Erzähler als Subjekt die Geschehnisse als Objekte überblickt, begreift, prüft, um schließlich zu „erzählen", was im Begriff der „Historie"

Einleitung

sprachlich impliziert wird. Aber im Geschichtsdenken mit dem „Fallen-lassen von Leib und Herz" geht es darum, nicht nur dieses subjektive Bewußtsein, sondern auch das eigene „Leib-Herz" fallen zu lassen. Dadurch wird nicht nur die in der Seele bzw. dem Bewußtsein erfahrene Zeit, sondern auch die sogenannte „erlebte Zeit" fallen gelasssen. Dadurch kommt zustande, daß man sozusagen ich-los die Geschichte aneignet und dieser zuhört bzw. zugehört. Inmitten der Geschichte als „Historia" eröffnet sich die tiefere Geschichtsebene der „Auditio".[13] Man kann im Gedanken Dōgens vom „ereignishaften Verlaufen der Sein-Zeit" und dessen leib- und herzgebundener Erfahrung einen Ansatz zu einem solchen leib- und herzgebundenen Geschichtsdenken finden.[14]

Aber der Verfasser sollte sich hier zurückhalten, damit er seine Aufgabe der Einführung in die Text Dōgens nicht überschreitet. Mit der Idee eines neuen Geschichtsdenkens will er nur andeuten, daß die Philosophie in der Begegnung mit dem ihr fremden Denken die Möglichkeit erblicken kann, sich selbst weiter zu entwickeln.

---

[13] Man kann beispielsweise in der Geschichtsphilosophie Hegels als dem logischen Begreifen der Geschichte zuerst einen Gegenpol, aber paradoxerweise auch einen Ansatz zu diesem „auditiven Geschichtsdenken" finden. Dazu vgl. Ōhashi, Idee zu einer auditiven Geschichtsphilosophie, in: *Das Interesse des Denkens - Hegel aus heutiger Sicht*.
[14] Vgl. a. Ōhashi *Kiku koto to shite no rekishi* (Ideen zu einer auditiven Geschichtsphilosophie), Nagoya 2005.

I.
Texte aus dem *Shōbōgenzō*
Übersetzt von Ryōsuke Ōhashi und Rolf Elberfeld

❖•◇•❖•◇•❖•◇•❖•◇•❖•◇•❖•◇•❖•◇•❖

Hinweise zur Textgestaltung und zur Kommentierung

Es handelt sich bei dem vorliegenden Band um ein Forschungsinstrument, von dem ausgehend die Texte Dōgens in verschiedene Richtungen weiter bearbeitet werden können. Da im Anhang auch andere Übersetzungen angegeben werden, ist der Leser ausdrücklich ermutigt, verschiedene Übersetzungen zu vergleichen. Dabei wird er feststellen, wie unterschiedlich die Texte Dōgens erschlossen werden. Die vorliegenden Übersetzungen betonen ihr Interesse daran, das *philosophische* Gespräch zwischen Ostasien und Europa zu befruchten. Dies ist nicht selbstverständlich, da viele Übersetzungen ausschließlich die religiöse Praxis in den Vordergrund stellen und auf inspirierende und leichte Verständlichkeit setzen.

Es wurde eine möglichst wörtliche bzw. transparent die Struktur der einzelnen japanischen Sätze erschließende Übersetzung angestrebt, wofür manche stilistische Härten in Kauf zu nehmen waren. Auf Lehnwörter aus der philosophischen Sprache z.B. Heideggers wurde bewußt verzichtet. In der vorliegenden Übersetzung wird dem Leser zugemutet, daß die auch in japanischer Sprache erhöhte Aufmerksamkeit erfordernden Wendungen nicht durchgehend einer flüssigen und allzu glatten Lesbarkeit geopfert werden. Damit der Leser, der der japanischen und chinesischen Sprache nicht mächtig ist, die Terminologie möglichst nachvollziehen kann, wurde weitgehend versucht, für zentrale Wörter eine einheitliche Übersetzung durchzuhalten. Hierbei wurden einige Sonderregelungen getroffen wie bei dem japanischen Wort *hō*, das durchgehend mit dem Sanskritwort *dharma* übersetzt wurde. Da das Wort *dharma* inzwischen im deutschen Fremdwörterbuch verzeichnet ist, wurde es als Terminus der buddhistischen Sprache in seiner Vieldeutigkeit in den deutschen Text aufgenommen. Zudem wurde an wenigen Stellen, wo die Mehrdeutigkeit eines japanischen Wortes von Wichtigkeit ist, die Umschrift des Wortes aufgenommen und in Klammern dahinter zwei bzw. drei Übersetzungsmöglichkeiten angegeben.

Die in runden Klammern in den Text eingefügten japanischen Wörter sowie die ohne Klammer kursiv gedruckten japanischen Wörter werden im Anhang erläutert. Die im Text genannten Namen und Texte werden ebenfalls im Anhang erschlossen. Die in eckigen Klammern hinzugefügten Wörter sind erklärende Hinzufügungen der Übersetzer. Die Numerierungen am Ende der Texte richten sich nach der 75er Fassung des *Shōbōgenzō*. In den Fußnoten sind die Literaturangaben nur mit Autor und Titel genannt. Die ausführlichen Angaben sind in der Bibliographie im Anhang zu finden. Die Umschrift der Sanskritworte ist vereinfacht, die der chinesischen Worte richtet sich nach der Pinyin-Umschrift. Dabei kann es vorkommen, daß in zitierten Büchern eine andere Umschrift verwendet wird, so daß es hier zu Abweichungen kommen kann.

Es wurde versucht, die von Dōgen zitierten Texte aus der buddhistischen und ostasiatischen Tradition in zugänglichen Ausgaben zu belegen und in einigen Fällen auch in deutschen Übersetzungen anzugeben. Die Kommentierung der Texte ist eher zurückhaltend. Für die weitere Auslegung wird auf die Sekundärliteratur verwiesen, die im Anhang zu finden ist.

Aus drucktechnischen Gründen konnten der japanische und der deutsche Text nicht immer auf einer Seite parallelisiert werden.

諸法の佛法なる時節、すなはち迷悟あり修行あり、生あり死あり、諸佛あり衆生あり。
萬法ともにわれにあらざる時節、まどひなくさとりなく、諸佛なく衆生なく、生なく滅なし。
佛道もとより豐儉より跳出せるゆゑに、生滅あり、迷悟あり、生佛あり。しかもかくのごとくなりといへども、華は愛惜にちり、草は棄嫌におふるのみなり。

Genjōkōan[15]
Offenbarmachen des vollen Erscheinens

Zu der Zeit (jisetsu), wenn alle *dharma*[16] Buddha-*dharma* (buppō) sind, gibt es eben dann Irren und Erwachen (meigo), gibt es Übung (shugyō), gibt es *shō* (*Leben, Geburt, Entstehen*),[17] gibt es *shi* (*Tod, Sterben*), gibt es all die Buddhas, gibt es die leidenden Wesen (shujō).

Zu der Zeit (jisetsu), wenn die zehntausend *dharma* (bampō) ichlos sind, gibt es weder Irren noch Erwachen, gibt es weder all die Buddhas noch die leidenden Wesen, gibt es weder *shō* (*Leben, Geburt, Entstehen*) noch *metsu* (*Vergehen, Sterben*).

Da der Buddha-Weg (butsudō) ursprünglich über [*jeden Unterschied von*] Fülle und Kargheit sprunghaft hinausgeht, gibt es *shō* (*Leben, Geburt, Entstehen*) und *metsu* (*Vergehen, Sterben*), gibt es Irren und Erwachen, gibt es leidende Wesen und Buddhas. Obwohl es so ist, fallen trotzdem die Blütenblätter nur in [*unseren*] Neigungen und das Gras wuchert nur in [*unserem*] Ärger.[18]

---

[15] Überarbeitete Fassung der Übersetzung, die Ōhashi u. Brockard 1976 im *Philosophischen Jahrbuch* veröffentlicht haben.

[16] „Alle *dharma*" ist eine stehende Wendung für alles Seiende. Siehe Worterklärungen.

[17] An dieser und der folgenden Stelle wird das japanische Wort in den Haupttext eingefügt, um die Mehrdeutigkeit des Wortes erhalten zu können.

[18] Die ersten drei Abschnitte fassen in sehr dichter Weise den ganzen Text zusammen. Der erste Abschnitt beginnt mit dem Satz: „Zu der Zeit (jisetsu), wenn alle *dharma* Buddha-*dharma* sind..." Dies meint so etwas wie: Zu einer Zeit, wenn die Übung so weit fortgeschritten ist, daß alles Seiende als solches je das wahre Seiende ist oder daß alles Seiende der Welt als wahr erfahren wird. Zu solcher Zeit wird alles, was ist, als seiend bejaht. Aber wie der Ausdruck: „Zu der Zeit, wenn..." andeutet, ist diese Bejahung (des Seins) nur eine Seite. Denn das *dharma* ist gemäß der durchgängigen Grundüberzeugung des Buddhismus nicht irgendeine Substanz, ein Seiendes, sondern letztlich „substanzlos" und „ichlos". Dies ist der Sinn des zweiten Satzes: „Zu der Zeit (jisetsu), wenn die zehntausend *dharma* ichlos sind...". Zu solcher Zeit gibt es nicht, was sonst zu sein scheint: Entstehen und Vergehen, Buddhas und leidende Wesen, Irren und Erwachen und dergleichen. Wenn also der erste Satz das *Sein* besagt, dann der zweite das *Nichts*. Jedoch beginnt auch dieser zweite Abschnitt mit dem Ausdruck: „Zu der Zeit, wenn..." Die Verneinung (des Seins), das Nichts ist also auch nur eine Seite des *dharma*. Darum beginnt der dritte Satz: „Da der Buddha-Weg ursprünglich über Fülle und Kargheit sprunghaft hinausgeht...". Fülle und Kargheit nennen Sein und Nichts. Buddha-Weg und *dharma* gehen somit „sprunghaft" über Sein und Nichts hinaus und übersteigen diesen Gegensatz. Das *dharma* im dritten Sinne liegt jedoch nicht an irgendeinem transzendenten Ort außerhalb von Sein und Nichts, vielmehr ist dieses Sein selbst und dieses Nichts selbst jetzt über den Gegensatz von Sein und Nichts hinausgesprungen. Allerdings fängt Dōgen mit dem letzten Satz des dritten Abschnittes die drei Schritte in einem leisen Lachen auf, indem er den Leser auf die Wirklichkeit des Gartens vor der Meditationshalle als ein lebendiges *Genjōkōan* hinweist. Denn es gibt keine fallenden Blütenblätter, außer in unseren Neigungen, und kein wucherndes Gras, außer in unserem Ärger, aber diese Neigungen und Ärger gibt es ebenso wie den Garten.

自己をはこびて萬法を修證するを迷とす、萬法すすみて自己を修證するはさとりなり。迷を大悟するは諸佛なり、悟に大迷なるは衆生なり。さらに悟上に得悟する漢あり、迷中又迷の漢あり。諸佛のまさしく諸佛なるときは、自己は諸佛なりと覺知することをもちゐず。しかあれども證佛なり、佛を證しもてゆく。心身を擧して色を見取し、身心を擧して聲を聽取するに、したしく會取すれども、かがみに影をやどすがごとくにあらず、水と月とのごとくにあらず。一方を證するときは一方はくらし。
佛道をならふといふは、自己をならふ也。自己をならふといふは、自己をわするるなり。自己をわするるといふは、萬法に證せらるるなり。萬法に證せらるるといふは、自己の身心および他己の身心をして脱落せしむるなり。悟迹の休歇なるあり、休歇なる悟迹を長長出ならしむ。

Sich selbst (jiko) tragend die zehntausend *dharma* übend erweisen (*shūshō*), das ist Irren; die zehntausend *dharma* kommen her und erweisen übend mich selbst (jiko), das ist Erwachen. Das Irren zum großen Erwachen machen: [*dies tun*] Buddhas. Im Erwachen groß irren: [*dies tun*] die leidenden Lebewesen. Zudem gibt es Menschen, die ein Erwachen über das Erwachen hinaus erreichen, und es gibt Menschen, die in der Irre noch mehr irren.

Wenn Buddhas wahrlich Buddhas sind, brauchen sie sich ihrer selbst (jiko) nicht als Buddhas bewußt zu werden. Trotzdem ist [*es*] der Buddhaerweis, fortwährend Buddha zu erweisen. Auch wenn man Leib und Herz (shinjin) gesammelt Farben anschaut, Leib und Herz gesammelt Töne vernimmt, ist [*dies Erfassen*] nicht, so nahe man sie auch erfaßt, wie wenn ein Spiegel das Spiegelbild aufnimmt, nicht so wie der Mond im Wasser. Während die eine Seite sich erweist, bleibt die andere dunkel.

Den Buddha-Weg erlernen heißt, sich selbst (jiko) erlernen.

Sich selbst erlernen heißt, sich selbst vergessen. Sich selbst vergessen heißt, durch die zehntausend *dharma* von selbst erwiesen werden. Durch die zehntausend *dharma* von selbst erwiesen werden heißt, Leib und Herz (shinjin) meiner selbst (jiko) sowie Leib und Herz des Anderen (tako) abfallen zu lassen (totsuraku). Die Spur des Erwachens kann verschwinden, die verschwundene Spur des Erwachens [*soll man*] lang, lang hervortreten lassen.

人はじめて法をもとむるとき、はるかに法の邊際を離卻せり。法すでにおのれに正傳するとき、すみやかに本分人なり。

人、舟にのりてゆくに、めをめぐらして岸を見れば、きしのうつるがごとく、めをしたしく舟につくれば、ふねのすすむをしるがごとく、身心を亂想して萬法を辯肯するには、自心自性は常住なるかとあやまる。もし行李をしたしくして箇裏に歸すれば、萬法のわれにあらぬ道理あきらけし。

たき木はひとなる、さらにかへりてたき木となるべきにあらず。しかあるを、灰はのち、薪はさきと見取すべからず。しるべし、薪は薪の法位に住して、さきありのちあり、前後際斷せり。灰は灰の法位にありて、のちありさきあり。かのたき木、はひとなりぬるのち、さらに薪とならざるがごとく、人のしぬるのち、さらに生とならず。しかあるを、生の死になるといはざるは、佛法のさだまれるならひなり、このゆゑに不生といふ。死の生にならざる、法輪のさだまれる佛轉なり、このゆ

Wenn einer erstmalig nach dem *dharma*[19] sucht, entfernt er sich weit von der Umgebung des *dharma*. Wenn einem das *dharma* bereits in rechter Weise zugetragen ist, ist er sogleich ein des Ursprungs Teilhaftiger.

Wenn einer in einem Boot fährt, den Blick wendet und das Ufer sieht, vermeint er, daß das Ufer sich bewegt. Wenn er den Blick fest an das Boot heftet, weiß er, daß das Boot sich fortbewegt. So verhält es sich, wenn einer in Leib und Herz (shinjin) verwirrt denkt und im Erfassen der zehntausend *dharma* vermeint, das eigene Herz und das eigene Wesen (jishō) seien unveränderlich. Wenn einer ganz und gar in täglicher Übung ist und zu diesem Ort zurückkehrt, dann wird der Sachverhalt (dōri) klar, daß die zehntausend *dharma* ichlos sind.[20]

Brennholz wird zu Asche und kann nicht umgekehrt wieder zu Brennholz werden. Obwohl es so ist, darf man es nicht so betrachten, als sei die Asche das Spätere und das Brennholz das Frühere. Man soll wissen, daß das Brennholz im *dharma*-Rang (hō'i) des Brennholzes bleibt und ein Vorher und Nachher besitzt. Obwohl es ein Vorher und Nachher besitzt, sind die Bereiche des Vorher und Nachher abgeschnitten (zengosaidan). Die Asche ist im *dharma*-Rang der Asche und besitzt ihr Vorher und Nachher. Wie das Brennholz, nachdem es zu Asche geworden ist, nicht mehr zu Brennholz wird, so wird der Mensch, nachdem er gestorben ist, nicht wieder lebendig. Da es so ist, sagt man nicht, Leben wird zu Tod; dies ist festes Gesetz des Buddha-*dharma* und daher heißt es: Nichtentstehen (fushō).

---

19 Hier bedeutet *dharma* die Lehre Buddhas. Siehe Worterklärungen.
20 Dōgen vertritt eine besondere Lehre zum Bezug von Übung und Erwachen. Gegenüber der damals üblichen Lehre, daß alle Wesen bereits ursprünglich erwacht seien, trug Dōgen bereits sehr früh die Frage in sich, ob dann die buddhistische Übung überhaupt noch einen Sinn habe. Er löst diese Frage damit, daß für ihn das Üben immer zugleich Erwachen, und Erwachen immer zugleich Üben ist. Damit versucht er, jeden möglichen substantialistischen Rest in der Lehre zu überwinden, in dem Sinne, daß „Erwachen" nicht schon von Anfang an etwas „Gegebenes" ist. Wichtig ist zu beachten, daß für Dōgen alles zur Übung im Sinne des Buddhismus werden kann. Nicht nur ein ritueller Vollzug im engeren Sinne, sondern alles, was der Mensch tut, kann „Übung" sein. Übung darf nicht mißverstanden werden als einfaches Einüben von etwas, um es dann zu beherrschen. Es gibt keine Übung und dann noch ein Erwachen, das es zu erreichen gäbe. „Zu meinen, Üben und Erwachen seien nicht eins, ist eine äußerliche Ansicht. Im Buddha-*dharma* sind Üben und Erwachen ein und dasselbe. Weil auch [*die Übung*] jetzt, üben im Erwachen ist, ist bereits die Zen-Praxis des Anfängers das Ganze des eigentlichen Erwachens. Weil es so ist, wird in der Vorbereitung auf die Praxis gesagt: Erwarte Erwachen nicht außerhalb der Übung, weil sie das eigentliche Erwachen unmittelbar zeigen soll. Wenn Erwachen bereits im Üben ist, gibt es im Erwachen keine Grenze, wenn das Üben im Erwachen ist, gibt es beim Üben keinen Anfang." Dōgen, *Bendōwa*.

ゑに不滅といふ。生も一時のくらゐなり、死も一時のくらゐなり。たとへば冬と春とのごとし。冬の春となるとおもはず、春の夏となるといはぬなり。

人のさとりをうる、水に月のやどるがごとし。月ぬれず、水やぶれず。ひろくおほきなるひかりにてあれど、尺寸の水にやどり、全月も彌天も、くさの露にもやどり、一滴の水にもやどる。さとりの人をやぶらざること、月の水をうがたざるがごとし。人のさとりを罣礙せざること、滴露の天月を罣礙せざるがごとし。ふかきことはたかき分量なるべし。時節の長短は、大水小水を檢點し、天月の廣狹を辯取すべし。

身心に法いまだ參飽せざるには、法すでにたれりとおぼゆ。法もし身心に充足すれば、ひとかたはらずとおぼゆるなり。たとへば船にのりて、山なき海中にいでて四方をみるに、ただまろにのみみゆ、さらにことなる相みゆることなし。しかあれど、この大海、まろなるにあらず、方なるにあらず、のこれる海德、つくすべからざるなり。宮殿のごとし、瓔

Daß der Tod nicht zu Leben wird, ist Buddhas festes Drehen des *dharma*-Rades (hōrin) und daher heißt es: Nichtvergehen (fumetsu). Leben ist ein Status zu einer Zeit, Tod ist auch ein Status zu einer Zeit. Wie zum Beispiel Winter und Frühling. Man denkt nicht, Winter wird zu Frühling; man sagt nicht, Frühling wird zu Sommer.

Der Mensch erlangt Erwachen (satori), so wie sich der Mond im Wasser aufhält. Der Mond wird nicht naß, das Wasser nicht gebrochen. Zwar ist sein Strahlen weit und groß, aber [*selbst*] in seichtem Wasser hält es sich auf. Der ganze Mond und auch der volle Himmel halten sich auf im Tau am Gras und auch in einem Tropfen Wasser. Das Erwachen bricht den Menschen nicht, sowenig wie der Mond ein Loch ins Wasser bohrt. Der Mensch behindert das Erwachen nicht, sowenig wie Tropfen und Tau Himmel und Mond behindern. Die Tiefe [*des einen*] soll dem Maß der Höhe [*des anderen*] entsprechen. Für Länge und Kürze [*jeder*] Zeit (jisetsu) soll man großes Wasser und kleines Wasser untersuchen, Weite und Enge von Himmel und Mond erfassen.

Wessen Leib und Herz (shinjin) noch nicht vollständig vom *dharma* gesättigt ist, der meint, das *dharma* reiche schon aus. Wenn Leib und Herz gänzlich vom *dharma* erfüllt sind, meint man, etwas fehle noch. Fährt man zum Beispiel in einem Boot mitten aufs Meer hinaus, bis keine Berge [*mehr sichtbar sind*], und blickt in die vier Richtungen, so sieht [*das Meer*] nur rund aus und außerdem ist keine andere Gestalt zu sehen. Obwohl es so ist, ist dieses große Meer weder rund noch eckig und die übrigen Qualitäten (toku) des Meeres sind auf diese Weise nicht zu erschöpfen. [*Es ist*] wie ein Palast [*für die Fische*] und wie eine Perlenkette [*für die Himmelswesen*].[21]

---

[21] Nach einer Lehre des Buddhismus sehen verschiedene Wesen das Meer sehr unterschiedlich: Für die Fische ist es ein Palast, für die Götter eine Perlenkette, für die Menschen einfach Wasser und für die Dämonen Blut und Eiter.

> 珞のごとし。ただわがまなこのおよぶところ、しばらくまろにみゆるのみなり。かれがごとく、萬法もまたしかあり。塵中格外、おほく樣子を帶せりといへども、參學眼力のおよぶばかりを、見取會取するなり。萬法の家風をきかんには、方圓とみゆるよりほかに、のこりの海德山德おほきはまりなく、よもの世界あることをしるべし。かたはらのみかくのごとくあるにあらず、直下も一滴もしかあるとしるべし。
>
> うを水をゆくに、ゆけども水のきはなく、鳥そらをとぶに、とぶといへどもそらのきはなし。しかあれども、うをとり、とり、いまだむかしよりみづそらをはなれず。只用大のときは使大なり、要小のときは使小なり。かくのごとくして、頭頭に邊際をつくさず、處處に踏翻せずといふことなしといふことなく、鳥もしそらをいづれば、たちまちに死す。魚もし水をいづれば、たちまちに死す。以水爲命しりぬべし、以空爲命しりぬべし。以鳥爲命あり、以魚爲命あり。以命爲鳥なるべし、以命爲魚なるべし。このほかさらに進步あるべし。修證あり、その壽者

Nur soweit meine Augen reichen, sieht es zeitweise rund aus. Entsprechendes gilt auch für die zehntausend *dharma*. Zwar bieten das Inmitten der staubigen Alltagswelt und das Außerhalb der weltlichen Verstrickungen vielerlei Erscheinungsweisen, aber man sieht und begreift nur soweit, wie das im inständigen Lernen gewonnene Auge reicht. Um die Weisen der zehntausend *dharma* zu hören, soll man wissen, daß die zehntausend *dharma* nicht nur eckig oder rund aussehen, sondern daß die übrigen Qualitäten (toku) des Meeres und der Berge zahlreich und unerschöpflich sind, und es auch Welten (sekai) in allen vier Richtungen gibt. Man soll wissen, daß es nicht nur in der Umgebung, sondern sowohl gerade hier [*wo ich bin*] als auch in jedem einzelnen Tropfen so ist.

Schwimmen Fische im Wasser, so gibt es, wie weit sie auch schwimmen, kein Ende des Wassers; fliegen Vögel am Himmel, so gibt es, wie weit sie auch fliegen, kein Ende des Himmels. Wenn dies zutrifft, so haben Fische und Vögel von alters her das

Wasser und den Himmel noch nie verlassen. Ist die Wirksamkeit groß, so ist der Gebrauch groß. Ist der Bedarf klein, so ist auch der Gebrauch klein. Auf diese Weise [*kann man sagen*]: obwohl [*Fische und Vögel*] jedes Mal nie die Grenze der Umgebung unerschöpft lassen und nie nicht allerorten umherschweifen, sterben die Vögel, sobald sie den Himmel verlassen, und sterben die Fische, sobald sie das Wasser verlassen. Man soll wissen: durch Wasser bildet sich Leben, und man soll wissen: durch Himmel bildet sich Leben. Einmal bildet sich durch Vögel Leben, einmal bildet sich durch Fische Leben. Es sollen sich durch Leben Vögel bilden, und es sollen sich durch Leben Fische bilden. Darüber hinaus soll es noch Fortschritt geben. Es gibt den übenden Erweis (shūshō) und demgemäß das lang Lebende und Lebendige.

命者あることかくのごとし。しかあるを、水をきはめ、そらをきはめてのち、水そらをゆかんと擬する鳥魚あらんは、水にもそらにも、みちをうべからず、ところをうべからず。このところうれば、この行李したがひて現成公案す。このみちをうれば、この行李したがひて現成公案なり。このみち、このところ、大にあらずひさにあらず、自にあらず他にあらず、さきよりあるにあらず、いま現ずるにあらざるがゆゑに、かくのごとくあるなり。しかあるがごとく、人もし佛道を修證するに、得一法通一法なり、遇一行修一行なり。これにところあり、みち通達せるによりて、しらるるきはのしかしらざるは、このしることの、佛法の究盡と同生し同參するゆゑにしかあるなり。
得處かならず自己の知見となりて、慮知にしられんずるとならふことなかれ。證究すみやかに現成すといへども、密有かならずしも現成にあらず。見成これ何必なり。

Wenn es Vögel oder Fische gäbe, die sich im Wasser oder im Himmel erst bewegen wollten, nachdem sie das Wasser [*ganz*] durchmessen haben und den Himmel [*ganz*] durchmessen haben, könnten diese daher weder im Wasser noch im Himmel den Weg finden oder ihren Ort (tokoro) finden. Diesen Ort finden heißt, daß gemäß den alltäglichen Handlungen sich volles Erscheinen offenbar macht (genjōkōan su).[22] Diesen Weg finden heißt, daß gemäß den alltäglichen Handlungen das Offenbarmachen des vollen Erscheinens (genjōkōan) da ist. Weil dieser Weg, dieser Ort weder groß noch klein, weder Eigenes noch Anderes, weder seit jeher noch [*erst*] jetzt gegenwärtig ist, sind sie eben auf diese Weise. Gleichermaßen gilt: Wenn Menschen den Buddha-Weg übend erweisen, so erreichen sie ein *dharma* und meistern ein *dharma*, begegnen einer Übung und üben diese Übung. Weil es hierfür einen Ort gibt und der Weg bis zum Letzten führt, kann die zu wissende Grenze nicht gewußt werden, da dieses Wissen nur mit dem gründlichen Ausschöpfen des

Buddha-*dharma* zusammen entsteht und zusammen wirkt.

Meine nicht, daß der erlangte Ort unbedingt zur eigenen Einsicht kommt und vom verständigen Wissen gewußt wird. Obwohl erweisendes Ergründen sogleich vollauf erscheint, ist das verborgene Sein (mitsu'u) nicht unbedingt volles Erscheinen (genjō). Wieso ist das Hervortreten der Einsicht notwendig?[23]

---

[22] An dieser Stelle wird die Zeichenkombination durch ein angefügtes „su" zu einer verbalen Wendung, was den bewegten Charakter des Sachverhaltes in den Vordergrund rückt. Vgl. die Erklärungen zu *Genjōkōan* im Anhang.

[23] Mögliche alternative Lesung dieses Satzes: „Das Gelingen der Einsicht ist ungewiß".

> 麻谷山寶徹禪師、あふぎをつかふちなみに、僧きたりてとふ、「風性、常住、無處不周底なり、なにをもてかさらに和尙あふぎをつかふ。」師いはく、「なんぢただ風性常住をしれりとも、いまだところとしていたずといふことなき道理をしらず」と。僧いはく、「いかならんかこれ無處不周底の道理。」ときに師、あふぎをつかふのみなり。僧禮拜す。
> 佛法の證驗、正傳の活路、それかくのごとし。常住なればあふぎをつかふべからず、つかはぬをりもかぜをきくべきといふは、常住をもしらず、風性をもしらぬなり。風性は常住なるがゆゑに、佛家の風は大地の黃金なるを現成せしめ、長河の蘇酪を參熟せり。
>
> 正法眼藏現成公案第一
> これは、天福元年中秋のころ、かきて鎭西の俗弟子楊光秀にあたふ。
> 建長壬子拾勒

Als der Zen-Meister Hōtetsu vom Berg Mayoku seinen Fächer benutzte, kam ein Mönch und fragte: „Die Wind-Natur ist beständig, kein Ort, an dem sie nicht kreist. Wozu benutzt der verehrte Vorsteher noch seinen Fächer?" Der Meister sagt: „Du weißt nur, daß die Wind-Natur beständig ist, aber du kennst noch nicht den Sachverhalt (dōri), daß sie an keinem Ort nicht kreist." Der Mönch sagt: „Wie steht es mit dem Sachverhalt, daß sie an keinem Ort nicht kreist?" – In dem Augenblick benutzt der Meister nur seinen Fächer. Der Mönch verneigt sich tief.[24]

Die erweisende (shō) Erfahrung des Buddha-*dharma* und der lebendige Weg der rechten Überlieferung sind auf diese Weise. Wer meint, daß man den Fächer nicht benutzen soll, da [*die Wind-Natur*] beständig ist, und daß man den Wind spüren soll, auch wenn man [*den Fächer*] nicht benutzt, der kennt weder Beständigsein noch Wind-Natur. Weil die Wind-Natur beständig ist, läßt der Wind[25] der Buddhisten die große Erde als gelbes Gold vollauf erscheinen und den langen Fluß zu Dickmilch reifen.

Shōbōgenzō Genjōkōan 1. [Kapitel]
Geschrieben in der Mitte des Herbstes im 1. Jahr Tempuku [1233] und dem Laienschüler Yō Kōshū aus Chinzei anvertraut.
Im 4. Jahr Kenchō [1252 in die Sammlung *Shōbōgenzō*] aufgenommen.

---

24 Zitat findet sich im 4. Buch des *Shūmon Rentōeyō*. Vgl. *Dainihon zokuzōkyō*, Bd. 136, Umschlag Nr. 9, Heft 3, 252.
25 Das Wort für Wind bedeutet auch „Gewohnheit, Sitte". Vgl. Ōhashi, Der „Wind" als Kulturbegriff in Japan, in: ders., *Japan im interkulturellen Dialog*.

心不可得

釋迦牟尼佛言、過去心不可得、現在心不可得、未來心不可得。

これ佛祖の參究なり。不可得裏に過去・現在・未來の窟籠を剋來せり。しかれども、自家の窟籠をもちゐきたれり。いはゆる自家といふは、心不可得なり。而今の思量分別は、心不可得なり。使得十二時の渾身、これ心不可得なり。佛祖の入室あらざれば、心不可得の問取なし、道著なし、見聞せざるなり。經師論師のやから、聲聞縁覺のたぐひ、夢也未見在なり。その驗ちかきにあり。いはゆる、德山宣鑑禪師、そのかみ金剛般若經をあきらめたりと自稱す。あるいは周金剛王と自稱す。ことに青龍疏をよくせりと稱す。さらに十二擔の書籍を撰集せり。齊肩の講者なきがごとし。しかあれ

Shinfukatoku[26]
Das unfaßbare Herz

Shākyamuni Buddha sagt: „[*Das*] Herz (shin) der Vergangenheit [*ist*] unfaßbar, [*das*] Herz der Gegenwart [*ist*] unfaßbar, [*das*] Herz der Zukunft [*ist*] unfaßbar."[27]

Dies ist, was Buddha und die folgenden Meister inständig ergründen. Inmitten des Unfaßbaren [*haben sie*] die Höhlen der Vergangenheit, Gegenwart und Zukunft herausgegraben. Aber sie haben ihre eigenen Höhlen genutzt. Was hier das Eigene genannt wird, ist das unfaßbare Herz. Gegenwärtiges Denken und Urteilen (shiryō-funbetsu) sind das unfaßbare Herz. Mit dem ganzen Leib die zwölf Tageszeiten[28] nutzen, dies ist das unfaßbare Herz. Seit Buddha und die nachfolgenden Meister [*jeweils*] ins Zimmer getreten sind,[29] erfaßt man das unfaßbare Herz. Wären Buddha und die folgenden Meister noch nicht ins Zimmer getreten, gäbe es kein Fragen nach [*dem unfaßbaren Herzen*], kein

Sprechen davon und kein Sehen und Hören des unfaßbaren Herzens. Sutren- und Schriftgelehrte,[30] Hörend-Erwachte (shōmon) und Durch-Anlässe-Erwachte (engaku) haben dies nicht einmal im Traum gesehen. Hierfür gibt es ein naheliegendes Zeugnis.

Der Zen-Meister Tokusan Senkan sagte von sich, er habe das Diamant-Weisheits-Sutra geklärt.[31] Er nannte sich [*daher*] Shu, König des Diamant-Sutra. Insbesondere in dem Blauen-Drachen-Kommentar[32] sei er bewandert. Darüber hinaus habe er Bücher mit einem Gewicht von zwölf Traglasten[33] herausgegeben, so daß kein anderer Lehrer ihm gleichzukommen schien.

---

26 Überarbeitete Fassung der Übersetzung, die Ōhashi u. Brockard in der FS für Dumoulin 1985 veröffentlicht haben.
27 Zitat aus dem Diamant-Sutra. Dōgen zitiert die chinesische Übersetzung von Kumarajiva. *Taishō* Bd. 8, Text Nr. 235, 751. Vgl. die Übersetzungen von Walleser und Conze. Die Übersetzung kann auch lauten: „[*Das*] vergangene Herz [*ist*] unfaßbar, [*das*] gegenwärtige Herz [*ist*] unfaßbar, [*das*] zukünftige Herz [*ist*] unfaßbar." Gemeint sind alle vergangenen, gegenwärtigen und zukünftigen Regungen des Herzens und des Bewußtseins. Sie sind objektivierend nicht vollständig zu erfassen.
28 Nach der alten chinesischen Zeitrechnung wird der Tag gemäß den zwölf chinesischen Tierkreiszeichen in zwölf Einheiten aufgeteilt. „Zwölf Tageszeiten" meint sowohl jeden Augenblick wie den ganzen Tag. Vgl. Elberfeld, *Phänomenologie der Zeit im Buddhismus*, 236 ff.
29 „Eintreten ins Zimmer" ist eigentlich der *terminus technicus* für die Übung im „Zimmer", wo der Schüler mit dem Meister das Zen-Gespräch führt. Hier wird auf Buddhas Erwachen angespielt.
30 „Sutren- und Schriftgelehrte" ist für den Zen-Buddhismus abwertender *terminus technicus* für bloße Buchgelehrsamkeit.
31 Vgl. zu diesem Beispiel die Geschichte Nr. 4 in der Kōan-Sammlung *Hekiganroku* (chin. Biyanlu): *Bi-Yän-Lu. Meister Yüan-wu's Niederschrift von der Smaragdenen Felswand*, übers. v. Gundert, 103 ff. Zum Verhältnis Dōgens zur Tradition des Kōan vgl. Heine, *Dōgen and the Kōan Tradition*. Heine stellt in seiner Analyse der Texte Dōgens im *Shōbōgenzō* eine besondere Nähe zu den Texten und der Textform des *Biyanlu* heraus.
32 Die sogenannten „Seiryū-Kommentare" sind von einem chinesischen Mönch des 8. Jahrhunderts verfaßt worden.
33 Dies entspricht ca. siebenhundert Kilogramm.

ども、文字法師の末流なり。あるとき、南方に嫡嫡相承の無上佛法あることをききて、いきどほりにたへず、經書をたづさへて山川をわたりゆく。ちなみに龍潭の信禪師の會にあへり。かの會に投ぜんとおもむく、中路に歇息せり。ときに老婆子きたりあひて、路側に歇息せり。ときに鑑講師とふ、「なんぢはこれなに人ぞ。」婆子いはく、「われは賣餅の老婆子なり。」德山いはく、「わがためにもちひをうるべし。」婆子いはく、「和尙もちひをかうてなにかせん。」德山いはく、「もちひをかうて點心にすべし。」婆子いはく、「和尙のそこばくたづさへてあるは、それはこれなにものぞ。」德山いはく、「なんぢきかずや、われはこれ周金剛王なり。金剛經に長ぜり、通達せずといふところなし。わがいまたづさへてあるは、金剛經の解釋なり。」かくいふをききて、婆子いはく、「老婆に一問あり、和尙これをゆるすやいなや。」德山いはく、「われいまゆるす、なんぢこころにまかせてとふべし。」婆子いはく、「われかつて金剛經をきくにいはく、過去心不可得、現在心不可得、未來心不可得。いまいづれの心をか、もちひをしていかに

Obwohl es sich so verhält, ist er nur ein letzter Ausfluß [*in der Linie*] der schriftgelehrten Mönche. Als er einmal hörte, im Süden gebe es das von Meister zu Meister überlieferte unübertreffliche Buddha-*dharma*, ertrug er seinen Ärger nicht und überquerte Berge und Flüsse, wobei er die Sutra-Kommentare mit sich trug. Unterwegs traf er auf den Kreis des Zen-Meisters Shin in Ryūtan. Mit dem Gedanken, diesem Kreis beizutreten, ging er dorthin und machte auf halbem Wege Rast. Da begegnete ihm ein altes Weiblein, [*auch*] sie rastete am Wegrand. Da fragte der Lehrmeister Kan [=*Tokusan*]: „Wer bist denn Du?" Das Weiblein antwortete: „Ich bin ein altes Weiblein, das Reisknödel verkauft." Tokusan sagte: „So verkaufe mir Reisknödel!" Das Weiblein antwortete: „Wozu kauft der ehrwürdige Mönch denn Reisknödel?" Tokusan sagte: „Als Herzensstärkung[34] kaufe ich Reisknödel." Das Weiblein fragte: „Was sind das für Dinge, die der ehrwürdige Mönch hier mit sich schleppt?" Tokusan antwortete: „Hast Du nicht [*von mir*] gehört? Ich bin Shu, der König des

Shinfukatoku

Diamant-Sutra. Im Diamant-Sutra bin ich bewandert und es gibt keine Stelle [*darin*], die ich nicht durchdrungen habe. Was ich jetzt mit mir schleppe, sind die Kommentare des Diamant-Sutra." Als das Weiblein dies hörte, sagte es: „Das alte Weib hat eine Frage – erlaubt Ihr sie, ehrwürdiger Mönch?" Tokusan antwortete: „Ich erlaube sie dir! Frage du nur nach Herzenslust!" Das Weiblein sagte: „Als ich einst das Diamant-Sutra hörte, hieß es dort: ,[*Das*] Herz der Vergangenheit [*ist*] unfaßbar, [*das*] Herz der Gegenwart [*ist*] unfaßbar, [*das*] Herz der Zukunft [*ist*] unfaßbar.' Welches Herz wollen Sie nun auf welche Weise mit Reisknödeln stärken?

---

34 Jap. *tenjin*. *Ten* heißt Punkt, als Verb: antupfen, anzünden. *Jin* (bzw. *shin*) heißt Herz. *Tenjin* heißt wörtlich: das Herz mit einer kleinen Speise anzünden, d.h. ein wenig sättigen. *Tenjin* ist der *terminus technicus* für das bescheidene Essen der Mönche im Tempel, heute auch für eine bestimmte Art der Tempelküche.

> 點ぜんとかする。和尚もし道得ならんには、もちひをうるべし。和尚もし道不得ならんには、もちひをうるべからず。」德山ときに茫然として祇對すべきところおぼえざりき。婆子すなはち拂袖していでぬ。
> つひにもちひを德山にうらず。
> 　うらむべし、數百軸の釋主、數十年の講者、わづかに弊婆の一問をうるに、たちまちに負處に堕して、祇對におよばざること。正師をみると、正師に師承せざると、正法をきけると、いまだ正法をきかず、正師をみざると、はるかにことなるによりてかくのごとし。德山このときはじめていはく、畫にかけるもちひうゑをやむるにあたはずと。いまは龍潭に嗣法すと稱す。つらつらこの婆子と德山と相見する因緣をおもへば、德山のむかしあきらめざることは、いまきこゆるところなり。龍潭をみしよりのちも、なほ婆子を怕卻（はぎゃ）しつべし。なほこれ參學の晚進なり、超證の古佛にあらず。婆子そのとき德山を杜口せしむとも、實にその人なること、いまださだめがたし。
> そのゆゑは、心不可得のことばをききては、心う

Wenn der ehrwürdige Mönch mir dies zu sagen vermag, werde ich ihm Reisknödel verkaufen, wenn er es nicht zu sagen vermag, werde ich ihm keine Reisknödel verkaufen." Da war Tokusan so fassungslos, daß er nichts mehr zu antworten wußte. Das Weiblein flatterte mit den Ärmeln und ging fort. Letztlich hat sie Tokusan keinen Reisknödel verkauft.

Wie schade, daß der Kommentator von mehreren hundert [*Sutren-*]Rollen und jahrzehntelange Lehrmeister allein dadurch, daß ein runzeliges Weiblein ihm eine Frage stellt, sofort auf verlorenem Posten steht und nicht mehr zu antworten vermag. Da es ein großer Unterschied ist, ob man dem wahren Meister begegnet, dem wahren Meister nachfolgt, das wahre *dharma* hört, oder das wahre *dharma* nicht hört, dem wahren Meister nicht begegnet, konnte Tokusan das passieren. Damals meinte Tokusan erstmals: „Gemalte Reisknödel vermögen den Hunger nicht zu stillen".[35] Er gab an, das *dharma* von Ryūtan zu erben. Wenn ich die verursachenden Anlässe (*in'nen*) der Begegnung zwischen dem Weiblein und Tokusan nacheinander bedenke, so ist nun offenkundig, daß Tokusan sich damals noch nicht im Klaren war. Selbst nach der Begegnung mit Ryūtan hätte er das Weiblein noch fürchten müssen. Er blieb ein Verspäteter im inständigen Lernen (sangaku). Er ist nicht der das Erwachen übersteigende alte Buddha. Obwohl das Weiblein Tokusan das Maul stopfte, ist schwer festzustellen, ob das Weiblein der wirkliche Mensch[36] war.

---

35 Sprichwörtlich: „Jemanden mit bloßen Worten abspeisen". Vgl. hierzu auch den Text *Gabyō* (Gemalte Reisknödel) im *Shōbōgenzō*.
36 Chiffre für „den Erwachten".

からず、心あるべからずとのみおもひて、かくのごとくとふ。德山もし丈夫なりせば、婆子を勘破するちからあらまし。すでに勘破せましかば、婆子まことにその人なる道理もあらはるべし。德山いまだ德山ならざれば、婆子その人なることもいまだあらはれず。現在大宋國にある雲衲霞袂、いたづらに德山の對不得をわらひ、婆子が靈利なることをほむるは、いとはかなかるべし、おろかなるにあらず。そのゆゑ、いま婆子を疑著（ぎちゃ）する、ゆゑなきにあらず。いはゆる、そのちなみ、德山不得ならんに、婆子なんぞ德山にむかうていはざる、和尙いま道不得なり、さらに老婆にとふべし、老婆かへりて和尙のためにいふべし。かくのごとくいひて、德山の問をえて、德山にむかうていふこと道是ならば、婆子まことにその人なりといふことあらはるべし。むかしよりいまだ道處あらず。いまだ道著あらず。むかしよりいまだ一語をも道著せざるを、その人といふこと、いまだあらず。いたづらなる自稱の始終、その盆なき德山のむかしにてみるべし。いまだ道處なきものをゆるすべからざること、婆子にてしるべし。

Denn, indem sie den Spruch „[Das] Herz [ist] unfaßbar" hörte, meinte sie nur, „das Herz sei nicht zu fassen", „dieses Herz könne es nicht geben", so daß sie auf diese Weise fragte. Wäre Tokusan ein großer Mensch gewesen, hätte er das Weiblein zu durchschauen vermocht. Wenn Tokusan das Weiblein durchschaut hätte, wäre auch der Sachverhalt (dōri) zum Vorschein gekommen, ob das Weiblein der wirkliche Mensch war. Da aber Tokusan noch nicht Tokusan war, ist auch noch nicht deutlich geworden, ob das Weiblein der wirkliche Mensch war. Daß jetzt das Heer der Mönche im großen Sung-Reich [=China] über Tokusans Unvermögen zu antworten gedankenlos lacht, und den tiefen Scharfsinn des Weibleins lobt, ist sehr unbedacht und dumm, denn es gibt keinen Grund, nicht an dem Weiblein zu zweifeln. Warum hat das Weiblein gerade in dem Augenblick, als Tokusan nichts mehr zu antworten vermochte, nicht zu Tokusan gesagt: „Der ehrwürdige Mönch vermag jetzt nichts zu sagen, er soll das alte Weiblein weiter fragen, das alte Weiblein will umgehend für den ehrwürdigen Mönch sprechen." Wenn es dies gesagt hätte und seine Antwort auf Tokusans Frage treffend gewesen wäre, wäre offenbar geworden, ob das Weiblein wahrlich der wirkliche Mensch war. Obwohl es Fragen stellte, gab es noch keinen Spruch [*als Antwort*].[37] Seit altersher wurde keiner, der nicht einen Spruch getan hat, als der wirkliche Mensch bezeichnet. Von Anfang bis Ende auf eitle Weise anzugeben, ist nutzlos. Dies ist an dem alten Beispiel von Tokusan zu sehen. Daß man denjenigen, der noch keinen Spruch getan hat, nicht anerkennen kann, dies ist anhand des alten Weibleins zu wissen.

---

37 Jap. *dōsho*. Im Zen gibt es die Tradition, daß jeder einen „Spruch" findet, in dem sich sein Erwachen erweist.

こころみに徳山にかはりていふべし。婆子まさしく恁麼問著せんに、徳山すなはち婆子にむかひていふべし、恁麼則儞莫﹅與﹅吾﹅賣﹅餅﹅。もし徳山かくのごとくいはましかば、伶利の參學ならん。婆子もし徳山とはん、現在心不可得、過去心不可得、未來心不可得、いまもちひをしていづれの心をか點ぜんとかする。かくのごとくとはんに、婆子すなはち徳山にむかうていふべし、和尚はただもちひの心をしらず、心のもちひを點ずることをのみしりて、心のもちひを點ずることをしらず、心の心を點ずることをもしらず。恁麼いはんに、徳山さだめて擬議すべし。當恁麼時、もちひ三枚を拈じて徳山に度與すべし。徳山とらんと擬せんとき、婆子いふべし、過去心不可得、現在心不可得、未來心不可得。もし又徳山展手擬取せずは、一餅を拈じて徳山をうちていふべし、無魂屍子、儞莫茫然。かくのごとくいはんに、徳山いふことあらばよし、いふことなからんには、婆子さらにとくさんのためにいふべし。ただ拂袖してさる、そでのな

Versuchen wir, anstelle von Tokusan zu sprechen. Als das Weiblein gerade auf diese Weise fragte, hätte Tokusan dem Weiblein sagen sollen: „Wenn es so ist, dann verkaufe mir keine Reisknödel, du!" Wenn Tokusan das gesagt hätte, wäre er ein inständig Lernender mit regem Scharfsinn gewesen. Tokusan hätte das Weiblein gefragt: „[Das] Herz (shin) der Vergangenheit [ist] unfaßbar, [das] Herz der Gegenwart [ist] unfaßbar, [das] Herz der Zukunft [ist] unfaßbar. – Welches Herz wollen Sie also jetzt mit den Reisknödeln stärken?" Wenn er so gefragt hätte, hätte das Weiblein zu Tokusan sagen sollen: „Der erwürdige Mönch weiß nur, daß das Herz mit Reisknödeln nicht gestärkt werden kann, er weiß nicht, daß das Herz die Reisknödel stärkt, er weiß nicht, daß das Herz das Herz stärkt." Hätte [das Weiblein] so gesprochen, hätte Tokusan sicherlich zögern müssen. Gerade in diesem Augenblick hätte [das Weiblein] drei Reisknödelstücke nehmen und Tokusan reichen sollen. Wenn Tokusan sie nicht hätte nehmen mögen, hätte das Weiblein sagen sollen:

„[*Das*] Herz der Vergangenheit [*ist*] unfaßbar, [*das*] Herz der Gegenwart [*ist*] unfaßbar, [*das*] Herz der Zukunft [*ist*] unfaßbar." Hätte Tokusan Anstalten gemacht, die Hand danach auszustrecken und sie zu nehmen, hätte das Weiblein einen Reisknödel ergreifen, Tokusan [*damit*] einen Schlag versetzen und sagen sollen: „Du seelenlose Leiche, sei nicht fassungslos!" Hätte es so gesprochen und hätte Tokusan etwas zu sagen gehabt, – gut. Hätte er nichts zu sagen gehabt, hätte das Weiblein weiterhin für Tokusan sprechen sollen. Es hat nur mit den Ärmeln geflattert und ist gegangen.

かに蜂ありともおぼえず。德山も、われはいふことあたはず、老婆わがためにいふべしともいはず。しかあれば、いふべきをいはざるのみにあらず、とふべきをもとはず。あはれむべし、婆子・德山、過去心・未來心、問著・道著、未來心不可得なるのみ也。おほよそ德山それよりののちも、させる發明ありともみえず、ただあらあらしき造次のみなり。ひさしく龍潭にとぶらひせば、頭角觸折することもあらまし、領珠を正傳する時節にもあはまし。わづかに吹滅紙燭をみる、傳燈に不足なり。
しかあれば、參學の雲水、かならず勤學すべし。容易にせしは不是なり。勤學なりしは佛祖なり。おほよそ不可得とは、畫餅一枚を買弄して、一口に咬著嚼盡するをいふ。

正法眼藏第八

爾時仁治二年辛丑夏安居、于雍州宇治郡觀音導利興聖寶林寺示衆。

Es ist doch nicht anzunehmen, daß eine Biene im Ärmel saß.[38] Tokusan hat aber auch nicht gesagt: Ich vermag nichts zu sagen, das alte Weiblein soll für mich sprechen. Insofern haben beide nicht nur nicht gesagt, was sie hätten sagen sollen, sondern auch nicht gefragt, was sie hätten fragen sollen. Wie erbärmlich, [denn] es bleibt nur dies: Das Weiblein und Tokusan, vergangenes Herz und zukünftiges Herz, Fragen und Sprechen, und das Herz der Zukunft ist unfaßbar.[39] Auch danach scheint Tokusan nichts aufgegangen zu sein, [er zeigte nur] ein wildes Überstürzen. Hätte er Ryūtan [=Drachensee] länger besucht, wäre es möglich gewesen, sein Kopfhorn [=Stolz] abzubrechen und die Zeit (jisetsu), zu der die Perle [unter] dem Kinn [des Drachens][40] wahrhaft überliefert wird, zu treffen. Nur das Ausblasen der Papierkerze ist zu sehen. Dies reicht aber nicht zur Überlieferung der Flamme [=Lehre].[41]

Da es so ist, müssen die inständig übenden Mönche im Lernen unbedingt ausdauernd sein. Wer es sich leicht machte, liegt falsch.

Shinfukatoku

Wer im Lernen ausdauernd war, ist Buddha-Meister. Nach allem bedeutet „Das Herz ist unfaßbar": ein Stück gemalten Reisknödel[42] kaufen und ihn mit einem einzigen Biß zerkauen und hinunterschlucken.

Shōbōgenzō 8. [Kapitel]
Im 2. Jahr Ninji [1241], im Jahr des Ochsen im Element Metall, während der Sommerübung im Tempel Kannondōri Kōshōhōrin in der Provinz Yōshū, Uji-gun den Mönchen vorgetragen.

---

38 Literarische Anspielung auf eine Erzählung in der „Biographie der tapferen Damen" (Retsujo-den), entstanden ca. 1. Jh. v. Chr. in China.
39 Oder: Wie erbärmlich, Weiblein und Tokusan, Herz der Vergangenheit und Herz der Zukunft, Frage und Antwort sind nur das unfaßbare Herz der Zukunft/[bleiben auch] zukünftig für [ihr] Herz nur unfaßbar/[bleiben auch] für [ihr] zukünftiges Herz nur unfaßbar.
40 Chiffre für die wahre Lehre Buddhas.
41 Vgl. die Erläuterung zu dem Text Keitoku Dentōroku.
42 Vgl. den Text Gabyō im Shōbōgenzō.

空華

高祖道、一華開五葉、結果自然成。

この華開の時節、および光明色相を參學すべし。一華の重は五葉なり、五葉の開は一葉なり。一華の道理の通ずるところ、吾本來此土、傳法救迷情なり。光色の尋處は、この參學なるべきなり。結果任儞結果なり。自然成をいふ。自然成といふは、修因感果なり。公界の因あり、公界の果あり。この公界の因果を修し、公界の因果を感ずるなり。自は己なり、己は必定これ儞なり、四大五蘊をいふ。使得無位眞人のゆゑに、われにあらず、たれにあらず。然は聽許なり。このゆゑに、不必なるを自といふなり。自然すなはち華開結果の時節なり。傳法救迷の時處なり。たとへば、優鉢羅華の開敷の時處は火裏・火時なるがごとし。鑽火・燧火、みな優鉢羅華の開敷處なり、開敷時なり。もし優鉢羅華の時處にあらざ

Kūge
Leere Blüte[43]

Der hohe buddhistische Meister [*Bodhidharma*] sagt: „Eine Blume entfaltet fünf Blätter, [*und*] trägt Früchte, die von selbst so hervorgehen (jinenjō)".[44]

Diese Zeit (jisetsu) der Blütenentfaltung, das helle Licht und die farbige Gestalt sind inständig zu lernen (sangaku). Die Einfaltung einer Blume sind fünf Blätter, die Entfaltung von fünf Blättern ist eine Blume. Wo der Sachverhalt (dōri) der einen Blume durchgängig ist [*gilt*]: „Ich bin ursprünglich in dieses Land [= *China*] gekommen, um das *dharma* mitzuteilen und die irrenden Wesen zu retten."[45] Der gesuchte Ort der strahlenden Helle ist, was man inständig lernen soll. Dem Früchtetragen sein Früchtetragen überlassen heißt, [*daß es*] „von selbst so hervorgeht". „Von selbst so hervorgehen" heißt: Übt man die Ursache, so spürt man die Folgen [*bzw. Früchte*]. Die offenbare

Kūge

Welt hat Ursachen, die offenbare Welt hat Folgen. Man übt die Ursachen und Folgen (inga) dieser offenbaren Welt [*und*] man spürt die Ursachen und Folgen der offenbaren Welt. [*Das*] Selbst (ji) ist Ich (ko), doch Ich bin nichts anderes als Du, nämlich die vier Elemente (shidai) und die fünf Daseinsfaktoren (go'un). Weil das besagt „den wahren Menschen ohne Rang"[46] in Dienst nehmen zu können, ist [*das Selbst*] weder Ich (ware) noch irgend jemand. Aus diesem Grunde heißt das Un-bedingte [*das*] Selbst (ji). *So* (nen) bedeutet bejahende Anerkennung. Von selbst so Hervorgehen ist die Zeit (jisetsu) der Blütenentfaltung und des Früchtetragens, ist die Zeit (jisetsu) der *dharma*-Mitteilung und der Errettung aus der Irre. Zum Beispiel ist es der Zeitort (jisho) der Entfaltung und Verbreitung der blauen Lotosblüten,[47] die wie das Innere des Feuers und die Zeit des Feuers sind. Funken und flammendes Feuer sind alle Ort und Zeit der Entfaltung und Verbreitung der blauen Lotosblüte.

---

43 Die beiden Zeichen des Titels sind doppeldeutig. Das Wort *kū* bedeutet „Himmel", aber auch „Leere, leer". Das Wort *ge* bedeutet Blume, aber auch Blüte. *Kūge* wird fast durchgehend mit „leere Blüte" übersetzt und nur an einigen Stellen mit „leere Himmelsblume", da Dōgen mit der doppeldeutigen Metaphorik des Wortes *kū* spielt. Das Wort *ge* wird meistens mit „Blüte" übersetzt, nur an einigen Stellen, in denen der Inhalt und der Kontext es nahelegen, mit „Blume".

44 Bodhidharma gilt gemäß der Tradition als der erste zenbuddhistische Meister in China. Es heißt, daß er im 5. Jahrhundert in China gewirkt haben soll (Vgl. *Bodhidharmas Lehre des Zen*). Der Spruch, den Dōgen hier heranzieht, ist im dritten Buch des *Keitoku dentōroku* überliefert, einer Chronik zum Leben buddhistischer Meister (Vgl. Dumoulin, *Geschichte des Zen-Buddhismus*, Bd. 1, 17). Zitiert ist hier zunächst der dritte und vierte Vers eines Spruchs, der sich im *Taishō* Bd. 51, Text 2076, 219 findet.

45 Hier zitiert Dōgen den ersten und zweiten Vers des gerade angeführten Spruchs.

46 Jap. *mui shinjin*. Eine Wendung von Meister Rinzai (vgl. *Das Zen von Meister Rinzai*), die im 12. Buch des *Keitoku dentōroku* überliefert wird. *Taishō* Bd. 51, Text Nr. 2076, 300.

47 Die Lotosblüte ist im Buddhismus ein Bild dafür, daß alle Wesen mitten im „Schlamm" der Welt ihr wahres Wesen und ihre wahre Schönheit erhalten.

れば、一星火の出生するなし、一星火の活計なきなり。しるべし、一星火に百千朶の優鉢羅華ありて、空に開敷し、地に開敷するなり。過去に開敷し、現在に開敷するなり。火の現時現處を見聞するは、優鉢羅華を見聞するなり。優鉢羅華の時處をすごさず見聞すべきなり。

古先いはく、優鉢羅華火裏開。しかあれば、優鉢羅華はかならず火裏に開敷するなり。火裏をしらんとおもはば、優鉢羅華開敷のところなり。人見・天見を執して、火裏をならぶべからず。疑著せんことは、水中に蓮華の生ぜざるをも疑著しつべし。枝條に諸華あるをも疑著しつべし。又疑著すべくは、器世間の安立をも疑著しつべし。しかあれども、疑著せず、佛祖にあらざれば、華開世界起をしらず。華開といふは、前三三後三三なり。この員數を具足せんために、森羅をあつめていよやかにせるなり。この道理を到來せしめて、春秋をはかりしるべし。ただ春秋に華果あるにあらず、有時かならず華果あるなり。華果ともに時節を保任せり、時節ともに華果を

Wenn es nicht der Zeitort der blauen Lotosblüten ist, tritt kein einziges Flämmchen hervor und kein einziges Flämmchen ist in lebendiger Tätigkeit. In einem Flämmchen sind Hunderte und Tausende von blauen Lotosblüten, sie entfalten und verbreiten sich am Himmel, sie entfalten und verbreiten sich auf der Erde. Sie entfalten und verbreiten sich in der Vergangenheit, sie entfalten und verbreiten sich in der Gegenwart. Erscheinungszeit und Erscheinungsort[48] des Feuers zu sehen und zu hören bedeutet, die blauen Lotosblüten zu sehen und zu hören. Ohne am Zeitort (jisho) der blauen Lotosblüten vorbeizugehen, soll man sehen und hören.

Ein alter Vorfahre sagt: „Blaue Lotosblüten entfalten sich inmitten des Feuers."[49] Da es so ist, entfalten und verbreiten sich die blauen Lotosblüten bestimmt immer inmitten des Feuers. Will man das Innere des Feuers wissen, so ist dies im Ort (tokoro) der Entfaltung und Verbreitung der blauen Lotosblüte [möglich]. Bleibe nicht hängen an der menschlichen Sicht oder an der

Kūge

himmlischen Sicht, um das Innere des Feuers zu lernen. Was das Zweifeln betrifft, so soll man auch das Entstehen des Lotos im Wasser bezweifeln. Man soll auch bezweifeln, daß es an den Zweigen und Ästen verschiedene Blüten gibt. Wenn überhaupt etwas zu bezweifeln ist, so soll man das ruhige Bestehen der gewohnten Welt bezweifeln. Dennoch bezweifelt man es nicht. Wer kein buddhistischer Meister ist, weiß nicht, daß, wenn sich eine Blüte öffnet, Welt hervorgeht.⁵⁰ Das Entfalten einer Blüte bedeutet drei und drei vorne, und drei und drei hinten [*d.h. hier und dort*]. Um diese Zahl voll zu machen, sammelt man allerlei Dinge, um sie gedeihen zu lassen. Um diesen Sachverhalt ankommen zu lassen, soll man Frühling und Herbst durchmessen und wissen. Nicht nur im Frühling und Herbst gibt es Blüten und Früchte, [*denn in der*] Sein-Zeit (uji)⁵¹ gibt [*es*] bestimmt immer Blüten und Früchte. Blumen und Früchte bewahren beide ihre Zeit (jisetsu), und die Zeiten (jisetsu) bewahren jeweils ihre Blüten und Früchte. Daher haben hundert Gräser alle ihre Blüten und Früchte, haben verschiedene Bäume ihre Blüten und Früchte.

---

48 Jap. *genji gensho*. Erscheinungszeit und Erscheinungsort werden hier als ein einziger Zusammenhang ausgesprochen.
49 Hier handelt es sich um eine Wendung, die von Meister Dong'an im 29. Buch des *Keitoku dentōroku* überliefert wird. *Taishō* Bd. 51, Text 2076, 455.
50 Diese Wendung wird im zweiten Buch des *Keitoku dentōroku* von Meister Prajnātara überliefert, dem Vorgänger Bodhidharmas. *Taishō* Bd. 51, Text 2076, 216.
51 Zu diesem Wort vgl. die Anmerkung zu dem Text *Uji* im Anhang und den Text selber in diesem Band.

保任せり。このゆゑに、百草みな華果あり、諸樹みな華果あり。金銀・銅鐵・珊瑚・頗梨樹等、みな華果あり。地水火風空樹、みな華果あり。人樹に華あり、枯木に華あり。かくのごとくあるなかに、世尊道、虚空華なり。しかあるを、少聞小見のともがら、空華の彩光葉華いかなるとしらず、わづかに空華と聞取するのみなり。
しるべし、佛道に空華の談あり。外道は空華の談をしらず、いはんや覺了せんや。ただし、諸佛諸祖、ひとり空華・地華の開落をしり、世界華等の開落をしれり。空華・地華・世界華等の經典なるとしれり。これ學佛の規矩なり。佛祖の所乘は空華なるがゆゑに、佛世界および諸佛法、すなはちこれ空華なり。
しかあるに、如來道の翳眼といふは、衆生の顛倒のまなこをいふ。病眼すでに顛倒なるゆゑに、淨虚空に空華を見聞するなりと消息す。この理致を執するによりて、三界六道・有佛無佛、みなあらざるをありと妄見するとおもへり。この迷妄の眼翳もしや

Gold- und Silber-, Kupfer- und Eisen-, Korallen- und Kristall-Bäume und dergleichen haben alle ihre Blüten und Früchte. Erd-, Wasser-, Feuer-, Wind- und Himmels-Bäume haben alle ihre Blüten und Früchte. Menschenbäume haben ihre Blüten, Menschenblumen haben ihre Blüten und vertrocknete Bäume haben ihre Blüten. Während es so ist, spricht der Erhabene [*Shākyamuni*] von der „leeren Blüte" (kūge). Obwohl es so ist, wissen die wenig Erfahrenen und wenig Verständigen nicht, wie Farben, Glanz, Blätter und Blumen dieser leeren Blüte sind, sie hören es nur [*wörtlich im Sinne einer bloß*] leeren Blüte.

Man soll wissen, daß es auf dem Buddha-Weg (butsudō) die Rede von der leeren Blüte gibt und die außerhalb des Buddhismus Stehenden (gedō) die Rede von der leeren Blüte nicht kennen; wie sollten sie diese dann überhaupt gänzlich erfahren? Einzig all die Buddhas und all die buddhistischen Meister kennen die Entfaltung und das Abfallen der leeren Himmelsblume und der Erdblume und kennen die Entfaltung und das

Abfallen der Weltblume. Sie wissen, daß leere Himmelsblumen, Erdblumen, Weltblumen und anderes mehr Sutren[52] sind. Dies ist die Richtschnur für das Lernen des Buddhaseins. Weil das Fahrzeug der Buddhas und der buddhistischen Meister die leere Himmelsblume (kūge) ist, sind sowohl die Buddha-Welt als auch all die Buddha-*dharma* zugleich die leere Blüte (kūge). Dennoch, wenn die Gewöhnlichen und Dummen das Wort des Nyorai „Das von den krankheitsgetrübten Augen Gesehene ist die leere Blüte" zugetragen bekommen, meinen sie, daß die krankheitsgetrübten Augen die verdrehten Augen der leidenden Wesen bedeuten. Sie meinen, daß man, weil die kranken Augen schon verdreht sind, im reinen, leeren Himmel die leeren Blüten sieht und hört. Sie meinen, daß man, weil man an diesem Verständnis festhält, fälschlich für seiend nimmt die drei Welten,[53] die sechs Wege,[54] Buddhas Sein und Buddhas Nichtsein, die es nicht gibt.

---

[52] Sutren sind kanonische Texte, die die Lehre Buddhas überliefern. Für Dōgen ist letztlich jedoch die gesamte Wirklichkeit wie ein Sutra zu lesen, was vor allem in dem Text *Sansuikyō* deutlich wird.

[53] Jap. *sangai*, skrt. *trayo dhātavaḥ*. Es handelt sich um die Welt der Begierde (*kāma-dhātu*), die Welt der Formen (*rūpa-dhātu*) und die Welt des Formlosen (*arūpa-dhātu*).

[54] Hier handelt es sich um die sechs Daseinsbereiche gemäß der buddhistischen Kosmologie, durch die die Wesen gehen können: *devaloka* (Reich der Götter), *asura* (Reich der Halbgötter oder Titanen), *manuṣya* (Reich der Menschen), *tiryagyoni* (Reich der Tiere), *preta* (Reich der Hungergeister), *naraka* (Höllenreich).

みれば、この空華みゆべからず。このゆゑに空本無華と道取すると活計するなり。あはれむべし、かくのごとくのやから、如來道の空華の時節始終をしらず。諸佛道の翳眼空華の道理、いまだ凡夫外道の所見にあらざるなり。諸佛如來、この空華を修行して、衣座室をうることなり、得道得果するなり。拈華し瞬目する、みな翳眼空華の現成する公案なり。正法眼藏涅槃妙心いまに正傳して斷絕せざるは、翳眼空華といふなり。菩提涅槃・法身自性等は、空華の開五葉の兩三葉なり。

釋迦牟尼佛言、亦如╎翳人╎、見╎二空中華一╎、翳病若除、華於╎空滅╎上｡

この道著、あきらむる學者いまだあらず。空をしらざるがゆゑに空華をしらず、翳人をみず、翳人にあはず、翳人ならざるがゆゑに翳人をしらず、翳人と相見して、空華をもしり、翳人をみるべし。空華をみてのちに、華於空滅をもみるべきなり。ひとたび空華やみなば、さらにあるべからずとおもふは、小乘の見解なり。空華みえざ

Sie meinen, daß, wenn die täuschende und wahnhafte Augentrübung aufhörte, die leeren Blüten nicht zu sehen wäre, und daher die Rede ist von der Leere, in der ursprünglich keine Blüte ist. Wie erbärmlich, solche Leute kennen weder die Zeit (jisetsu) noch Anfang und Ende der von Nyorai mitgeteilten leeren Blüte. Der Sachverhalt der leeren Blüte in den krankheitsgetrübten Augen, über den all die Buddhas sprechen, ist bisher von den Gewöhnlichen und den außerhalb des Buddhismus Stehenden nicht erfaßt worden. All die Buddha-Nyorai üben diese leere Blüte und erreichen ihre Robe, ihren Sitz und ihr Zimmer,[55] erreichen den Weg und erreichen die Früchte. Eine Blume heben[56] und mit den Augen zwinkern,[57] alles ist ein Offenbarmachen (kōan),[58] in dem die leeren Blüten im krankheitsgetrübten Auge vollauf erscheinen (genjō). Daß das wundersame Herz des Nirvana in der Schatzkammer des rechten *dharma*-Auges bis jetzt richtig überliefert wurde und nicht abbrach, dies nennt man die leere Blüte im krankheitsgetrübten Auge. Erwachen (bodai) und

Kūge

Nirvana, *dharma*-Leib (hōshin) und eigenes Wesen (jishō) und anderes mehr sind zwei oder drei Blätter unter den fünf Blättern, die die leere Blüte entfaltet.

Shākyamuni-Buddha sagt: „Es ist, wie wenn ein augenkranker Mensch mitten im leeren Himmel Blumen sieht; wenn die Augenkrankheit beseitigt wird, verschwinden [auch] die Blumen im leeren Himmel."[59]

Es gibt noch keinen Lernenden, der diesen Spruch geklärt hat. Weil er die Leere nicht kennt, weiß er nichts von der leeren Blüte; weil er die leere Blüte nicht kennt, weiß er nichts vom augenkranken Menschen; er sieht den augenkranken Menschen nicht, er begegnet dem augenkranken Menschen nicht, er ist nicht der augenkranke Mensch. Man soll den augenkranken Menschen [persönlich] treffen, auch die leere Blüte kennen und die leere Blüte erblicken. Nachdem man die leere Blüte erblickt hat, soll man sehen, daß die Blumen in der Leere verschwinden. Zu meinen, daß es die leeren Blüten, wenn sie einmal aufhörten, gar nicht mehr gebe, ist die Ansicht des kleinen Fahrzeugs[60]. Wo sollten die leeren Blüten denn auch sein, wenn sie nicht zu sehen sind?

---

55 Hiermit sind Mönchsrobe, Sitz für Lehrreden und das Zimmer für die persönliche Wegführung des Meisters gemeint.
56 Hier spielt Dōgen auf ein Kōan aus dem *Mumonkan* an, in dem Buddha eine Blume emporhebt und ein Schüler diese Geste mit einem Lächeln beantwortet und damit sein Erwachen zeigt. Vgl. *Mumonkan*, übers. v. Dumoulin, 52 f.
57 Vgl. hierzu den Text *Uji* (S. 110), wo dieses Kōan zitiert und ausgelegt wird.
58 Für Dōgen ist letztlich jeder Zusammenhang und jede Situation eine Form von „Kōan" in dem Sinne, daß überall und zu jeder Zeit das „Erwachen" sich als die jeweilige „Übung" vollzieht.
59 Spruch aus dem *Shuryōgon-gyō* (skrt. *Śūraṅgama-samādhi-sūtra*), 4. Buch. *Taishō*, Bd. 19, Nr. 945, 120.
60 Die späteren Schulen des Buddhismus nennen die früheren Schulen abwertend „kleines Fahrzeug" (hīnayāna), da nach ihrer Lehre nur die Mönche das Nirvana erreichen können und das Eingehen in das Nirvana mit dem restlosen auch physischen Ausscheiden aus dem Lebenskreislauf verbunden wird.

らんときは、なににてあるべきぞ。ただ空華は所捨となるべしとのみしりて、空華ののちの大事をしらず、空華の種熟脱をしらず。いま凡夫の学者、おほくは陽氣のすめるところ、これ空ならんとおもひ、日月星辰のかかれるところを空ならんとおもへるによりて、假令すらくは、空華といはんは、この清氣のなかに、浮雲のごとくして、飛華の風にふかれて東西し、および昇降するがごとくなる彩色のいできたらんずるを、空華といはんずるとおもへり。能造所造の四大、あはせて器世間の諸法、ならびに本覚・本性等を空華といふとは、ことにしらざるなり。又諸法によりて能造の四大等ありとしらず、諸法によりて器世間は住法位なりとしらず、器世間によりて諸法ありとばかり知見するなり。眼翳によりて空華ありとのみ覚了して、空華によりて眼翳あらしむる道理を覚了せざるなり。しるべし、仏道の翳人といふは、本覚人なり、妙覚人なり、諸仏人なり、三界人なり、仏向上人なり。おろかに翳を妄法なりとして、このほかに真法ありと学することなかれ。翳華もし妄法ならんは、かあらんは、少量の見なり。

Sie wissen nur, daß die leeren Blüten wegzuwerfen sind und sie wissen nicht um die großen Aufgaben, die nach [*dem Wegwerfen*] der leeren Blüten folgen, sie wissen nicht, daß die Samen der leeren Blüten reifen und abfallen. Nun meinen die gewöhnlichen Gelehrten, der Ort (tokoro), wo die lichten Lüfte wohnen, sei der leere Himmel; der Ort, wo Sonne, Mond und Sterne hängen, sei der leere Himmel; so vermuten sie, die leeren Himmelsblumen seien wie aufsteigende bunte Farben, die sich inmitten der klaren Luft wie schwebende Wolken bewegten und von dem Wind, der die Blumen fliegen läßt, nach Osten und Westen, auf und abwärts getrieben würden. Wer die vier Elemente (shidai), die schaffen und geschaffen werden, daneben all die *dharma* der Wohnwelt, dazu ursprüngliches Erwachen (hongaku), ursprüngliche [*Selbst-*]Natur (honshō) und Ähnliches als die leere Himmelsblume bezeichnet, ist besonders unwissend. Er weiß auch nicht, daß es nur durch all die *dharma* die vier schaffenden Elemente und Anderes gibt, er weiß nicht, daß nur durch all die *dharma* die gewohnte Welt im *dharma*-Rang (hō'i) verweilt, er meint nur, daß es durch die gewohnte Welt all die *dharma* gibt. Er erfährt nur gänzlich, daß es durch die krankhafte Augentrübung die leere Blüte gibt und er erfährt nicht gänzlich den Sachverhalt, daß durch die leere Blüte die krankhafte Augentrübung sein gelassen wird. Man soll wissen, daß der augenkranke Mensch des Buddha-Weges der ursprünglich erwachte Mensch ist, der wundersam erwachte Mensch, der Mensch als all die Buddhas, der Mensch der drei Welten, der Mensch, der zu Buddha aufsteigt. Denke beim Lernen nicht, daß die krankhafte Trübung ein wahnhaftes *dharma* sei und es außerdem noch wahrhafte *dharma* gäbe. Wer so denkt, dessen Sicht ist von kleinem Maß.

これを妄法と邪執する能作所作、みな妄法なるべし。ともに妄法ならんがごときは、道理の成立すべきなかあるべからざるなり。成立する道理なくば、翳華の妄法なること、しかあるべからざるなり。悟の翳なるには、悟の衆法、ともに翳莊嚴の法なり。迷の翳なるには、迷の衆法、ともに翳莊嚴の法なり。しばらく道取すべし、翳眼平等なれば空華平等なり、翳華無生なれば空華無生なり、諸法實相なれば翳華實相なり。過現來を論ずべからず、初中後にかかはれず。生滅に罣礙せざるゆゑに、よく生滅をして生滅せしむるなり。空中に生じ、空中に滅す。翳中に生じ、翳中に滅す。華中に生じ、華中に滅す。乃至諸餘の時處もまたかくのごとし。

空華を學せんこと、まさに衆品あるべし。翳眼の所見あり、明眼の所見あり、佛眼の所見あり、祖眼の所見あり。道眼の所見あり、瞎眼の所見あり。三千年の所見あり、八百年の所見あり。百劫の所見あり、無量劫の所見あり。これらともにみな空華をみるといへども、空すでに品品なり、華また重重なり。

Wenn die Blüte in der krankhaften Trübung ein wahnhaftes *dharma* ist, so müssen das schädliche Anhaften an diesem als einem wahnhaften *dharma* und das, woran man anhaftet, alles wahnhafte *dharma* sein. Wenn beides wahnhaftes *dharma* wäre, so käme ein Sachverhalt (dōri) nicht zustande. Wenn es keinen Sachverhalt gäbe, der zustande bringen würde, so könnte es nicht der Fall sein, daß die Blüte in der krankhaften Trübung ein wahnhaftes *dharma* ist. Da das Erwachen (satori, go) krankhafte Trübung ist, sind all die *dharma* des Erwachens [*zugleich*] all die *dharma* der Herrlichkeit der krankhaften Trübung. Da die Irre (mei) krankhafte Trübung ist, sind all die *dharma* der Irre all die *dharma* der Herrlichkeit der krankhaften Trübung. Eine Weile soll man folgendes erwägen: Wenn die krankheitsgetrübten Augen in Ungeschiedenheit sind, so sind auch die leeren Blüten in Ungeschiedenheit, wenn die krankhaft getrübten Augen unentstanden sind, so sind die leeren Blüten Unentstandenes, wenn all die *dharma* wahrhafte Gestalten sind, so sind die Blüten in der

Krankheitstrübung wahrhafte Gestalten. Man darf nicht reden von Vergangenheit, Gegenwart und Zukunft, [*da all dies*] nichts zu tun hat mit Anfang, Inmitten und Nachher. Weil [*es*] nicht von Entstehen und Vergehen verhindert wird, vermag [*es*] das Entstehen entstehen zu lassen und das Vergehen vergehen zu lassen. [*Es*] entsteht inmitten der Leere, [*es*] vergeht inmitten der Leere. [*Es*] entsteht inmitten der krankhaften Trübung, [*es*] vergeht inmitten der krankhaften Trübung. [*Es*] entsteht inmitten der Blüte, [*es*] vergeht inmitten der Blüte. Zudem sind all die übrigen Zeitorte (jisho) auch auf diese Weise.

Beim Lernen der leeren Blüte muß es indes verschiedene Ebenen geben. Es gibt das von krankheitsgetrübten Augen Gesehene, es gibt das von klaren Augen Gesehene, es gibt das von den Buddha-Augen Gesehene. Es gibt das von den Weg-Augen Gesehene, es gibt das von blinden Augen Gesehene. Es gibt das aus dreitausend Jahren Gesehene, es gibt das aus achthundert Jahren Gesehene. Es gibt das aus hundert Äonen Gesehene, es gibt das aus zahllosen Äonen Gesehene. Obwohl alle diese die leeren Himmelsblumen erblicken, zeigt der leere Himmel schon verschiedene Ebenen, und auch die Blüte mannigfaltige Schichten.

まさにしるべし、空は一草なり。この空かならず華さく。百草に華さくがごとし。この道理を道取するとして、如來道は空本無華と道取するなり。本無華なりといへども、今有華なることは、桃李もかくのごとし、梅柳もかくのごとし。梅昨無華、梅春有華と道取せんがごとし。しかあれども、時節到來すればすなはちはなさく、華時なるべし、華到來なるべし。この華到來の正當恁麼時、みだりなることまだあらず。梅柳の華はかならず梅柳にさく。華をみて梅柳をしる、梅柳をみて華をわきまふ。桃李の華、いまだ梅柳にさくことなし。梅柳の華は梅柳にさき、桃李の華は桃李にさくなり。空華の空にさくも、またまたかくのごとし。さらに餘草にさかず、

Man soll gerade wissen: Die Leere ist ein Gewächs. Diese Leere blüht sicherlich als Blüte, genauso wie an den hundert Gewächsen die Blüten blühen. Diesen Sachverhalt erfassend ist das von Nyorai gesagte Wort zu verstehen: „In der Leere gibt es ursprünglich keine Blüte". Obwohl es ursprünglich keine Blüte gibt, gibt es jetzt Blüten, so wie dies zutrifft für Pfirsich[*blüten*] und Aprikosen[*blüten*], für Pflaumen[*blüten*] und Weiden [*blüten*]. Ähnlich erfaßt man, daß [*zwar*] die Pflaume gestern keine Blüten trug, [*aber jetzt*] im Frühling Blüten trägt. Da es so ist: Wenn die Zeit (jisetsu) ankommt, dann blühen die Blüten; die Blüten müssen die Zeit sein und Blüten müssen das Ankommen sein. Diese richtige und treffende Zeit, in der die Blüten ankommen, war noch nie in Unordnung. Die Blüten der Pflaume und Weide blühen bestimmt an Pflaume und Weide. Sieht man die Blüten, erkennt man Pflaume und Weide. Sieht man Pflaume und Weide, unterscheidet man die Blüten. Die Blüten von Pfirsich und Aprikose haben noch nie an Pflaume und

Weide geblüht. Die Blüten von Pflaume und Weide blühen an Pflaume und Weide, die Blüten von Pfirsich und Aprikose blühen an Pfirsich und Aprikose. Auch ist auf gleiche Weise, daß die leeren Blüten in der Leere blühen.

餘樹にさかざるなり。空華の諸色をみて、空果の無窮なるを測量するなり。空華の開落をみて、空華の春秋を學すべきなり。空華の春と餘華の春と、しかるべきなり。空華のいろいろなるがごとく、春時もおほかるべし。このゆゑに、古今の春秋あるなり。空華は實にあらず、餘華はこれ實なりと學するは、佛教を見聞せざるものなり。空華の實なりとききて、もとよりなかりつる空華のいまあるとまなぶは、短慮少見なり。進歩して遠慮あるべし。
祖師いはく、華亦不曾生。この宗旨の現成、たとへば華亦空の道理なり。華亦不曾生、華亦不曾滅なり。華時の前後を胡亂して、有無の戲論あるべからず。華はかならず諸色にそめるがごとし、諸色かならずしも華にかぎらず。諸時また青黄赤白等のいろあるなり。春は華をひく、華は春をひくものなり。

Im weiteren blühen sie nicht an den übrigen Gewächsen und den übrigen Bäumen. All die Farben der leeren Blüte sehend, durchmißt man die Unerschöpflichkeit der leeren Früchte. Die Entfaltung und das Abfallen der leeren Blüte sehend, soll man Frühling und Herbst der leeren Blüte erlernen. Der Frühling der leeren Blüte und der Frühling der übrigen Blüten müssen gleich sein. So wie die leeren Blüten sehr verschieden sind, so muß es auch viele Zeiten des Frühlings geben. Daher gibt es den Frühling und Herbst von einst und von jetzt. Wer lernt, daß die leeren Blüten nicht real sind, die übrigen Blüten [aber] real sind, der hat die Lehre Buddhas weder erblickt noch von ihr gehört. Wer die Lehre „In der Leere gibt es ursprünglich keine Blüte" hörend lernt [und meint], daß die ursprünglich nicht gegebenen leeren Blüten jetzt gegeben sind, ist von engem Denken und kurzsichtig. Er soll fortschreiten und weit denken.

Ein buddhistischer Meister sagt: „[Eine] Blume ist bisher nie entstanden."[61] Das volle Erscheinen (genjō) dieser Essenz[62]

Kūge

[*heißt*] z.B., daß [*eine*] Blume bisher nie entstanden ist und [*eine*] Blume bisher nie vergangen ist. Es gilt der Sachverhalt: Auch die Blume ist bisher nie eine Blume gewesen, auch die Leere ist bisher nie die Leere gewesen. Man soll das Früher und Später der Zeit der Blumen nicht verwirren und nicht leichtfertig über [*Gegeben*] Sein und Nicht [*gegebensein*] räsonieren. Blumen scheinen immer von verschiedenen Farben gefärbt zu sein, [*aber*] die verschiedenen Farben beschränken sich gewiß nicht auf Blumen. Auch die verschiedenen Zeiten haben Farben wie Blau, Gelb, Rot, Weiß etc. Der Frühling zieht Blumen an, und Blumen sind etwas, das den Frühling anzieht.

---

61 Dieser Vers ist überliefert von Meister Eka (chin. Huike, Schüler des Bodhidharma) im dritten Buch des *Keitoku dentōroku*. *Taishō* Bd. 51, Text Nr. 2076, 220.
62 Jap. *sōshi*. Gemeint ist die Essenz der Lehre.

張拙秀才は、石霜の俗弟子なり。悟道の頌をつくるにいはく、光明寂照遍河沙。
この光明、あらたに僧堂・佛殿・廚庫・山門を現成せり。遍河沙は光明現成なり、現成光明なり。
凡聖含靈共我家。
凡夫賢聖なきにあらず、これによりて凡夫賢聖を誣することなかれ。
一念不生全體現。
念念一一なり、これはかならず不生なり。これ全體全現なり。このゆゑに、一念不生と道取す。
六根纔動被雲遮。
六根はたとひ眼耳鼻舌身意なりとも、かならずも二三にあらず、前後三三なるべし。動は如須彌山なり、如大地なり、如六根なり、如纔動なり。動すでに如須彌山なるがゆゑに、不動また如須彌山なり。たとへば、雲をなし水をなすなり。

Der Mandarin Chō Setsu ist ein Laienschüler von Sekiso. Er dichtete eine Strophe zu seinem Erwachen, die wie folgt lautet: „Helles Licht bescheint still den ganzen [*Fluß*] Ganges."[63]

Dieses helle Licht hat die Mönchshalle, die Buddhahalle, die Küche und das Tempeltor[64] erneut vollauf erscheinen (genjō) lassen. Der ganze Fluß Ganges ist volles Erscheinen (genjō) des hellen Lichtes und das helle Licht des vollen Erscheinens.

„Alle im Samsara wandernden Seelen, die Gewöhnlichen und Heiligen, sind gemeinsam meine Familie."

Nicht, daß es keine gewöhnlichen Menschen und weise Heilige gäbe, daher schmähe nicht die gewöhnlichen Menschen und die weisen Heiligen.

„Wo ein Gedanke nicht entsteht, erscheint das Ganze."

Gedanke und Gedanke sind je und je. Sie sind sicher unentstanden und sind das gänzliche Erscheinen des Ganzen. Daher erfaßt man: Nicht ein Gedanke ist entstanden.

„Wenn sich die sechs Sinne auch nur unmerklich bewegen,

werden [*die Gedanken*] durch Bewölkung gehemmt."

Selbst wenn die sechs Sinne Auge, Ohr, Nase, Zunge, Leib und Denken[65] sind, sind sie nicht [*zählbar*] wie zwei mal drei, sie müssen vorne und hinten drei und drei sein [*d.h. über das Zählbare hinaus*]. Ihre Bewegung ist wie der Berg Sumeru,[66] wie die große Erde, wie die sechs Sinne, wie die unmerkliche Bewegung. Weil ihre Bewegung bereits wie der Berg Sumeru ist, ist die Nichtbewegtheit auch wie der Berg Sumeru. So bildet sie zum Beispiel Wolken und Wasser.

---

63 Der Spruch findet sich im 22. Buch des *Shūmon Rentōeyō*. *Dainihon zokuzōkyō*, Bd. 136, Umschlag Nr. 9, Heft 5, 397. Das wörtliche Zitat reicht bis Abschnitt 24 im vorliegenden Text.
64 Zitat aus den Spruchaufzeichnungen Yunmens. *Taishō* Bd. 47, Text Nr. 1988, 561.
65 Im Buddhismus gilt das Denken (skrt. *manas*) als ein „Sinn" neben den anderen fünf Sinnen.
66 Weltberg aus der Kosmologie des Buddhismus.

斷除煩惱重增病。
從來やまふなきにあらず、佛病・祖病あり。いまの智斷は、やまふをかさね、やまふをます。斷除の正當恁麼時、かならずそれ煩惱なり。同時なり、不同時なり。煩惱かならず斷除の法を帶せるなり。
趣向眞如亦是邪。
眞如を背する、これ邪なり。眞如に向する、これ邪なり。眞如は向背なり、向背の各各にこれ眞如なり。たかしらん、この邪の亦是眞如なることを。
隨順世緣無罣礙。
世緣と世緣と隨順し、隨順と隨順と世緣なり。これを無罣礙といふ。罣礙不罣礙は、被眼礙に慣習すべきなり。
涅槃生死是空華。

„Schneidet man die Begierde ab, vermehren sich die Krankheiten."

Nicht, daß niemand bisher erkrankt wäre, [denn] es gibt die Krankheit Buddhas und die Krankheit des Meisters. Das gerade genannte Abschneiden durch die Weisheit häuft die Krankheiten an und vermehrt die Krankheiten. Die richtige und treffende Zeit des Abschneidens, dieses ist sicher Begierde (bon'nō). [Beide sind] zur gleichen Zeit und nicht zur gleichen Zeit. Begierde trägt sicher das *dharma* des Abschneidens mit sich.

„Sich nach dem Wahrhaften (shin'nyo) richten, ist auch schädlich."

Dem Wahrhaften den Rücken kehren, dies ist schädlich. Sich nach dem Wahrhaften richten, dies ist [auch] schädlich. Das Wahrhafte ist, den Rücken zukehren, im jeweiligen Rückenzukehren ist dies das Wahrhafte. Wer weiß, daß dieses Schädlichsein auch dieses Wahrhafte ist?

„Folgt man den weltlichen Anlässen, gibt es keine Verhinderung."

Kūge

Weltliche Anlässe und weltliche Anlässe folgen einander, Folgen und Folgen sind weltliche Anlässe. Dies nennt man, ohne Verhinderung zu sein. Verhinderung und Nichtverhinderung soll man an dem Verhindertwerden durch das Auge einüben.[67]

„Nirvana – Leben und Tod (shōji), dies sind die leeren Blüten."

---

[67] Vgl. den Text *Uji*, 112.

涅槃といふは、阿耨多羅三藐三菩提なり。佛祖および佛祖の弟子の所住これなり。生死は眞實人體なり。この涅槃生死は、その法なりといへども、これ空華なり。空華の根莖・枝葉・華果・光色、ともに空華の華開なり。空華かならず空果をむすぶ、空種をくだすなり。いま見聞する三界は、空華の五葉開なるゆゑに、不如三界、見於三界なり。この諸法實相なり、この諸法華相なり。乃至不測の諸法、とも に空華空果なり、梅柳桃李とひとしきなりと參學すべし。

大宋國福州芙蓉山靈訓禪師、初參歸宗寺至眞禪師而問、「如何是佛。」歸宗云、「我向汝道、汝還信否。」師云、「和尙誠言、何敢不信。」歸宗云、「卽汝便是。」師云、「如何保任。」歸宗云、「一翳在眼、空華亂墜。」

Nirvana bedeutet vollständiges Erwachen.⁶⁸ Dies ist der Wohnort der buddhistischen Meister und ihrer Schüler. Leben und Tod sind die Verkörperung des wahrhaft wirklichen Menschen. Obwohl dieses Nirvana und dieses Leben und Tod (shōji) jeweils ein *dharma* sind, sind sie leere Blüten. Wurzel, Stengel, Verzweigungen, Blätter und Blüte, Frucht, Glanz und Farben der leeren Blüte, sind alle die Entfaltung der Blumen der leeren Blüte. Die leeren Blüten tragen sicher die Frucht der Leere und lassen die Samen der Leere herabfallen. Weil die drei Welten, die man jetzt sieht und hört, die Entfaltung der fünf Blätter der leeren Blüte sind, sind sie [*dennoch*] nicht wie die drei Welten, [*sondern*] sie sind in den drei Welten zu sehen.⁶⁹ All diese *dharma* sind wahrhafte Gestalten, all diese *dharma* sind Blumengestalten. Man soll inständig erlernen, daß zudem all die unermeßlichen *dharma* Blüten der Leere und Früchte der Leere sind, die gleich sind wie Pflaume, Weide, Pfirsich und Aprikose.

Der Zen-Meister Reikun vom Berge Fuyō in der Provinz

Kūge

Fukushū im großen Sung-Reich [=*China*] war am Anfang zum Zen-Meister Shishin vom Tempel Kishū gekommen und fragte: „Was ist denn Buddha?" Kishū antwortete: „Wenn ich es dir sage, glaubst du es dann oder nicht?" Meister [*Reikun*] sagte: „Wie sollte ich dem aufrichtigen Wort des ehrwürdigen Mönches denn nicht glauben?" Kishū sagte: „Gerade du nämlich bist es!" Meister [*Reikun*] sagte: „Wie ist dies [*daß ich Buddha bin*] zu bewahren?" Kishū antwortete: „Gibt es eine krankhafte Trübung im Auge, so wirbeln die leeren Blüten herab."[70]

---

68 Skrt. *anuttara-samyak-saṃbodhi*. Mit diesem Wort wird das höchste Erwachen zum Ausdruck gebracht.
69 Es handelt sich hier um ein Zitat aus dem Lotos-Sutra. *Taishō* Bd. 9, Text Nr. 262, 42. Borsig übersetzt den Satz mit „Nicht wie die Lebewesen in den drei Welten sehe ich auf die drei Welten", *Lotos-Sutra*, 284.
70 Dōgen zitiert hier einen Text aus dem 10. Buch des *Keitoku dentōroku*. *Taishō* Bd. 51, Text Nr. 2076, 280.

いま歸宗道の一翳在眼、空華亂墜は、保任佛の道取なり。しかあればしるべし、翳華の亂墜は、諸佛の現成なり。眼空の華果は、諸佛の保任なり。翳をもて眼を現成せしむ。眼中に空華を現成し、空華中に眼を現成せり。空華在眼、一翳亂墜、一眼在空、衆翳亂墜なるべし。ここをもて、翳也全機現、眼也全機現、空也全機現、華也全機現、亂墜は千眼なり、通身眼なり。およそ一眼の在時在處、かならず空華あり、眼華あるなり。眼華を空華とはいふ。眼華の道取、かならず開明なり。このゆゑに、郞椰山廣照大師いはく、奇哉　十方佛、元是眼中華。欲レ識二眼中華一、元是十方佛。不レ是眼中華一、欲レ識二十方佛一、不レ是十方佛、欲レ識二眼中華一。於レ此明得、過在二十方佛、若未二明得一、聲聞作舞、獨覺臨牀。

Das jetzt von Kishū geäußerte Wort, „Gibt es eine krankhafte Trübung im Auge, so wirbeln die leeren Blüten herab", erfaßt den Buddha bewahrenden [*Buddha*]. Da es so ist, soll man wissen, daß das Herabwirbeln der Blüten der Augentrübung das volle Erscheinen all der Buddhas ist und die Blüten und Früchte der leeren Augen das Bewahren all der Buddhas sind. Durch die Augentrübung das Auge vollauf erscheinen (genjō) lassen, inmitten des Auges erscheinen die leeren Blüten vollauf, inmitten der leeren Blüten erscheint das Auge vollauf. Gibt es leere Blüten im Auge, wirbelt eine Augentrübung herab. Gibt es ein Auge in der Leere, müssen viele Augentrübungen herabwirbeln. Das will sagen: die *Augentrübung* ist Erscheinen aller bewegten Momente (zenkigen),[71] das *Auge* ist Erscheinen aller bewegten Momente, die *Leere* ist Erscheinen aller bewegten Momente, die *Blumen* sind Erscheinen aller bewegten Momente. Das Herabwirbelnde sind tausend Augen und der ganze Leib als Auge. Überhaupt in jeder Zeit und an jedem Ort, wo ein Auge ist, gibt es sicher die leeren

Blüten, gibt es Augenblumen. [*Diese*] Augenblumen nennt man leere Himmelsblumen und das Erfassen der Augenblumen ist sicher Klärung, daher [*gilt*]:

Der große Meister Kōshō vom Berg Roya sagt: „Wunderbar sind die Buddha der zehn Richtungen,[72] sie sind ursprünglich Blüten inmitten des Auges. Will man die Blüten inmitten des Auges erkennen, [*sieht man, daß*] sie die Buddha der zehn Richtungen sind. Will man die Buddha der zehn Richtungen erkennen, [*sieht man, daß*] sie nicht die Blüten inmitten des Auges sind. Will man die Blüten inmitten des Auges erkennen, [*sieht man, daß*] sie nicht die Buddha der zehn Richtungen sind. [*Wenn man*] darin Klarheit erreicht, [*sieht man*] den Fehler bei den Buddha der zehn Richtungen. Wenn man noch keine Klarheit erreicht, so führt der Hörend-Erwachte (shōmon) einen Tanz auf und schmückt sich der Allein-Erwachte[73]."[74]

---

71 Vgl. hierzu die Übersetzung des Textes *Zenki* in diesem Band.
72 Jap. *juppōbutsu*. Ein Motiv, das im Lotos-Sutra häufig zu finden ist. Vgl. bspw. Kap. 2 *Geschicklichkeit*, in der Übersetzung von Borsig. Zu den zehn Richtungen siehe *Juppō* in den Worterklärungen.
73 Jap. *dokkaku*. Die durch eigene Kraft und ohne Meister zum Erwachen Gelangten.
74 Zitat findet sich im dritten Buch des *Zokudentōroku*. *Taishō* Bd. 51, Text Nr. 2077, 484.

しるべし、十方佛の實ならざるにあらず、もとこれ眼中華なり。十方諸佛の住立せるところは眼中なり。眼中にあらざれば、諸佛の住處にあらず。眼中華は、無にあらず有にあらず、空にあらず實にあらず、おのづからこれ十方諸佛なり。いまひとへに十方諸佛と欲識すれば、眼中華にあらず。ひとへに眼中華と欲識すれば、十方諸佛にあらざるがごとし。かくのごとくなるゆゑに、明得未明得、ともに眼中華なり、十方佛なり。欲識および不是、すなはち現成の奇哉なり、太奇なり。佛佛祖祖の道取する空華地華の宗旨、それ恁麼の逞風流（しんふうりう）なり。空華の名字は、經師・論師もなほ聞及すとも、地華の命脈は、佛祖にあらざれば見聞の因縁あらざるなり。地華の命脈を知及せる佛祖の道取あり。

　Man soll wissen, dies bedeutet nicht, daß die Buddhas der zehn Richtungen nicht wahrhaft sind, sie sind ursprünglich Blüten inmitten des Auges. Der Ort, wo die Buddhas der zehn Richtungen weilen, ist das Inmitten des Auges, und wenn es nicht das Inmitten des Auges ist, ist es nicht der Wohnort all der Buddhas. Blüten inmitten des Auges sind weder Nichtgegebenes [*bzw. Nichts*] noch Gegebenes [*bzw. Sein*],[75] weder Leere noch Wirkliches, von selbst sind sie die Buddhas der zehn Richtungen. Wenn man ausschließlich [*sie als*] die Buddhas der zehn Richtungen erkennen will, so sind sie nicht die Blüten inmitten des Auges; dies gleicht dem: Wenn man ausschließlich [*sie als*] Blüten inmitten des Auges erkennen will, so sind sie nicht die Buddhas der zehn Richtungen.

　Weil es so ist, sind Geklärtheit und Ungeklärtheit beide Blüten inmitten des Auges und die Buddha der zehn Richtungen. Erkennen wollen und nicht-so-sein sind zugleich das wunderbare volle Erscheinen, das große Wunderbare. Die Essenz der leeren

Himmelsblume und der Erdblume, wie sie von den Buddhas und den Meistern erfaßt wird, ist auf diese Weise verwegene Eleganz. Zwar können die Sutra- und Kommentar-Gelehrten das Wort der leeren Himmelsblume gerade noch hören, aber was die Lebensader der Erdblume betrifft, gibt es [*für sie*] keinen verursachenden Anlaß (in'nen), sie zu sehen und zu hören, außer für die buddhistischen Meister. Es gibt ein Erfassen der buddhistischen Meister, das die Lebensader der Erdblume erkannt hat.

---

75 Vgl. *umu* in den Worterklärungen.

大宋國石門山の慧徹禪師は、梁山下の尊宿なり。ちなみに僧ありてとふ、如何是山中寶。
この問取の宗旨は、たとへば、如何是佛と問取するにおなじ、如何是道と問取するがごとくなり。
師いはく、空華從地發、蓋國買無門。
この道取、ひとへに自餘の道取に準的すべからず。よのつねの諸方は、空華の空華を論ずるには、於空に生じてさらに於空に滅するとのみ道取する、なほいまだあらず、いはんや從地としらんや。ただひとり石門のみしれり。從地といふは、初中後つひに從地なり。發は開なり。この正當恁麼のとき、盡大地發なり、盡大地開なり。從地發の空華あり、從華開の盡地あり。しかあればしるべし、空華は地空ともに開發せしむる宗旨なり。
蓋國買無門は、買無門なり。從國買の空華あり、從華開の盡地あり。

Kūge

Anfang, Inmitten und Nachher folgen schließlich alle aus der Erde. Hervorbrechen ist Entfaltung. Gerade in dieser richtigen und treffenden Zeit folgt aus der ganzen, großen Erde das Hervorbrechen und folgt aus der ganzen, großen Erde die Entfaltung. Was [*das Wort*] „Will man das ganze Land kaufen, gibt es kein Tor" betrifft, so ist es nicht, daß es kein Kaufen des ganzen Landes gibt, es ist das Kaufen der Torlosigkeit. Es gibt leere Himmelsblumen, die aus der Erde folgend hervorbrechen, es gibt die ganze Erde, die aus den Blumen folgend sich entfaltet. Weil es so ist, soll man wissen, daß die Essenz der leeren Himmelsblumen sowohl die Erde als auch den leeren Himmel entfalten und hervorbrechen läßt.

---

76 Zitat findet sich im 24. Buch des *Tenshō Kōtōroku*. *Dainihon zokuzōkyō*, Bd. 135, Umschlag Nr. 8, Heft 5, 421.

正法眼藏空華第十四

爾時寬元元年癸卯三月十日、在觀音導利興聖寶林寺示衆。

同二年甲辰正月廿七日、在越宇吉峯寺侍者寮書寫之。懷弉

文保貳年八月廿八日、於越前國吉田郡志比庄永平寺延壽堂書寫了。

Shōbōgenzō Kūge 14. [Kapitel]

Dies wird im 1. Jahr Kangen [1243] am 10. des dritten Monats [nach dem Mondkalender] im Tempel Kannon-dōri-kōshō-hōrin den Mönchen vorgetragen.

Im 2. Jahr Kangen [1244], im Jahr des Drachens im Element Holz am 27. Tag des ersten Monats [nach dem Mondkalender] im Haus des Verwaltungsmönches im Tempel Kippō in Etsū aufgeschrieben. Ejō

Im zweiten Jahr Bumpo [1318] am 28. Tag des achten Monats im Tempel Eihei in Shihishō in Yoshida-gun im Land Echizen in der Halle Enju fertiggeschrieben.

有時

古佛言、
有時高高峯頂立、
有時深深海底行、
有時三頭八臂、
有時丈六八尺、
有時拄杖拂子、
有時露柱燈籠、
有時張三李四、
有時大地虛空。

Uji[77]
Sein-Zeit / Zu-einer-Zeit

Ein alter Buddha sagt:[78]
Zu einer Zeit (uji) auf dem hohen, hohen Berggipfel stehen,
zu einer Zeit (uji) auf dem tiefen, tiefen Meeresgrund gehen.[79]
Zu einer Zeit (uji) der dreiköpfig-achtarmige [*Wächtergott*],[80]
zu einer Zeit (uji) der bald sechzehn Fuß und bald acht Fuß [*große Buddha*].[81]
Zu einer Zeit (uji) Stab und Wedel,[82]
zu einer Zeit (uji) Pfeiler und Gartenlaterne.
Zu einer Zeit (uji) Hinz und Kunz,
zu einer Zeit (uji) große Erde und leerer Himmel.

Uji

77 Für eine ausführliche Deutung des Textes siehe den Satz-für-Satz Kommentar in: Elberfeld, *Phänomenologie der Zeit im Buddhismus*, 221-331.
78 Das Buch *Uji* beginnt mit einem Gedicht, dessen einzelne Verse jeweils mit der Wendung *aru toki* bzw. *uji* beginnen. In der Lesung *aru toki* bedeutet die Wendung zum einen ganz gewöhnlich „zu einer Zeit" und zum anderen ist die Wendung in der Lesung *uji* ein Wort, das bei Dōgen die Seinsweise von allem, was ist, bezeichnet.
79 Diese Stelle folgt wahrscheinlich einem Wort Yakusan Igens. Vgl. das 28. Buch des *Keitoku Dentōroku. Taishō*, Bd. 51, Text Nr. 2076, 440.
80 Die Wächtergötter gehören zu den niedrigsten Existenzformen gemäß der buddhistischen Kosmologie.
81 Hier ist die höchste Existenzform gemeint im Bilde einer Buddhafigur.
82 Es handelt sich hier um Insignien eines Zen-Meisters.

いはゆる有時は、時すでにこれ有なり、有はみな時なり。丈六金身これ時なり、時なるがゆゑに時の莊嚴光明あり。いまの十二時に習學すべし。三頭八臂これ時なり、時なるがゆゑにいまの十二時に一如なるべし。十二時の長遠短促、いまだ度量せずといへども、これを十二時といふ。去來の方跡あきらかなるによりて、人これを疑著せず。疑著せざれども、しれるにあらず。衆生もとよりしらざる每物每事を疑著すること一定せざるがゆゑに、疑著する前程、かならずしもいまの疑著に符合することなし。ただ疑著しばらく時なるのみなり。われを排列しおきて盡界とせり、この盡界の頭頭物物を時時なりと觀見すべし。物物の相礙せざるは、時時の相礙せざるがごとし。このゆゑに、同時發心あり、同心發時なり。および修行成道もかくのごとし。

Genanntes Zu-einer-Zeit besagt: Zeit (ji) ist [immer] schon [ein bestimmtes] Gegebenes (u), alles Gegebene ist [bestimmte] Zeit.[83] Dieser sechzehn Fuß [große] Goldleib ist Zeit, und weil [er] Zeit ist, kommen [ihm] Herrlichkeit [und] Glanz der Zeiten zu. [Dies ist] anhand der gegenwärtigen zwölf Tageszeiten[84] zu üben und zu erlernen. Der dreiköpfig-achtarmige [Wächtergott] hier ist Zeit – weil [er] Zeit ist, muß [er] ineins sein mit der Weise der gegenwärtigen zwölf Tageszeiten. Obwohl Länge und Ferne, Kürze und Nähe der zwölf Tageszeiten noch nie gemessen [wurden], nennt [man] sie [dennoch] die zwölf Tageszeiten. Weil die Spuren von Vergehen und Herkommen [der zwölf Tageszeiten] offenbar sind, bezweifelt man sie nicht. Obgleich man nicht daran zweifelt, werden [die Tageszeiten] dennoch nicht gewußt. Da nicht festliegt, daß [bzw. wie] die leidenden Wesen (shujō) an den von ihnen ursprünglich nicht gewußten jeweiligen Dingen und Angelegenheiten zweifeln, stimmt das frühere Zweifeln nicht unbedingt mit dem gegenwärtigen Zweifeln überein. Es ist nur so,

Uji

daß der Zweifel [*auch*] nur für eine Weile Zeit ist. Ich (ware) Anordnen als die gesamte Welt wirken lassen; jede einzelne Sache dieser gesamten Welt ist jeweils als Zeit einzusehen. Genauso wie die einzelnen Dinge sich nicht gegenseitig verhindern, verhindern sich auch all die Zeiten nicht gegenseitig. Zusammen mit der Zeit (ji) geht das Herz (shin) hervor, zusammen mit dem Herzen geht die Zeit hervor. So verhält es sich auch mit der Übung (shugyō) und dem Vollbringen des Weges.

---

83 Izutsu kommentiert: „I shall start by stating forthwith that the central point of Dōgen's thought, the most important and the most fundamental idea concerning time is in his case what he intends to convey by his peculiar expression: *uji* meaning ‚existence-time'. We have already seen in the forgoing, particularly in the explanation of Hua Yen philosophy, the most intimate relationship between ontology and the theory of time in Mahayana Buddhism. This goes back to an old idea which existed in Buddhism already in the earliest phases of its history, namely, that time and thing are absolutely inseparable from one another. Indeed, in the course of its history Buddhism has never regarded time as something subsisting independently of the things, as, for example, a vacant framework, whether ontological or cognitive, which structures things and events in terms of coming into being, existing for some time and then going to nought.
Dōgen, however, goes a step further. Without remaining content with the primary proposition of Buddhist ontology that time and thing are inseparable from one another, he directly identifies time with being and being with time. He asserts, in other words, that time is existence and existence is time. To ‚be' is to ‚time'. And that is *uji*, ‚existence-time', to be strictly distinguished from ‚existence *and* time'. ‚To be is to time' – this proposition has its corollary in the proposition that whatever exists is time, that everything in the world is time. ‚The pine tree is time', he says, ‚and the bamboo is also time'. That this is not a casual remark will spring to the eye if we observe that, for Dōgen, the realization of this fact immediately leads to the experience of enlightenment, the realization of the absolute truth about Reality." Izutsu, *The Field Structure of Time in Zen Buddhism*, 334.

84 Nach der alten chinesischen Zeitrechnung wird der Tag gemäß den zwölf chinesischen Tierkreiszeichen in zwölf Einheiten aufgeteilt.

われを排列してわれこれをみるなり。自己の時なる道理、それかくのごとし。恁麼（いんも）の道理なるゆゑに、盡地に萬象百草（ばんざうひゃくさう）あり、一草一象おのおの盡地にあることを參學すべし。かくのごとくの往來は、修行の發足（ほっそく）なり。到恁麼の田地のとき、すなはち一草一象なり。會象不會象なり、會草不會草なり。正當恁麼時のみなるがゆゑに、有時みな盡時なり、有草有象ともに時なり、時時の時に盡有盡界あるなり。しばらくいまの時にもれたる盡有盡界ありやなしやと觀想すべし。

Ich (ware) anordnend sieht das Ich dieses. So verhält es sich mit dem Sachverhalt (dōri), daß ich selbst (jiko) Zeit bin. Man soll inständig erlernen (sangaku), daß genau dieser Sachverhalt der Grund ist, warum es auf der ganzen Erde unzählige Erscheinungen und zahllose Gewächse gibt, und in jedem einzelnen Gewächs und jeder einzelnen Erscheinung die ganze Erde ist. Genau mit diesem Hin- und Hergehen kommt die Übung in Gang. Zu der Zeit, in der dieser Bereich erreicht wird, ist jedes Gewächs und jede Erscheinung [*je sie selbst und je das Ganze*], das Verstehen der Erscheinungen und das Nichtverstehen der Erscheinungen [*je sie selbst und je das Ganze*], das Verstehen der Gewächse und das Nichtverstehen der Gewächse [*je sie selbst und je das Ganze*]. Nur weil es gerade die richtige und treffende Zeit ist, ist jedes Zu-einer-Zeit / jede Sein-Zeit (uji) die ganze Zeit und ist jedes Gewächs und jede Erscheinung Zeit. In der Zeit der jeweiligen Zeiten ist alles Seiende und die ganze Welt. Überlege und betrachte eine Weile, ob alles Seiende und die ganze Welt, die aus der gegenwärtigen Zeit herausfallen, sind oder nicht.

しかあるを、佛法をならはざる凡夫の時節にあらゆる見解は、有時のことばをきくにおもはく、あるときは三頭八臂となれりき、あるときは丈六八尺となれりき、たとへば、河をすぎ山をすぎしがごとくなりと。いまはその山河たとひあるらめども、われすぎきたりて、いまは玉殿朱樓に處せり。山河とわれと、天と地となりとおもふ。しかあれども、道理この一條のみにあらず。いはゆる、山をのぼり河をわたりし時にわれありき、われに時あるべし。われすでにあり、時さるべからず。時もし去來の相にあらずば、上山の時は有時の而今なり。時もし去來の相を保任せば、われに有時の而今ある、これ有時なり。かの上山渡河の時、この玉殿朱樓の時を呑卻せざらんや、吐卻せざらんや。三頭八臂はきのふの時なり、丈六八尺はけふの時なり。しかあれども、その昨今の道理、ただこれ山のなかに直入して、千峯萬峯をみわたす時節なり、すぎぬるにあらず。三頭

Obwohl es so ist, kommt in der Zeit (jisetsu) des gewöhnlichen Menschen, in der [er sich] die Lehre Buddhas (buppō) noch nicht zu eigen gemacht hat, [er] meistens zu folgender Ansicht, wenn [er] das Wort Sein-Zeit (uji) hört: Zu einer Zeit ist [uji nach seiner Erinnerung]⁸⁵ zum dreiköpfig-achtarmigen [Wächtergott] geworden, zu einer Zeit ist [uji nach seiner Erinnerung] zum bald sechzehn Fuß und bald acht Fuß [großen Buddha] geworden. Beispielsweise ist es, meint er, so, als ob ich [mich erinnere], einen Fluß und einen Berg überquert zu haben. Obwohl der Berg und der Fluß jetzt auch noch dort sein mögen, bin ich hinübergekommen und richte mich jetzt ein an dem Ort dieses herrlichen Palastes. Ich denke: Berg [und] Fluß und ich [selbst] sind [so verschieden] wie Himmel und Erde. Allein, der Sachverhalt besteht nicht nur in diesem einen Gedankenzug. Zu der Zeit, als [ich] den Berg bestieg und den Fluß überquerte, war ich ja [nach meiner Erinnerung]; also muß es [diese] Zeit [ineins] mit mir geben. Ich bin schon; also kann [diese] Zeit nicht verschwinden.

Uji

Ist die Zeit nicht in der Weise des Gehens und Kommens, so ist die Zeit des Bergsteigens das gegenwärtige Jetzt (shikin) der Sein-Zeit (uji). Behält die Zeit die Weise des Gehens und Kommens, so gibt es [*zusammen*] mit mir das gegenwärtige Jetzt der Sein-Zeit (uji); dies ist die Sein-Zeit (uji). Wie sollte nicht jene Zeit des Bergsteigens und Flußüberschreitens diese Zeit im herrlichen Palast vollständig verschlucken und ausspeien? Der dreiköpfig-achtarmige [*Wächtergott*] ist die Zeit von gestern; der bald sechzehn Fuß und bald acht Fuß [*große Buddha*] ist die Zeit von heute. Gleichwohl ist der Sachverhalt von Gestern und Heute die Zeit (jisetsu), in der ich mich direkt in die Berge begeben und tausend und abertausend Gipfel überblickt habe; [*die Zeit von Gestern und Heute*] ist nicht vorbeigegangen.

---

85 An dieser Stelle und den folgenden benutzt Dōgen die sogenannte „memorative Vergangenheitsform". Dies besagt, daß es sich um eine Vergangenheit handelt, die ich selber erlebt habe, im Gegensatz zu einer Vergangenheit, von der ich nur gehört habe. Vgl. hierzu die Erklärungen in: Elberfeld, *Phänomenologie der Zeit im Buddhismus*, 117 ff.

八臂もすなはちわが有時にて一經す、彼方にあるに
にたれども而今なり。丈六八尺もすなはちわが有時
にて一經す、彼處にあるにたれども而今なり。
しかあれば、松も時なり、竹も時なり。時は飛去
するとのみ解會すべからず、飛去は時の能とのみ
學すべからず。時もし飛去に一任せば、間隙ありぬ
べし。有時の道を經聞せざるは、すぎぬるとのみ學
するによりてなり。要をとりていはく、盡界にあら
ゆる盡有は、つらなりながら時時なり。有時なる
によりて吾有時なり。
有時に經歴の功德あり。いはゆる、今日より明日
へ經歴す、今日より昨日に經歴す、昨日より今日
へ經歴す、今日より今日に經歴す、明日より明日に經
歴す。經歴はそれ時の功德なるがゆゑに。古今の時、
かさなれるにあらず、ならびつもれるにあらざれど
も、青原も時なり、黃檗も時なり、江西も石頭も時

Auch der dreiköpfig-achtarmige [*Wächtergott*] ereignet sich nämlich jedesmal als meine Sein-Zeit (uji); obwohl er dort gewesen
zu sein scheint, ist er gerade gegenwärtiges Jetzt. Auch der bald
sechzehn Fuß und bald acht Fuß [*große Buddha*] ereignet sich
nämlich jedesmal als meine Sein-Zeit (uji); obwohl er dort gewesen
zu sein scheint, ist er gerade gegenwärtiges Jetzt.

Daher ist auch die Kiefer Zeit und ist auch der Bambus Zeit.
Man soll die Zeit nicht nur so verstehen, daß sie wegfliegt, und
man soll nicht lernen, daß Wegfliegen das einzige Vermögen der
Zeit sei. Würde die Zeit nur auf das Wegfliegen festgelegt, so
müßte es Lücken geben. Man erfährt und hört nichts vom Weg
der Sein-Zeit (uji), weil [*man die Zeit*] nur als vergangen erlernt.
Kurz und zusammenfassend gesagt: Jedes Gegebene in der ganzen
Welt ist zusammenhängend je und je Zeit. Da [*alles, was ist*]
Sein-Zeit (uji) ist, ist es meine Sein-Zeit.

Die Sein-Zeit (uji) besitzt das Vermögen (kudoku) des ereignishaften Verlaufens (kyōryaku). Das heißt: von heute nach morgen ereignishaft verlaufen, von heute zu gestern ereignishaft verlaufen, von gestern nach heute ereignishaft verlaufen, von heute zu heute ereignishaft verlaufen, von morgen zu morgen ereignishaft verlaufen. Weil das ereignishafte Verlaufen das Vermögen der Zeit ist, liegen die Zeiten von gestern und heute weder übereinander noch nebeneinander; trotzdem ist auch [*Meister*] Seigen Zeit, [*Meister*] Ōbaku Zeit und sind auch [*Meister*] Kōzei und [*Meister*] Sekitō Zeit.

なり。自他すでに時なるがゆゑに、修證は諸時なり。入泥入水、おなじく時なり。いまの凡夫の見、および見の因縁、これ凡夫のみるところなりといへども、凡夫の法にあらず。法しばらく凡夫を因縁せるのみなり。この時この有は法にあらずと學するがゆゑに、丈六金身はわれにあらずと認ずるなり。われを丈六金身にあらずとのがれんとする、またすなはち有時の片片なり、未證據者の看看なり。

いま世界に排列せるむまひつじをあらしむるも、住法位の恁麼なる昇降上下なり。ねずみも時なり、とらも時なり。生も時なり、佛も時なり。この時、三頭八臂にて盡界を證し、丈六金身にて盡界を證す。それ盡界をもて盡界を界盡するを、究盡すとはいふなり。丈六金身をもて丈六金身するを、發心・修行・菩提・涅槃と現成する、すなはち有なり、時なり。盡時を盡有と究盡するのみ、さらに剩法なし。

Weil ich und die anderen schon Zeit sind, sind Übungen und Erweise jeweils Zeit. Versinken im Schlamm und Versinken im Wasser sind ebenfalls Zeit. Was die gegenwärtige Sicht eines Unerwachten bzw. die verursachenden Anlässe (in'nen) seiner Sicht betrifft, so ist [es] zwar das, was er sieht, es ist aber nicht das *dharma* des Unerwachten. Vielmehr läßt das *dharma* den Unerwachten nur für eine Weile in verursachenden Zusammenhängen (in'nen) sein. Weil er lernt, daß diese Zeit und das, was hier ist, nicht das *dharma* sind, meint er, daß der sechzehn Fuß große goldene Buddhaleib nicht sein Ich sei. Er versucht zu entkommen, indem er sagt, daß der sechzehn Fuß große goldene Buddhaleib nicht sein Ich sei; aber auch dies sind zugleich Stücke der Sein-Zeit (uji). Wer dies noch nicht erwiesen hat: Erblicke! Erblicke!

Was gegenwärtig in der Welt die angeordnete Pferd[zeit] und Schaf [zeit][86] sein läßt, ist gerade dieses [im] *dharma*-Rang (hō'i) verweilende Hoch und Runter, Auf und Ab [der Tageszeiten].

Uji

Auch die Maus[*zeit*] ist Zeit, auch die Tiger[*zeit*] ist Zeit, auch die [*unerwachten*] Lebewesen sind Zeit und auch der Buddha ist Zeit. Zu dieser Zeit im dreiköpfig-achtarmigen [*Wächtergott*] die ganze Welt erweisen und im sechzehn Fuß [*großen*] goldenen [*Buddha-*] Leib die ganze Welt erweisen. Mit der ganzen Welt die ganze Welt welthaft erschöpfen, bedeutet gründlich erschöpfen. Mit dem sechzehn Fuß [*großen*] goldenen [*Buddha-*] Leib den sechzehn Fuß [*großen*] goldenen [*Buddha-*] Leib vollziehen, [*dies*] erscheint vollauf (genjō) als Erwachenlassen des Herzens, der Übung (shugyō), der erwachten Einsicht (bodai) und des Nirvana; dies ist zugleich Gegebensein (u) und Zeit (ji). Die ganze Zeit ist nur als alles, was ist, gründlich zu erschöpfen. Darüber hinaus [*gibt es*] kein weiteres *dharma*.

---

[86] Die zwölf Tageszeiten der chinesischen Zeitrechnung sind jeweils mit einzelnen chinesischen Tierkreiszeichen verbunden.

剰法これ剰法なるがゆゑに、たとひ半究尽の有時も、半有時の究尽なり。たとひ蹉過すとみゆる形段も有なり。さらにかれにまかすれば、蹉過の現成する前後ながら、有時の住位なり。住法位の活鱍鱍地なる、これ有時なり。無と動著すべからず、有と強為すべからず。

時は一向にすぐるとのみ計功（けこう）して、未到と解会せず。解会は時なりといへども、他にひかるる縁なし。去来と認じて、住位の有時と見徹せる皮袋なし。いはんや透関（てうくわん）の時あらんや。たとひ住位を認ずとも、たれか既得恁麼（きとくいんも）の保任（ほうにん）を道得せん。たとひ恁麼と道得せることひさしきを、いまだ面目現前を模摸せざるなし。凡夫の有時なることに一任すれば、菩提涅槃もわづかに去来の相のみなる有時なり。

Denn ein *weiteres dharma* ist [*auch nur*] ein weiteres *dharma*. Auch die halb gründlich erschöpfte Sein-Zeit (uji) ist das gründliche Erschöpfen der halben Sein-Zeit. Auch die Erscheinungsebene, die wie ein Verfehlen aussieht, ist Gegebensein. Wenn man sich im weiteren auf [*die Sein-Zeit*] verläßt, so sind sowohl Vorher wie Nachher, die das Verfehlen zum vollen Erscheinen bringen, ein im [*dharma-*] Rang Verweilen der Sein-Zeit (uji). Der in sich lebendig bewegte Ort des [*im*] *dharma*-Rang (hō'i) Verweilens, das ist Sein-Zeit (uji). Man sollte es nicht zum Nichts verdrehen und auch nicht gewaltsam zu etwas Gegebenem machen.

Man berechnet die Zeit so, daß sie nur in eine Richtung verfließt, und man begreift nicht, daß [*sie*] noch nicht gekommen ist. Obwohl [*dieses*] Begreifen [*seinerseits*] Zeit ist, gibt es keinen Zusammenhang, [*in dem sie*] von etwas anderem [*zum Verfließen*] veranlaßt wird. [*Zeit*] wird als Gehen und Kommen verstanden, aber niemand durchschaut [*sie*] als eine [*im dharma-*] Rang verweilende Sein-Zeit (uji). Wie kann es eine Zeit geben, in der die Schranke durchbrochen wird? Auch wenn man das [*im dharma-*] Rang Verweilen versteht, wer könnte gerade so Behaltenes in Worte fassen? Selbst wenn [*jemand*] seit langem dies in Worte gefaßt hat, so gibt es dennoch niemanden, der das Gesicht vor dem Erscheinen nicht mehr zu suchen hätte. Würde man sich nur auf die Sein-Zeit (uji) des unerwachten Menschen stützen, so wäre auch Erwachen und Nirvana eine Sein-Zeit (uji), die nur in der Weise von Vergehen und Kommen ist.

おほよそ籠籠とどまらず有時現成なり。いま右界に現成し、左方に現成する天王天衆、いまもわが盡力する有時なり。その餘外にある水陸の衆有時、これわがいま盡力して現成するなり。冥陽に有時なる諸類諸頭、みなわが盡力現成なり、盡力經歷なり。わがいま盡力經歷にあらざれば、一法一物も現成することなし、經歷することなしと參學すべし。
經歷といふは、風雨の東西するがごとく學しきたるべからず。盡界は不動轉なるにあらず、不進退なるにあらず、經歷なり。經歷は、たとへば春のごとし。春に許多般の樣子あり、これを經歷といふ。外物なきに經歷すると參學すべし。たとへば、春の經歷はかならず春を經歷するなり。經歷いま春にあらざれども、春の經歷なるがゆゑに、經歷いま春の時に成道せり。審細に參來參去すべし。經歷をいふに、境は外頭にして、能經歷の法は、東にむきて百千世界をゆきすぎて、百千萬劫をふるとおもふは、佛道の參學、これのみを專一にせざるなり。

Nun, die Reuse [*für Fische*] und der Käfig [*für Vögel*] bleiben nicht bestehen, sie sind [*selber*] volles Erscheinen der Sein-Zeit (uji).[87] Die jetzt in der rechten und linken Sphäre [*der Buddha-Statue*] hervortretenden Himmelskönige sind auch die Sein-Zeit (uji), die [*ich*] auch jetzt mit meinem ganzen Eifer vollziehe. Auch die Sein-Zeit (uji) aller übrigen Wesen im Wasser und auf dem Lande erscheint vollauf (genjō), indem [*ich*] gegenwärtig meinen ganzen Eifer einsetze. All die Arten und Gattungen, die im Dunkeln und im Hellen Sein-Zeit (uji) sind, sind alle das volle Erscheinen durch meinen ganzen Eifer, ereignishaftes Verlaufen durch meinen ganzen Eifer. Wären sie nicht durch meinen ganzen Eifer im ereignishaften Verlaufen, so würde kein *dharma* und kein Ding vollauf erscheinen und ereignishaft verlaufen; dies soll man inständig lernen.

Ereignishaftes Verlaufen sollte man nicht wie den Wind und den Regen auffassen, der nach Osten oder Westen zieht. Die ganze Welt ist weder ohne bewegliche Wandlung noch ohne

Fort- und Rückschritt, [*sondern sie*] ist ereignishaftes Verlaufen. Ereignishaftes Verlaufen ist zum Beispiel wie Frühling. Im Frühling gibt es viele verschiedene Phasen, und diese sind ereignishaftes Verlaufen zu nennen. Man soll inständig lernen, daß [*der Frühling*] ereignishaft verläuft, ohne daß es etwas außerhalb gibt. Ereignishaftes Verlaufen des Frühlings ist ereignishaftes Verlaufen durch den Frühling. Auch wenn ereignishaftes Verlaufen [*selber*] nicht Frühling ist, so vollendet sich der Weg des ereignishaften Verlaufens, weil es ereignishaftes Verlaufen des Frühlings ist, jetzt als die Zeit des Frühlings. Sorgsam und feinsinnig soll man inständig kommen und inständig gehen. Wenn man vom ereignishaften Verlaufen spricht und meint, die Welt liege außerhalb [*meiner selbst*], und das *dharma* des ereignishaften Verlaufenkönnens darin sieht, daß es nach Osten hunderttausend Welten durchquere und durch hunderttausend Äonen verlaufe; wer dieser Ansicht ist, lernt noch nicht inständig und mit ausschließlicher Intensität den Weg Buddhas.

---

[87] Vgl. hierzu folgenden Text im *Zhuangzi*: „Fischreusen sind da um der Fische willen; hat man die Fische, so vergißt man die Reusen. Hasennetze sind da um der Hasen willen; hat man die Hasen, so vergißt man die Netze. Worte sind da um der Gedanken willen; hat man den Gedanken, so vergißt man die Worte. Wo finde ich einen Menschen, der die Worte vergißt, auf daß ich mit ihm reden kann?" Dschuang Dsi. *Das wahre Buch vom südlichen Blütenland*, übers. v. Wilhelm, 283.

藥山弘道大師、ちなみに無際大師の指示によりて、江西大寂禪師に參問す、「三乘十二分教、某甲ほぼその宗旨をあきらむ。如何是祖師西來意。」かくのごとくとふに、大寂禪師いはく、「有時教伊揚眉瞬目、有時不教伊揚眉瞬目、有時教伊揚眉瞬目者是、有時教伊揚眉瞬目者不是。」藥山ききて大悟し、大寂にまうす、「某甲かつて石頭にありし、蚊子の鐵牛にのぼれるがごとし。」

Der Großmeister Yakusan Kudō wandte sich auf die Anweisung des Großmeisters Musai mit folgender Frage an den Zen-Meister Kōzei Daijaku: „Was die drei Fahrzeuge[88] und die zwölf Lehrabteilungen[89] betrifft, so habe ich diese weitgehend für mich geklärt. Was aber ist die Bedeutung vom Kommen Bodhidharmas aus dem Westen?" Auf diese Weise gefragt antwortete der Zen-Meister Daijaku: „Zu einer Zeit (uji) ihn die Augenbrauen heben und mit den Augen zwinkern lassen. Zu einer Zeit (uji) ihn nicht die Augenbrauen heben und mit den Augen zwinkern lassen. Zu einer Zeit (uji) trifft der, der ihn die Augenbrauen heben und mit den Augen zwinkern läßt. Zu einer Zeit (uji) trifft der nicht, der ihn die Augebrauen heben und mit den Augen zwinkern läßt." Yakusan hörte dies, erlangte großes Erwachen und sagte zu Daijaku: „Als ich einst bei [*Meister*] Sekitō weilte, war das, als ob eine Mücke eine stählerne Kuh besteigen wollte."[90]

Uji

88 Skrt. *triyāna*. Es handelt sich hier um die Einteilung der buddhistischen Wege in „drei Fahrzeuge", die zum Nirvana führen. Der Weg des Śrāvaka, wörtl. „Hörer", wird vom Mahāyāna-Buddhismus mit dem Arhat des Hīnayāna-Buddismus identifiziert, der die Lehre Buddhas nur durch „Zuhören" erlernt. Der Weg des Pratyeka-Buddha, wörtl. „Einsam-Erwachter", ist der Weg derjenigen, die die Buddhaschaft nur für sich selber erlangen. Der Weg des Bodhisattva, wörtl. „Wesen des Erwachens", ist der Weg derjenigen, die solange auf das endgültige Nirvana verzichten, bis alle Wesen vom Leiden befreit sind.
89 Die „zwölf Lehrabteilungen" bezeichnen im Zen alle Lehrinhalte der buddhistischen Lehre. Diese Einteilung geht zurück auf eine ältere mit fünf Abteilungen, die im folgenden auf neun Abteilungen erweitert wurde. Bei diesen Einteilungen handelt es sich um Versuche buddhistischer Gelehrter, die Lehre unter systematischen Gesichtspunkten zu ordnen. Sowohl die „drei Fahrzeuge" wie auch die „zwölf Lehrabteilungen" werden im *Shōbōgenzō* in dem Text *Bukkyō* von Dōgen ausführlicher behandelt. Vgl. Nishijima/Cross, *Master Dogen's Shobogenzo*, Book 2, 60 ff.
90 Zitat findet sich im 19. Buch des *Shūmon Rentōeyō. Dainihon zokuzōkyō*, Bd. 136, Umschlag Nr. 9, Heft 4, 369.

大寂の道取するところ、餘者とおなじからず。眉目は山海なるべし。山海は眉目なるゆゑに。その教伊揚は山をみるべし。その教伊瞬は海を宗すべし。是は伊に慣習せり、伊は教に誘引せらる。不是は不教伊にあらず、不教伊は不是にあらず。これらともに有時なり。山も時なり、海も時なり。時にあらざれば山海あるべからず、山海の而今に時あらずとすべからず。時もし壞すれば山海も壞す、時もし不壞なれば山海も不壞なり。この道理に明星出現す、如來出現す、眼睛出現す、拈華出現す。これ時なり、時にあらざれば不恁麼なり。
葉縣の歸省禪師は、臨濟の法孫なり、首山の嫡嗣なり。あるとき、大衆にしめしていはく、有時意到句不到。有時句到意不到。有時意句兩俱到、有時意句俱不到。

Was Daijaku mit seinem Wort erfaßt, gleicht nicht dem, was die Übrigen sagen. Augenbraue und Auge müssen wie Berg und Meer sein, weil Berg und Meer Augenbraue und Auge sind. „Ihn die Augenbrauen heben zu lassen", muß zugleich das Erblicken des Berges sein, „ihn mit den Augen zwinkern zu lassen", muß zugleich Überblicken des Meeres sein. „Treffen" ist „ihm" zur gewohnten Übung geworden, und „er" wird vom „[*Geschehen*] lassen" geleitet. „Nichttreffen" ist nicht „ihn nicht lassen", „ihn nicht lassen" ist nicht „Nichttreffen". Sie alle sind [*jeweils*] Sein-Zeit / zu einer Zeit (uji). Auch der Berg ist Zeit; auch das Meer ist Zeit. Wären sie nicht die Zeit, so gäbe es auch keinen Berg und kein Meer. Man soll nicht meinen, daß es im gegenwärtigen Jetzt von Berg und Meer keine Zeit gibt. Zerbricht die Zeit, so zerbrechen auch Berge und Meere, zerbricht die Zeit nicht, so zerbrechen auch Berge und Meere nicht. Durch diesen Sachverhalt geht der helle Stern, der Nyorai [-*Buddha*], das [*dharma*-] Auge und das Heben einer Blume[91] auf. Dies ist Zeit.

Wären sie nicht die Zeit, wären sie nicht so.

Zen-Meister Kisei aus Sekken ist Enkel-Schüler in der *dharma*-Linie des Rinzai und ist Erbe von Shuzan. Zu einer Zeit (aru toki) sprach er zu seinen Schülern: „Zu einer Zeit (uji) ist der Sinn erreicht und das Wort ist nicht erreicht. Zu einer Zeit (uji) ist das Wort erreicht und der Sinn ist nicht erreicht. Zu einer Zeit (uji) sind Sinn und Wort beide erreicht. Zu einer Zeit (uji) sind weder Sinn noch Wort erreicht".[92]

---

[91] Hier spielt Dōgen auf ein Kōan aus dem *Mumonkan* an, in dem Buddha eine Blume emporhebt und ein Schüler diese Geste mit einem Lächeln beantwortet und damit sein Erwachen zeigt. Vgl. *Mumonkan*, übers. v. Dumoulin, 52 f.

[92] Zitat findet sich im 12. Buch des *Shūmon Rentōeyō. Dainihon zokuzōkyō*, Bd. 136, Umschlag Nr. 9, Heft 4, 311.

意句ともに有時なり、到不到ともに有時なり。到
時未了なりといへども不到時來なり。意は驢なり、
句は馬なり。馬を句とし、驢を意とせり。到それ來
にあらず、不到これ未にあらず。有時かくのごとく
なり。到は到に罣礙せられて不到に罣礙せられず、
不到は不到に罣礙せられて到に罣礙せられず。意
は意をさへ、意をみる。句は句をさへ、句をみる。礙
は礙をさへ、礙をみる。礙は礙を礙するなり、句をみる。礙
する礙いまだあらざるなり。礙は他法に使得せらるといへども、他法を
礙する礙いまだあらざるなり。我逢人なり、人逢人
なり。我逢我なり、出逢出なり。これらもし時をえ
ざるには、恁麼ならざるなり。又、意は現成公案の
時なり、句は向上關棙の時なり。到は脫體の時なり、
不到は即此離此の時なり。かくのごとく辦肎すべし
有時すべし。

Verhindern, das die anderen *dharma* verhindert [*hätte*]. Ich begegne Menschen, Mensch begegnet Mensch. Ich begegnet Ich, Hervorgehen begegnet Hervorgehen. Erreichten all diese die Zeit nicht, so könnten sie nicht auf diese Weise sein. Im Weiteren: Sinn ist die Zeit des *genjōkōan* – das Offenbarmachen des vollen Erscheinens; [*ein*] Wort ist die Zeit des *kōjōkanrei* – des Torschlüssels zum Aufstieg. Erreichen ist die Zeit des Abfallens der Substanz, Nichterreichen ist die Zeit des Eins- und [*zugleich*] Getrenntseins. Auf diese Weise soll man bereitwillig sich befassen, soll man die Sein-Zeit (uji) vollziehen.[93]

---

[93] Jap. *uji su*. Durch den Zusatz „su" wird das Wort *uji* hier zu einem Verb, was ungewöhnlich ist und den kreativen Sprachgebrauch Dōgens anzeigt.

> 向來の尊宿ともに恁麼いふとも、さらに道取すべきところなからんや。いふべし、意句半到也有時、意句半不到也有時。
> かくのごとくの參究あるべきなり。
> 敎伊揚眉瞬目也半有時、敎伊揚眉瞬目也錯有時。
> 不敎伊揚眉瞬目也半有時、不敎伊揚眉瞬目也錯錯有時。
> 恁麼のごとく參來參去、參到參不到する、有時の時なり。
>
> 正法眼藏有時第二十
> 仁治元年庚子開冬日、書于聖寶林寺。
> 寬元癸卯夏安居、書寫之。懷奘

Alle angeführten Meister haben auf diese Weise gesprochen. Gibt es darüber hinaus nicht doch noch etwas zu sagen? Zu sagen ist: Sinn und Wort halb erreichen [*auch das ist*] Sein-Zeit (uji). Sinn und Wort halb nicht erreichen [*auch das ist*] Sein-Zeit (uji).

Ein inständiges Ergründen auf diese Weise muß es geben.

Ihn die Augenbrauen heben und mit den Augen zwinkern lassen, [*ist*] halbe Sein-Zeit (uji). Ihn die Augenbrauen heben und mit den Augen zwinkern lassen, [*ist*] verfehlte Sein-Zeit (uji). Ihn nicht die Augenbrauen heben und mit den Augen zwinkern lassen, [*ist*] abermals verfehlte Sein-Zeit (uji).

Auf diese Weise inständig kommen und inständig gehen, inständig erreichen und inständig nicht erreichen, dies ist die Zeit der Sein-Zeit (uji).

Im 1. Jahr Ninji [1240] am ersten Tag des Winters im Kōshō-hōrin Tempel niedergeschrieben.

Im [ersten] Jahr Kangen [1243] während der Sommerübung kopiert. Ejo

山水經

而今の山水は、古佛の道現成なり。ともに法位に住して、究盡の功德を成ぜり。空劫已前の消息なるがゆへに、而今の活計なり。朕兆未萌の自己なるがゆへに、現成の透脱なり。山の諸功德高廣なるものをもて、乗雲の道德、かならず山より通達す。順風の妙功、さだめて山より透脱するなり。
大陽山楷和尚、示衆云、青山常運歩、石女夜生レ兒。

Sansuikyō
Berg-und-Wasser-Sutra

Berge und Wasser der Gegenwart (shikin) sind das volle Erscheinen (genjō) der Worte der alten Buddhas. Beide verweilen im *dharma*-Rang (hō'i) und realisieren das Vermögen (kudoku) ergründenden Ausschöpfens. Weil sie dem Äon der Leerheit [*d.h. vor allem Entstehen*] vorausgehen, sind sie gerade jetzt (shikin) in lebendiger Tätigkeit. Weil sie in [*ihrem*] Selbst (jiko) noch dem Entstehen jeglichen Anzeichens vorausgehen, sind sie durchdringendes Loslösen (tōtotsu) des vollen Erscheinens. Weil alle Vermögen der Berge groß und weit sind, reicht gewiß die Fähigkeit des [*freien*] Wolkenfluges von den Bergen her überall hin, und bestimmt dringt die wunderbare Kraft der günstigen Winde von den Bergen her loslösend durch.

Der ehrwürdige Mönch Kai vom Berg Taiyō wendet sich an die versammelten Mönche und sagt: „Die blauen Berge schreiten ständig voran, die [*unfruchtbare*] Steinfrau gebiert in der Nacht ein Kind."[94]

---

[94] Zitat findet sich im 14. Buch des *Gotō-egen*. *Dainihon zokuzōkyō*, Bd. 138, Umschlag Nr. 11, Heft 3, 265.

山はそなはるべき功徳の虧闕することなし。このゆゑに常安住なり、常運歩なり。その運歩の功徳、まさに審細に參學すべし。山の運歩は人の運歩のごとくなるべきがゆゑに、人間の行歩におなじくみえざればとて、山の運歩をうたがふことなかれ。いま佛祖の說道、すでに運歩を指示す。これその得本なり。常運歩の示衆を究辨すべし。運歩のゆゑに常なり。青山の運歩は、其疾如風よりもすみかなれども、山中人は不覺不知なり。山中とは、世界裏の花開なり。山外人は不覺不知なり。山をみる眼目あらざる人は、不覺不知、不見不聞、這箇道理なり。もし山の運歩を疑著するは、自己の運歩をもいまだしらざるなり。自己の運歩なきにはあらず、自己の運歩いまだしらざるなり、あきらめざるなり。自己の運歩をしらんがごとき、まさに青山の運歩をもしるべきなり。

Den Bergen fehlt nie ein Vermögen (kudoku), das ihnen zukommen muß. Daher verweilen sie in beständiger Ruhe und schreiten ständig voran. Das Vermögen dieses Voranschreitens soll man recht ausführlich [*und*] inständig lernen. Weil das Voranschreiten der Berge wie das Voranschreiten des Menschen sein soll, so zweifele nicht am Voranschreiten der Berge, auch wenn es dem Gehen des Menschen nicht ähnlich sieht. Das gerade von dem buddhistischen Meister angeführte Wort ist bereits ein Fingerzeig für das Voranschreiten. Es [*führt zum*] Erreichen von dessen Ursprung. Das den versammelten Mönchen gezeigte „ständige Voranschreiten" soll man gründlich erörtern. Wegen des Voranschreitens sind [*die Berge*] beständig. Obwohl das Voranschreiten der blauen Berge so schnell ist wie der Wind und sogar noch schneller, gewahren es die Menschen inmitten der Berge weder, noch wissen sie es. Inmitten der Berge heißt: erblühende Blume innerhalb der Welt. Die Menschen außerhalb der Berge gewahren es weder, noch wissen sie davon. Menschen, die kein

Auge haben, um die Berge zu sehen, gewahren weder noch wissen sie, weder sehen noch hören sie [*das Voranschreiten Berge*] – um diesen Sachverhalt (dōri) geht es. Wer am Voranschreiten der Berge zweifelt, weiß noch nichts vom eigenen Voranschreiten. Dies heißt nicht, daß es kein eigenes Voranschreiten gibt, sondern daß man vom eigenen Voranschreiten nichts weiß und es nicht geklärt hat. Wer das eigene Voranschreiten kennen will, der soll gerade auch wissen, inwiefern die blauen Berge voranschreiten.

青山すでに有情にあらず、非常にあらず。自己すでに有情にあらず、非常にあらず。いま青山の運歩を疑著せんこと、うべからず。いく法界を量局として、青山を照鑒すべしとしらず。青山の運歩および自己の運歩、あきらかに撿點すべきなり。退歩歩退、ともに撿點あるべし。未朕兆の正當時、および空王那畔より、進歩退歩に運歩しばらくもやまざること、撿點すべし。

運歩もし休することあらば、佛祖不出現なり。運歩もし窮極あらば、佛法不到今日ならん。進歩いまだやまず、退歩いまだやまず。進歩のとき、退歩に乖向せず。退歩のとき、進歩を乖向せず。この功德を山流とし、流山とす。青山も運歩を參究し、東山も水上行を參學するがゆへに、この參學は山の參學なり。山の身心をあらためず、やまの面目ながら廻途參學しきたれり。

Die blauen Berge sind weder immer schon belebte Wesen (ujō) noch unbelebte Wesen (hijō). Ich selbst (jiko) bin weder immer schon ein belebtes Wesen noch ein unbelebtes Wesen. Man kann das Voranschreiten der blauen Berge nicht bezweifeln. Man weiß nicht, daß man die unzähligen *dharma*-Welten zum Maß nehmen soll, um die blauen Berge zu beleuchten. Das Voranschreiten der blauen Berge soll man ebenso wie das eigene Voranschreiten deutlich Punkt für Punkt untersuchen. Zurückschreiten und der Schritt zurück,[95] beides ist Punkt für Punkt zu untersuchen. In der richtigen und treffenden Zeit, solange noch kein Anzeichen [*eines Entstehens*] sich zeigt, und seit dem Reich des Königs der Leere,[96] ist Punkt für Punkt zu untersuchen, wie im Vorwärtsschreiten und Rückwärtsschreiten das Voranschreiten auch nicht eine kurze Weile aufgehört hat.

Gäbe es ein Pausieren des Voranschreitens, könnten die buddhistischen Meister nicht in Erscheinung treten. Gäbe es ein letztes Ende des Voranschreitens, hätte das Buddha-*dharma* den heutigen

Tag nicht erreicht. Vorwärtsschreiten hat noch nicht aufgehört und Rückwärtsschreiten hat noch nicht aufgehört. Während des Vorwärtsschreitens wendet man sich nicht mit dem Rücken zum Rückwärtsschreiten, und während des Rückwärtsschreitens wendet man sich nicht mit dem Rücken zum Vorwärtsschreiten. Dieses Vermögen bedeutet das Fließen der Berge und fließende Berge. Weil auch die blauen Berge das Voranschreiten inständig ergründen, wie auch die östlichen Berge das Gehen auf dem Wasser inständig lernen (sangaku), ist dieses inständige Lernen das inständige Lernen der Berge. Ohne Leib und Herz (shinjin) der Berge zu verändern, wanderten [sie] Gesicht und Auge der Berge bewahrend andauernd inständig lernend umher.

---

[95] An dieser Stelle spielt Dōgen mit den beiden Zeichen *tai* und *ho*. *Taiho* meint das konkrete Zurückgehen, aber auch das sich Zurückwenden auf sich selbst: „Lerne, das Licht sich zurückwenden und auf die eigene Natur scheinen zu lassen! Von selbst fallen Leib und Geist aus, und das ursprüngliche Antlitz erscheint." *Fakanzazengi*, in: *Dōgen Zen. Kleine Schriften der Sōtō-Schule*, 38. *Hotai* meint den Schritt zurück in prinzipieller Hinsicht. Es gilt nicht nur, zurückzuschreiten und uns auf uns selbst zurückzuwenden, dieses Zurückwenden selber soll seinerseits untersucht und bewußt gemacht werden.

[96] Der erste Buddha, der im Zeitalter der Leere erscheint, vgl. das 20. Buch des Lotos-Sutra.

青山は運歩不得なり、東山水上行不得なりと、山を誹謗することなかれ。低下の見處のいやしきゆへに、青山運歩の句をあやしむなり。少聞のつたなきによりて、流山の語をおどろくなり。いま流水の言も、七通八達せずといへども、小見小聞に沈溺せるのみなり。しかあれば、所積の功徳を擧せるを形名とし、命脉とせり。運歩あり、流行あり。山の山兒を生ずる時節あり。山の佛祖となる道理によりて、佛祖かのごとく出現せるなり。
たとひ草木土石牆壁の見成する眼睛あらむときも、疑著にあらず、動著にあらず、全現成にあらず。たとひ七寶莊嚴なりと見取せらるゝ時節現成すとも、實歸にあらず。たとひ諸佛行道の境界と見現成あるも、あながちの愛處にあらず。たとひ諸佛不思議の功徳と見現成の頂顙をうとも、如實これのみにあらず。各との見成は、各との依正なり。これらを佛祖の道業とするにあらず、一偶の管見なり。

Man sollte die Berge nicht schmähen, indem man sagt, die blauen Berge könnten nicht voranschreiten und die östlichen Berge könnten nicht auf dem Wasser gehen. Aufgrund der Grobheit der gemeinen Ansichten mag einen das Wort „Der blaue Berg schreitet voran" befremden. Unzureichendes Hören [der Lehre Buddhas] führt dazu, daß einen das Wort „fließende Berge" überrascht. Nun, selbst das Wort „fließendes Wasser" versteht man nicht vollständig,[97] so daß einen ein beschränkter Blick und unzureichendes Hören [der Lehre Buddhas] versinken lassen. Da es so ist, werden die angesammelten Vermögen aufgezeigt und zur Gestalt, zum Namen und zur Lebensader [der Berge]. Es gibt Voranschreiten und es gibt Fließen. Es gibt die Zeit (jisetsu), in der der Berg ein Bergkind gebiert. Der Sachverhalt, daß die Berge zu buddhistischen Meistern werden, führt dazu, daß die buddhistischen Meister so in Erscheinung treten.

Auch wenn zum Beispiel in unseren Augen nur Gras, Bäume, Erde, Steine, Zäune und Wände [der Berge] ganz zu sehen sind, [so] ist das [zwar] nicht zu bezweifeln und bewegt nicht weiter, [es ist aber] nicht das volle Erscheinen (genjō) des Ganzen. Selbst wenn die Zeit (jisetsu) vollauf erscheint (genjō), in der [die Berge] als Glanz der sieben Kleinodien angeschaut werden, so ist das nicht die wahrhafte Rückkehr [zum eigenen Ort]. Selbst wenn [die Berge] als Gebiet der Übungswege aller Buddhas angesehen werden und so vollauf erscheinen, so sind sie doch nicht unbedingt der Ort, an dem man hängen soll. Selbst wenn [die Berge] als das wunderbare Vermögen aller Buddhas angesehen werden und so den Gipfel des vollen Erscheinens erreichen, so ist nicht nur dies die wahrhafte Wirklichkeit. Jede volle Sicht geht einher mit einer jeweiligen Umgebung und einem jeweiligen Standpunkt. Man soll diese nicht zur Wegweisung der buddhistischen Meister machen, sie sind der enge Blick [durch ein Bambusrohr] aus einer Ecke.

---

97 Das vollständige Verstehen wird an dieser Stelle konkret umschrieben als „sieben Richtungen durchquert und acht Ziele erreicht".

轉境轉心は大聖の所呵なり。說心說性は佛祖の所不肯なり。見心見性は外道の活計なり、滯言滯句は解脫の道著にあらず。かくのごとくの境界を透脫せるあり、いはゆる青山常運步なり、東山水上行なり。審細に參究すべし。

石女夜生兒は、石女の生兒するときを夜といふ。おほよそ、男石女石あり、非男女石あり。天を補し、地を補す。天石あり、地石あり。俗のいふところなりといへども、人のしるところまれなり。生兒の道理しるべし。生兒のときは、親子並化するか。兒の親となるを、生兒現成と參學するのみならんや、親の兒となるときを、生兒現成の修證なりと參學すべし、究徹すべし。

雲門匡眞大師いはく。東山水上行。

この道現成の宗旨は、諸山は東山なり、一切の東山は水上行なり。このゆゑに、九山迷盧等現成せり、修證せり。これを東山といふ。

Die Umstände hin und her wenden und das Herz hin und her wenden wird von dem großen Heiligen [Buddha] gerügt. [Alles als] Herz zu erklären [oder alles] zur Wesensnatur zu erklären wird von den buddhistischen Meistern nicht anerkannt. Das Herz sehen und die Wesensnatur sehen [als Erwachen] ist die Vorgehensweise der außerhalb des Buddhismus Stehenden (gedō). Stehenbleiben bei Worten und Stehenbleiben bei Sprüchen ist nicht das Sprechen[98] der Loslösung (gedatsu). Es gibt diejenigen, die diese Umstände durchdringend losgelöst haben, dies heißt: „Die blauen Berge schreiten ständig voran" und „Die östlichen Berge laufen über das Wasser". Dies ist recht ausführlich und inständig zu lernen.

Was „Die [unfruchtbare] Steinfrau gebiert in der Nacht ein Kind" betrifft, so wird die Zeit, zu der die Steinfrau ein Kind gebiert, „Nacht" genannt. Es gibt nämlich männliche Steine und weibliche Steine und Steine, die weder männlich noch weiblich sind. Diese können den Himmel ergänzen und die Erde ergänzen.

Es gibt Himmelssteine und es gibt Erdsteine. So sagen die gewöhnlichen Menschen, aber begreifen es selten. Man soll den Sachverhalt des Kindergebärens kennen. Zur Zeit des Kindergebärens, verwandeln sich da [*einfach*] Eltern und Kind nebeneinander? Nicht nur, daß Kinder zu Eltern werden, soll man als das volle Erscheinen des Kindergebärens inständig lernen, sondern auch die Zeit, wo Eltern zum Kind werden, soll man als den übenden Erweis (shūshō) des vollen Erscheinens des Kindergebärens inständig lernen und gründlich untersuchen.

Der Großmeister Ummon Kyōshin sagt: „Die Ostberge gehen auf dem Wasser".[99]

Die Essenz dieser Lehre, die in diesem Wort vollauf erscheint (genjō), ist, daß alle Berge „Ostberge" sind und alle östlichen Berge „auf dem Wasser gehen". Daher erscheinen die neun Berge, der Berg Sumeru und andere vollauf (genjō) und werden übend erwiesen. Diese nennt man die Ostberge.[100]

---

[98] Jap. *dōcha*. Dōgen will hier auf eine bestimmte Qualität des Sprechens und der Sprache aufmerksam machen, die durch und durch nicht substanzialisierend ist.

[99] Der Spruch ist überliefert im *Unmon goroku* (Aufzeichnung der Sprüche von Meister Unmon). *Taishō* Bd. 47, Buch 1988, 545. Die Sprüche von Meister Unmon sind in deutscher Übersetzung erschienen: *Zen-Worte vom Wolkentor-Berg. Meister Yunmen*, hg. v. Urs App, 97.

[100] In dem Buch Izutsus *Die Philosophie des Zen-Buddhismus* wird der Satz von Meister Ummon übersetzt mit „Der östliche Berg fließt über das Wasser". Dazu schreibt Izutsu folgenden Kommentar: „Ein Berg, der nur hinsichtlich seines Berg-Seins betrachtet wird, ist auf den ersten Blick etwas Festes und Unbewegliches. So gesehen, wird das Nicht-Artikulierte nicht sichtbar; es wird durch die artikulierte Form des Berges völlig verdeckt. Rein äußerlich ist allein der artikulierte Aspekt der Wirklichkeit sichtbar, in der besonderen Form des ‚Berges' kristallisiert. Als solcher unterscheidet er sich wesentlich von allen anderen Dingen. In bezug auf den ontologischen Nullpunkt der Nicht-Artikulation ist der Berg überhaupt nicht wesentlich unterschieden von den anderen Dingen. Er kann sich zum Beispiel in etwas ‚Wäßriges' verwandeln und zu jeder Zeit wie Wasser anfangen zu fließen. Er ist vielmehr (während er ‚Berg' ist) schon ‚Wasser'; er fließt. Der Nullpunkt der Nicht-Artikulation löst alle wesentlichen Festlegungen der Einzeldinge auf

しかあれども、雲門いかでか東山の皮肉骨髄・修證活計に透脱ならむ。いま現在大宋國に杜撰のやから一類あり、いまは群をなせり。小實の撃不能なるところなり。かれらいはく、いまの東山水上行話、および南泉の鎌子話ごときは、無理會話なり。その意旨は、もろもろの念慮にかゝはれる語話は佛祖の禪話にあらず、無理會話これ佛祖の語話なり。かるがゆへに、黄蘗の行棒および臨濟の擧喝、これら理會およびがたく、念慮にかゝはれず。これを朕兆未萌以前の大悟とするなり。先德の方便、おほく葛藤斷句をもちゐるといふは、無理會なり。

Wie aber ist Meister Ummon durch Haut, Fleisch, Knochen, Mark,[101] übenden Erweis und lebendige Aktivität der Ostberge durchdringend losgelöst? Gegenwärtig gibt es im großen Sung-Reich [= *China*] eine Art von groben Leuten, die jetzt eine ganze Schar bilden. Die wenigen Wahrhaften können sie nicht schlagen. Diese [*Leute*] sagen folgendes: Die Rede vom Ostberg, der auf dem Wasser geht, und die Rede von Nansens Sichel[102] seien unsinnige Reden. Der Sinn dieser Reden sei, daß eine Rede, die mit allerlei Nachdenken[103] verbunden ist, keine Zen-Rede im Sinne der buddhistischen Meister sei. Unsinnige Reden, das sei die Rede der buddhistischen Meister. Daher seien Ōbakus Gebrauch des Stocks und Rinzais Donnern[104] nur schwer verständlich und haben nichts zu tun mit Nachdenken; diese halte man für das große Erwachen, das noch vorhergeht dem Entstehen jeglichen Anzeichens. Die Worte, mit denen die früheren Meister oft als Hilfsmittel alles Verschlungene[105] [*des Nachdenkens*] abgeschnitten hätten, seien unverständlich.

und schafft dadurch eine völlig neue Sicht der Welt, in der alle Dinge einander durchdringen. In einer solchen Welt wird von den Menschen, die mit ihren eigenen Augen die gegenseitige Durchdringung der Dinge wahrnehmen, die Freiheit der Artikulation ausgeübt." Isutzu, *Die Philosophie des Zen-Buddhismus*, 95.

101 Bild für das Wesentliche und Innerste.
102 Von Meister Nansen ist folgende Geschichte überliefert: Ein Schüler kommt zu Nansen und fragt: „Wohin führt der Weg Nansens?" Der Meister hält seine Sichel hoch und sagt „Ich habe diese Sichel für 30 Cent gekauft!" Der Mönch erwiderte: „Ich habe dich nicht nach dem Preis der Sichel gefragt. Wohin führt dein Weg?" Der Meister sagt: „Jetzt kann ich sie gebrauchen, sie ist wirklich sehr handlich!" Vgl. Heine, *Dōgen and the Kōan Tradition*, 267.
103 Jap. *nenryo*. *Nen*: rezitieren, auswendig lernen, Gedanke. *Ryo*: im Sinne haben, planen. Das Wort kann als „nachdenklich werden" gedeutet werden. Dōgen versteht es hier durchaus positiv gegen eine Unmittelbarkeitsmanier der Zenapologeten.
104 Meister Ōbaku ist bekannt für die plötzlichen Schläge, die er seinen Schülern versetzte. Meister Rinzai verwendete hingegen plötzlich ausgestoßene Laute, um seine Schüler aufzurütteln.
105 Jap. *kattō*. Dieses Wort ist auch der Titel des 46. Textes in der 95er Fassung des *Shōbōgenzō*.

かくのごとくいふやから、かつていまだ正師をみず、參學眼なし。いふにたらざる小畜子なり。宋土ちかく二三百年よりこのかた、かくのごとくの魔子・六群・禿子おほし。あはれんべし、佛祖の大道の癈するなり。これらが所解、なほ小乘聲聞におよばず、外道よりもおろかなり。俗にあらず僧にあらず、人にあらず天にあらず、學佛道の畜生よりもおろかなり。禿子がいふ無理會話、なんぢのみ無理會なり。佛祖はしかあらず。なんぢに理會せられざればとて、佛祖の理會路を參學せざるべからず。たとひ畢竟じて無理會なるべくは、なんぢがいまいふ理會もあたるべからず。しかのごときのたぐひ、宋朝の諸方におほし。まのあたり見聞せしところなり。あはれん

Diejenigen, die dieses von sich geben, sind noch nicht dem richtigen Meister begegnet und haben keine Augen für das inständige Lernen. Sie sind kleine Dummköpfe, über die es nicht zu reden lohnt. Im Sung-Reich der letzten zwei-, dreihundert Jahre gibt es viele von diesen Teufelskerlen wie die [*berüchtigte*] Sechsergruppe mit kahlen Mönchsköpfen.[106] Wie erbärmlich! Sie verderben den großen Weg der buddhistischen Meister. Ihre Ansichten erreichen nicht einmal die der Hörend-Erwachten (shōmon) des kleinen Fahrzeugs und sie sind dümmer als die außerhalb des Buddhismus Stehenden. Sie sind weder Laien noch Mönche, weder Menschen noch Himmlische, ja dümmer als Tiere, die den Buddhaweg lernen. Was die Kahlköpfe für unsinnige Reden halten, ist nur für sie [*selbst*] unsinnig, nicht jedoch für die buddhistischen Meister. Auch wenn sie es nicht verstehen, so muß man doch den verständlich-sinnvollen Pfad der buddhistischen Meister inständig lernen. Selbst wenn [*diese Reden*] letztlich unsinnig sein sollten, so trifft ihr jetziges

Verständnis nicht zu. In verschiedenen Gegenden des Sung-Reiches gibt es viele von diesen Leuten. Ich habe es mit eigenen Augen und Ohren erfahren.

---

106 In der Überlieferung heißt es, daß das Fehlverhalten von sechs Mönchen zur Formulierung der Mönchsregeln geführt hat.

べし、かれら念慮の語句なることをしらず、語句の念慮を透脱することをしらず。在宋のとき、かれらをわらふに、かけら所陳なし、無語なりしのみなり。かれらがいま無理會の邪計なるのみなり。たれかなんぢにおしふる。天眞の師範なしといへども、自然の外道兒なり。

Wie erbärmlich! Sie wissen nicht, daß Nachdenken in Worten geschieht und Worte das Nachdenken loslösend durchdringen.[107] Als ich im Sung-Reich war, lachte ich sie aus, woraufhin sie nichts entgegnen konnten und nur verstummten. Sie gaben nur die gerade geäußerte irrige Ansicht von der Sinnlosigkeit [*der Reden*] von sich. Wer hat sie belehrt? Obwohl sie keinen natürlichen Lehrer gehabt haben, sind sie dennoch außerhalb des Buddhismus stehende Kinder, die [*die Ansicht*] der Naturhaftigkeit[108] vertreten.

107 Sprache und Sprechen ist für die zenbuddhistische Praxis außerordentlich wichtig, jedoch nicht in dem Sinne, wie wir es gewöhnlich verstehen. Es geht darum, unsere Sprache und unser Sprechen so zu transformieren, daß sie selber zu einer Übung des Erwachens werden. Izutsu schreibt dazu: „Vom Standpunkt des Zen aus gehört der normale Wortaustausch, der gewöhnlich mit den Ausdrücken ‚Sprechen', ‚Rede', ‚Sprache' und ‚Dialog' bezeichnet wird, zu dem Bereich der ‚zweiten Wahrheit', während dasselbe hinsichtlich eines Zen-Kontextes zum Bereich der ‚ersten Wahrheit' gehört. Wenn die Worte in diesem letzteren geäußert und ausgetauscht werden, dann rufen sie eine äußert befremdliche Situation hervor.
1. Die grundlegende Struktur des Sprechens oder *parole*, [...] kann hier nicht mehr beobachtet werden, da es keine Unterscheidung mehr zwischen dem Sprechenden und dem Hörer gibt. Es kann eigentlich nur das Schauspiel des Fließens von Worten beobachtet werden, wobei man nicht weiß, woher diese kommen, wenn sie für einen Augenblick wie ein Blitz in der Luft aufscheinen, um sofort in die ewige Dunkelheit zurückzutreten. Sprechen findet statt, aber es ist ein Sprechen im luftleeren Raum, wo die Existenz des Sprechenden und des Hörers völlig an Bedeutung verloren hat. Da es weder Sprecher noch Hörer gibt, ist der Akt des Sprechens kein Sprechen. Es konstituiert nicht *parole* im eigentlichen Sinne.
2. Ein anderes charakteristisches Merkmal des Sprechens im Zen-Kontext ist, daß die Sprache der grundlegenden Funktion, das heißt der semantischen Artikulation von Wirklichkeit, entbehrt. Natürlich: solange ein Wort wirklich benutzt wird, gibt es eine semantische Artikulation, besonders für einen Menschen, der überhaupt keine Ahnung davon hat, was Zen unter dem ersten Bereich der Wirklichkeit versteht. Vom Gesichtspunkt des Zen aus ist es jedoch so, als wäre die semantische Artikulation durchsichtig, durchlässig, flexibel und bis zu einem solchen Grade widerstandslos geworden, daß sie beinahe nicht mehr existiert. Ein Grund für den mutmaßlichen Unsinn der Zen-Sprüche, von außen betrachtet – so zum Beispiel das oben zitierte Kōan, das behauptet, der Fluß stehe still und die Brücke fließe –, liegt in der Tatsache, daß der Außenstehende die besondere Verwandlung, der sich die semantische Artikulation unterzieht, wenn sie in einem Zen-Kontext geäußert wird, nicht versteht." Izutsu, *Die Philosophie des Zen-Buddhismus*, 68 f.
108 Jap. *jinen*. Mit diesem Wort verbindet Dōgen an dieser Stelle einen Typus von Unmittelbarkeitslehre, auf die er offenbar in China gestoßen ist und die er ablehnt.

しるべし、この東山水上行は、佛祖の骨髓なり。諸水は東山の脚下に現成せり。このゆゑに、諸山くもにのり、天をあゆむ。諸水の頂顊は諸山なり。向上直下の行歩、ともに水上なり。諸山の脚尖、よく諸水を行歩し、諸水を趯出せしむるゆゑに、運歩七縦八横なり、修證即不無なり。水は強弱にあらず、濕乾にあらず、動靜にあらず、冷煖にあらず、有無にあらざるなり、迷悟にあらざるなり。こりては金剛よりもたかし、たれかこれをやぶらん。融じては乳水よりもやはらかなり、たれかこれをやぶらん。

しかあればすなはち、現成所有の功徳をあやしむことあたはず。しばらく十方の水を十方にして著眼看すべき時節を參學すべし。人天の水をみるときのみの參學にあらず、水の水をみる參學あり。水の水を修證するがゆゑに、水の水を道著する參究あり。自己の自己に相逢する通路を現成せしむべし、他己の他己に參徹する活路を進退すべし、跳出すべし。

Man soll wissen, daß dieses „Gehen der Ostberge auf dem Wasser" das Rückenmark der buddhistischen Meister ist. Die verschiedenen Gewässer erscheinen vollauf am Fuße der Ostberge. Daher besteigen die verschiedenen Berge die Wolken und ziehen am Himmel entlang. Die Gipfel der verschiedenen Gewässer sind die verschiedenen Berge. Aufsteigend und absteigend weiterschreiten, beides geschieht auf dem Wasser. Die Fußspitzen der verschiedenen Berge vermögen auf den verschiedenen Gewässern weiterzuschreiten, und weil sie die verschiedenen Gewässer zum Tanzen bringen, ist ihr Voranschreiten in alle Richtungen[109] frei und der übende Erweis fehlt nie.

Wasser ist weder hart noch weich, weder naß noch trocken, weder bewegt noch still, weder kalt noch warm, weder ist es, noch ist es nicht (umu), weder ist es Irren noch Erwachen (meigo). Wenn es sich verfestigt, ist es härter als Diamant. Wer könnte es verletzen? Wenn es schmilzt, ist es weicher als Milch. Wer könnte es verletzen?

Wenn es so ist, kann einen das Vermögen des vollauf erscheinenden [*Wassers*] nicht befremden. Man soll die Zeit (jisetsu) inständig lernen, in der man mit festem Blick das Wasser in zehn Richtungen (juppō) so sehen soll, wie es in zehn Richtungen ist. Es geht nicht nur darum, inständig zu lernen, wie Mensch und Himmel das Wasser sehen, es gibt [*auch*] den Fall, daß das Wasser [*selbst*] inständig lernt, das Wasser zu sehen, denn übend erweist das Wasser das Wasser. Es gibt den Fall, daß das Wasser [*selbst*] inständig ergründend Wasser ausdrückt.[110] Man soll den Zugang vollauf erscheinen (genjō) lassen, durch den das Selbst (jiko) sich selbst (jiko) begegnet. Man soll den belebenden Pfad vor- und zurückgehen und aus dem Pfad herausspringen, auf dem das andere Selbst (tako) das andere Selbst (tako) inständig durchforscht.

---

[109] Wörtlich heißt es: Sieben Horizontalen und acht Vertikalen.
[110] Izutsu schreibt: „Das ‚Wasser-sehende-Wasser' ist für Dōgen ein ‚Wasser', das sich als ursprüngliches Nicht-Artikuliertes erleuchtet und enthüllt. Insofern sich hier ‚Wasser' deutlich als ‚Wasser' ausdrückt in allen Seinsdimensionen, wird die nicht-artikulierte Wirklichkeit artikuliert. Da das ‚Wasser' auf dieser Ebene der geistigen Erfahrung nicht mehr als geortetes Objekt betrachtet wird – sei das Subjekt dabei menschlich, himmlisch oder Ähnliches – und da das ‚Wasser' selbst ‚Wasser' sieht, vernichtet die ontologische Artikulation der Wirklichkeit ihren eigenen Akt der Artikulation. Das Ergebnis ist nur scheinbar widersprüchlich: Die Wirklichkeit wird und wird nicht als ‚Wasser' artikuliert. Vor den Augen eines Erleuchteten artikuliert sich die Wirklichkeit blitzschnell als Wasser, um sofort wieder in den ursprünglichen Zustand der Unartikuliertheit zurückzukehren." Izutsu, *Die Philosophie des Zen-Buddhismus*, 99 f.

おほよそ山水をみること、種類にしたがひて不同あり。いはゆる、水をみるにも瓔珞とみるものあり。しかあれども、瓔珞を水とみるにはあらず。われらがなにとみるかたちを、かれが水とすらん。かれが瓔珞は、われ水とみる。水を妙華とみるあり。しかあれど、花を水ともちゐるにあらず。鬼は水をもて猛火とみる、濃血（ノウケツ）（ママ）とみる。龍魚は宮殿とみる、樓臺とみる。あるいは七寶摩尼珠とみる、あるいは樹林牆壁とみる、あるいは清淨解脱の法性とみる、あるいは眞實人體とみる、あるいは身相心性とみる、人間これを水とみる。殺活の因緣なり。すでに隨類の所見不同なり、しばらくこれを疑著すべし。一境をみるに諸見しなぐ〳〵なりとやせん、諸象を一境なりと誤錯せりとやせん。功夫の頂顟にさらに功夫すべし。

Sieht man im allgemeinen Berge und Wasser, so gibt es Unterschiede entsprechend ihrer jeweiligen Art und Weise. Es gibt denjenigen, der beim Anblick des Wassers eine Perlenkette sieht. Eine Perlenkette kann jedoch nicht als Wasser gesehen werden. Das, was wir als irgendeine bestimmte Gestalt sehen, wird von diesem für Wasser gehalten. Was er für eine Perlenkette hält, sehe ich als Wasser. Es gibt denjenigen, der das Wasser als wundersame Blume sieht. Dennoch ist die Blume nicht als Wasser zu gebrauchen. Der Hungergeist[111] sieht das Wasser als wildes Feuer und als eitriges Blut. Drachen und Fische sehen es als Palast und als Pavillon. Oder [sie] sehen es als Edelstein aus sieben feinen Stoffen oder als Wälder und Mauern oder als *dharma*-Natur der reinlichen Loslösung (gedatsu) oder als wahrhaften Menschenleib, oder [sie] sehen es als Leibgestalt und Herznatur; Menschen sehen es als Wasser. Es gibt verursachende Anlässe (in'nen) zum Töten und Beleben [des Wassers]. Bereits die Ansichten von ähnlichen Arten sind verschieden, dies soll eine

Weile problematisiert werden. Soll man es so betrachten, daß beim Sehen einer Umgebung die Ansichten je und je verschieden sind, oder soll man es so betrachten, daß man die verschiedenen Erscheinungen im Sinne einer einzigen Umgebung mißversteht? Auf dem Gipfel des bemühten Ausprobierens soll man weiter bemüht ausprobieren.[112]

---

[111] Nach dem buddhistischen Weltbild gibt es sechs Bereiche der Wirklichkeit. Einer davon ist der „Bereich der Hungergeister". Vgl. auch den Text *Kūge*.

[112] Izutsu schreibt hierzu: „Die sinnliche Erfahrung des Wassers weist eine überraschende Vielfalt der Formen und Funktionen auf. Dōgen behauptet, dieses sinnliche Wasser mit all seinen ontologischen Möglichkeiten sei nur ein einziger Aspekt dessen, was vorübergehend als die Wasser-Wirklichkeit dargestellt werden kann. Was gewöhnlich als ‚Wasser' anerkannt wird, ist ein kleiner Teil der Wasser-Wirklichkeit, denn es ist nur der sinnliche Aspekt derselben. [...] So gesehen existiert das Wasser überall und in jeglicher Form, da es nichts anderes ist als das Nicht-Artikulierte. Es kann ‚Wasser' genannt werden, weil es in dem besonderen Status der Bereitschaft zur Artikulation (oder Offenbarung) als Wasser-Wirklichkeit beobachtet wird. Es kann daher gesagt werden, daß alle Dinge der Welt eine spezielle Form der Wasser-Wirklichkeit sind. In der Welt gibt es nur Wasser. Das ganze Universum ist fürwahr Wasser, das sich in jedem Augenblick in Myriaden sinnlicher und nichtsinnlicher Dinge verwandelt. [...] Das gewöhnlich verstandene ‚Wasser' ist daher das Ergebnis der willkürlichen Artikulation der ursprünglichen Wirklichkeit als eng begrenztes Wesen. Selbst der Wasser-Aspekt (das heißt die Wasser-Wirklichkeit) der Wirklichkeit übersteigt die sinnliche Erfahrung des Menschen. [...] Als ersten Schritt der Überwindung der Willkür, die in unserer angeborenen Tendenz, Wirklichkeit in starr bestimmten Einheiten zu artikulieren, zu beobachten ist, schlägt Dōgen vor, uns wenigstens in unserer Vorstellung des ‚natürlichen' Rahmens unserer sinnlichen Erfahrung zu entledigen, um uns vorzustellen, wie zum Beispiel ein nichtmenschliches Wesen Wasser sehen würde." Izutsu, *Die Philosophie des Zen-Buddhismus*, 98.

しかあればすなはち、修證辨道も一般兩般なるべからず、究竟の境界も千種萬般なるべきなり。さらにこの宗旨を憶想するに、諸類の水たとひおほしといへども、本水なきがごとし、諸類の水なきがごとし。しかあれども、諸類の諸水、それ心によらず、身によらず、業より生ぜず。依自にあらず、依他にあらず、依水の透脱あり。

しかあれば、水は地水火風空識等にあらず、水は青黄赤白黒等にあらず、色聲香味觸法等にあらざれども、地水火風空等の水おのづから現成せり。

かくのごとくなれば、而今の國土・宮殿、なにものゝ能成所成とあきらめいはんことかたるべし。空輪・風輪にかゝれると道著する、わがまことにあらず、他のまことにあらず、小見の測度を擬議するなり。かゝれるところなくば住すべからずとおもふによりて、この道著するなり。

Da es so ist, gibt es auch beim übenden Erweisen und bei der Erforschung des Weges nicht nur eine oder zwei Seiten, auch die allerletzte Umgebung soll tausend Arten und zehntausend Seiten haben. Wenn man die Essenz dieser Lehre weiter ausdenkt, verneint man, selbst wenn es viele verschiedene Arten von Wasser gibt, daß es weder das ursprüngliche Wasser noch die verschiedenen Arten von Wasser gibt. Obwohl es so ist, sind die ähnlichen Arten von verschiedenem Wasser weder abhängig vom Herz noch vom Leib, entstehen nicht aus karmischem Handeln. [Sie] sind weder von sich selbst noch von anderem abhängig; es gibt durchdringendes Loslösen im Abhängigsein vom Wasser.

Darum ist Wasser nicht Erde, Wasser, Feuer, Wind, Himmel, Bewußtsein oder dergleichen, ist Wasser nicht blau, gelb, rot, weis, schwarz oder ähnliches, ist es nichts Sichtbares, Hörbares, Riechbares, Schmeckbares, Berührbares, kein *dharma* oder derartiges; obwohl es so ist, erscheint Wasser von selbst vollauf als Erde, Wasser, Feuer, Wind, Raum und dergleichen. Wenn es so ist, dann muß es schwer sein, zu klären, was die gegenwärtigen Länder und Paläste gebildet hat und woraus sie sich bilden. Zu sagen, daß [*Länder und Paläste*] am Kreis des Raumes und am Kreis des Windes[113] hängen, ist weder das von mir eigentlich Gemeinte noch das von anderen [*Meistern*] eigentlich Gemeinte. Dieser Gedanke von wenig Erfahrenen ist zu bezweifeln. Weil sie meinen, daß der an nichts hängende Ort nicht zu bewohnen sei, behaupten sie dieses.

---

[113] Nach einer alten indischen Kosmologie besteht die materielle Welt aus fünf Wirkbereichen: Kreis der Erde, des Wassers, des Feuers, des Windes und des Raumes.

> 佛言、一切諸法、畢竟解脱、無有所住。
> しるべし、解脱にして繋縛なしといへども、諸法住位せり。しかあるに、人間の水をみるに、流注してとどまらざるとみる一途あり。その流に多般あり、これ人見の一端なり。いはゆる地を流通し、空を流通し、上方に流通し、下方に流通す。一曲にもながれ、九淵にもながる。のぼりて雲をなし、くだりてふちをなす。
> 文子曰、水之道、上リテハニ天爲二雨露一、下リテハニ地爲二江河一。
> いま俗のいふところ、なほかくのごとし。佛祖の兒孫と稱せんともがら、俗よりもくらからんは、ともはづべし。いはく、水の道は、水の所知覺にあらずとも、水よく現行す。水の不知覺にあらざれども、水よく現行するなり。

Buddha sagt: „Alle *dharma* sind letztlich losgelöst und ohne einen Ort, an dem sie wohnen."[114]

Man soll wissen, obwohl alle *dharma* losgelöst und ohne Bindung sind, wohnen sie in [*ihrem dharma-*]Rang. Obwohl es so ist, sieht der Mensch, wenn er Wasser sieht, es einseitig als fließend und nicht als stehend. Dieses Fließen hat viele Seiten, diese menschliche Ansicht ist [*nur*] ein Ausschnitt. Das will sagen, es durchfließt die Erde, durchfließt den Himmel, durchfließt die Aufwärtsrichtung und durchfließt die Abwärtsrichtung. Es fließt auch durch eine Kurve und es fließt auch durch die neun Untiefen.[115] Steigt es auf, bildet es Wolken, steigt es ab, bildet es Untiefen.

Das Buch *Monshi* sagt folgendes: „Wenn der Weg des Wassers zum Himmel aufsteigt, bildet er Regen und Tau, wenn er zur Erde hinabsteigt, bildet er Ströme und Flüsse."[116]

Was die gewöhnlichen Menschen sagen, ist nur dieses. Diejenigen, die sich als Kinder und Enkel der buddhistischen

Meister verstehen, müssen sich aufs Höchste schämen, wenn sie noch dümmer sind als die gewöhnlichen Menschen. Obwohl der Weg des Wassers nicht vom Wasser gewußt wird, kann das Wasser gut in Erscheinung treten. [*Obwohl der Weg des Wassers*] nicht zum Wissen des Wassers gehört, kann das Wasser gut in Erscheinung treten.

---

[114] Die Stelle konnte bisher nicht eindeutig in den überlieferten Texten identifiziert werden.
[115] Dōgen bezieht sich auf neun berühmte Flußuntiefen in China.
[116] Es handelt sich hier um ein Zitat aus einer chinesischen Schrift mit dem Namen *Wenzi* (jap. *Monshi*), die in ihrer Provenienz immer noch umstritten ist und dem Daoismus zugeordnet wird. Vgl. B. Kandel, *Wen Tzu. Ein Beitrag zur Problematik und zum Verständnis eines taoistischen Textes.*

> 上天為雨露といふ。しるべし、水はいくそばくの上天・上方へものぼりて雨露をなすなり。雨露は世界にしたがふてしな〴〵なり。水のいたらざるところもあるといふは、小乘聲聞教なり、あるいは外道の邪教なり。水は火焰裏にもいたるなり、心念思量分別裏にもいたるなり、覺智佛性裏にもいたるなり。
> 下地爲江河。しるべし、水の下地するとき、江河をなすなり。江河の精、よく賢人となる。いま凡愚庸流のおもはくは、水はかならず江河海川にあるとおもへり。しかにはあらず、水のなかに江海をなせり。しかあれば、江海ならぬところにも水はあり。水の下地するときは、江海の功をなすのみなり。また水の江海をなしつるところなれば、世界あるべからず、佛土あるべからずと學すべからず。一滴のなかにも無量の佛國土現成なり。しかあれば、佛土のなかに水あるにあらず、水裏に佛土あるにあらず。水の所在、すでに三際にかゝはれず、法界にかゝは

Es wurde [im Buch *Monshi*] gesagt: „Aufsteigend zum Himmel bildet [*das Wasser*] Regen und Tau"; dabei ist zu wissen: In den wievielten Himmel es auch aufsteigt, es bildet Regen und Tau. Regen und Tau haben entsprechend den [*jeweiligen*] Welten verschiedene Eigenschaften. Es ist die Lehre der Hörend-Erwachten des kleinen Fahrzeugs, beziehungsweise die irreführende Lehre der außerhalb des Buddhismus Stehenden, zu meinen, es gebe einen Ort, an den das Wasser nicht gelangen könnte. Das Wasser erreicht auch die Mitte des Feuers, erreicht auch die Mitte des Gedankens, des Denkens und der Urteile (shiryō-funbetsu) und erreicht auch die Mitte der erwachten Weisheit der Buddha-Natur (busshō).

„Absteigend zur Erde bildet [*das Wasser*] Ströme und Flüsse." Man soll wissen: Wenn das Wasser absteigt zur Erde, bildet es Ströme und Flüsse. Der Geist von Strömen und Flüssen vermag zum Weisen zu werden. Die Dummen und Gewöhnlichen sagen jetzt, es gebe Wasser immer nur in Strömen, Flüssen, Meeren und

Bächen. Obwohl es so ist, gibt es Wasser auch dort, wo keine Ströme und Meere sind. Wenn das Wasser absteigt zur Erde, nur dann vermag es, Ströme und Meere zu bilden. Man soll nicht die Ansicht vertreten, weil das Wasser [*nur*] Ströme und Meere bildet, gebe es dort keine Welt (sekai) und kein Buddhaland. Selbst in einem Tropfen erscheinen zahllose Buddhaländer vollauf (genjō). Obwohl es so ist, gibt es weder in den Buddhaländern Wasser, noch gibt es Buddhaländer mitten im Wasser. Der Aufenthaltsort des Wassers hat auch keine Beziehung zu den drei Zeiten und auch keine Beziehung zur *dharma*-Welt (hokkai).

ず。しかもかくのごとくなりといへども、水現成の公按なり。佛祖のいたるところには、水かならずいたる。水のいたるところ、佛祖かならず現成するなり。これによりて、佛祖かならず水を拈じて身心とし、思量とせり。しかあればすなはち、水はかみにのぼらずといふは、内外の典籍にあらず。水之道は、上下縦横に通達するなり。
しかあるに、佛經のなかに、火風は上にのぼり、地水は下にくだる。この上下は、參學するところあり。いはゆる、佛道の上下を參學するなり。いはゆる、地水のゆくところを下とするなり、下を地水のゆくところとするにあらず。火風のゆくところは上なり。法界かならずしも上下四維の量にかゝはるべからざれども、四大・五大・六大等の行處によりて、しばらく方隅法界を建立するのみなり。無想天はかみ、阿鼻獄はしもとせるにあらず。阿鼻も盡法界なり、無想も盡法界なり。

Dennoch, obwohl es so ist, ist dies das Offenbarmachen (kōan) des vollen Erscheinens (genjō) des Wassers. Wohin auch immer die buddhistischen Meister gelangen, auch das Wasser gelangt dorthin. Wohin auch immer das Wasser gelangt, dort erscheinen auf jeden Fall die buddhistischen Meister vollauf (genjō). Die buddhistischen Meister nehmen immer das Wasser auf und machen es zu ihrem Leib und Herz (shinjin) und zu ihrem Denken (shiryō). Da es gerade so ist: Die Aussage, das Wasser steige nach oben, ist weder in den buddhistischen noch nichtbuddhistischen Schriften belegt. „Der Lauf des Wassers" reicht überall nach oben und unten, in die Vertikale und Horizontale.

Obwohl es so ist, [*liest man*] folgendes in einem buddhistischen Sutra: „Feuer und Wind steigen nach oben, Erde und Wasser steigen nach unten." Dieses Oben und Unten enthalten etwas, das inständig zu lernen ist. Das sogenannte Oben und Unten des Buddhaweges ist inständig zu lernen. Dort, wo Erde und Wasser hingehen, ist als Unten anzusehen. Unten ist aber nicht als

Ort anzusehen, wo Erde und Wasser hingehen. Dort, wo Feuer und Wind hingehen, ist als Oben anzusehen. Obwohl die *dharma*-Welt sich nicht immer auf die Weite von Oben und Unten und die vier Ecken[117] bezieht, erreicht sie nur – abhängig davon, wohin die vier Elemente (shidai), fünf Elemente[118] oder sechs Elemente[119] und dergleichen gehen – eine Weile eine *dharma*-Welt mit ihren Richtungen. Es ist nicht so zu verstehen, daß der Himmel ohne Begierden[120] oben ist und die Avici-Hölle[121] unten. Auch Avici ist die ganze *dharma*-Welt und auch der Himmel ohne Begierden ist die ganze *dharma*-Welt.

---

[117] Nord-West, Süd-West, Süd-Ost und Nord-Ost.
[118] Jap. *godai*. Erde, Wasser, Feuer, Wind, Raum.
[119] Jap. *rokudai*. Erde, Wasser, Feuer, Luft, Raum, Bewußtsein.
[120] Eine Himmelsgruppe im Bereich der materiellen Welt.
[121] Die schlimmste Hölle in der buddhistischen Kosmologie.

しかあるに、龍魚の水を宮殿とみるとき、人の宮殿をみるがごとくなるべし、さらにながれゆくと知見すべからず。もし傍観ありて、なんぢが宮殿は流水なりと爲説せんときは、われらがいま山流の道著を聞著するがごとく、龍魚たちまちに驚疑すべきなり。さらに宮殿樓閣の欄堦路柱は、かくのごとくの説著あると保任することもあらむ。この料理、しづかにおもひきたり、おもひもてゆくべし。この邊表に透脱を學せざれば、凡夫の身心を解脱せるにあらず、佛祖の國土を究盡せるにあらず、凡夫の國土を究盡せるにあらず、凡夫の宮殿を究盡せるにあらず。いま人間には、海のこゝろをふかく水と知見せりといゑども、龍魚等、いかなるものをもて、水と知見し、水と使用すといまだしらず。おろかにわが水と知見するを、いづれのたぐひも水にもちゐるらんと認ずることなかれ。

Wenn indessen Drachen und Fische das Wasser als Palast ansehen, so sollte es so sein, wie der Mensch den Palast ansieht, und im weiteren wird er nicht so wahrgenommen, als ob er wegfliege. Wenn es einen Außenbetrachter gäbe, der ihnen erklärte, euer Palast ist fließendes Wasser, ähnlich wie wir jetzt die Rede vom Fließen des Berges hören, werden Drachen und Fische sicherlich sofort überrascht sein und zweifeln. Es wird Drachen und Fische geben, die des weiteren der Ansicht sind, daß das Geländer, die Treppen und Pfeiler des Palastes [*wie fließendes Wasser*] sind. Diese Erwägungen solltet ihr bedenken und sollt sie weitergehend bedenken. Wenn ihr in dieser Umgebung das durchdringende Loslösen nicht lernt, habt ihr euch noch nicht von Leib und Herz des gewöhnlichen Menschen losgelöst und das Land der buddhistischen Meister noch nicht erschöpfend ergründet. Ihr habt das Land der gewöhnlichen Menschen nicht erschöpfend ergründet und den Palast der gewöhnlichen Menschen nicht erschöpfend ergründet. Obwohl die Menschen jetzt den Sinn des Meeres und den Sinn des Stromes in ihrer Tiefe als Wasser auffassen, wissen sie noch nicht, was Drachen, Fische und andere als Wasser auffassen und als Wasser gebrauchen. Versteht es nicht so, daß das, was von euch einfältig als Wasser aufgefaßt wird, von allen Lebewesen als Wasser gebraucht wird.

いま學佛のともがら、水をならはんとき、ひとすぢに人間のみにはとどこほるべからず。すゝみて佛道のみづを參學すべし。佛祖のもちゐるところの水は、われらこれをなにとか所見すると參學すべきなり。佛祖の屋裏、また水ありや水なしやと參學すべきなり。

山は超古超今より大聖の所居なり。賢人聖人、ともに山を堂奥とせり、山を身心とせり。賢人聖人によりて、山は現成せるなり。おほよそ、山はいくそばくの大聖大賢いりあつまれるらんとおぼゆれども、山はいりぬるよりこのかた、一人にあふ一人もなきなり。ただ山の活計の現成するのみなり、さらにいりきたりつる蹤跡なほのこらず。世間にて山をのぞむ時節と、山中にてあふ時節と、頂顠眼睛はるかにことなり。不流の憶想および不流の知見も、龍魚の知見と一齊なるべからず。人天の自界にところをうる、他類これを疑著し、あるいは疑著におよばず。

146

Diejenigen, die jetzt den Buddhismus studieren, wenn sie das Wasser erlernen, dürfen nicht nur einseitig beim Menschen stehenbleiben. Voranschreitend sollt ihr das Wasser des Buddhaweges inständig lernen. Ihr sollt inständig lernen, als was wir das Wasser sehen, das die buddhistischen Meister gebrauchen. Ihr sollt inständig lernen, ob es inmitten des Hauses der buddhistischen Meister Wasser gibt oder nicht.

Die Berge sind seit der unübertrefflichen Vergangenheit und [*so auch in*] der unübertrefflichen Gegenwart der Wohnort der großen Heiligen. Die Weisen und Heiligen machten beide den Berg zur innersten [*Buddha-*]Halle und machten den Berg zu ihrem Leib und Herz (shinjin). Durch die Weisen und Heiligen erscheinen die Berge vollauf (genjō). Obwohl man denkt, daß in den Bergen immer etliche große Heilige und große Weise sich versammeln, so wird man, geht man in die Berge hinein, nicht einem Menschen begegnen. Es erscheint einfach nur die lebendige Aktivität der Berge vollauf (genjō) und selbst die Spuren des [*in die Berge*] Hineingehens bleiben nicht zurück. Die Zeit (jisetsu), in der man in der alltäglichen Welt auf die Berge blickt, und die Zeit (jisetsu), in der man inmitten der Berge die Berge trifft, sind in ihrem Scheitelpunkt des Kopfes und im Innersten der Augen weit voneinander verschieden. Die Meinung des Nichtfließens bzw. die Ansicht des Nichtfließens müssen wohl anders sein als die Ansicht von Drachen und Fischen. Menschliche Wesen und himmlische Wesen haben einen Ort in ihrer eigenen Welt, der von anderen Arten bezweifelt wird, oder nicht einmal bezweifelt werden kann.

しかしあれば、山流の句を佛祖に學すべし、驚疑にまかすべからず。拈一はこれ流なり、拈一はこれ不流なり。一回は流なり、一回は不流なり。この參究なきがごときは、如來正法輪にあらず。
古佛いはく、欲得不招無間業、莫謗如來正法輪。
この道を、皮肉骨髓に銘ずべし、身心依正に銘ずべし。空に銘ずべし、色に銘ずべし。若樹若石に銘ぜり、若田若里に銘ぜり。
おほよそ山は國界に屬せりといへども、山を愛する人に屬するなり。山かならず主を愛するとき、聖賢高德やまにいるなり。聖賢やまにすむとき、やまこれに屬するがゆゑに、樹石鬱茂なり、禽獸靈秀なり。これ聖賢の德をかうぶらしむるゆゑなり。

Da es so ist, soll man das Wort vom Fließen der Berge bei den buddhistischen Meistern lernen, und darf es nicht dabei belassen, daß man überrascht ist und zweifelt. Greift man eine Sache auf, so ist dies bald Fließen, greift man eine Sache auf, so ist dies bald Nichtfließen. Einmal ist es Fließen, einmal ist es Nichtfließen. Gibt es dieses inständige Ergründen nicht, so ist es nicht das wahre *dharma*-Rad des Nyorai.

Ein alter Buddha sagt: „Willst du dir nicht das Karma der bodenlosen Hölle[122] zuziehen, so beschimpfe nicht das *dharma*-Rad des Nyorai."[123]

Dieses Wort ist einzumeißeln in Haut, Fleisch, Knochen und Mark und ist einzumeißeln in Leib, Herz, Umgebung und Eigensein. Es ist einzumeißeln in die Leere und einzumeißeln in die Form. Es ist eingemeißelt in Bäume und Steine[124] und eingemeißelt in Felder und Dörfer.[125]

Obwohl die Berge im allgemeinen zu einem Land gehören, gehören sie auch zu den Menschen, die sie lieben. Wenn die

Berge ihren Herrn lieben, befinden sich in den Bergen Heilige und Weise, Menschen von hoher Tugend. Wenn Heilige und Weise in den Bergen wohnen, gehören die Berge zu ihnen und deshalb gibt es Bäume und Steine in üppiger Fülle, und Vögel und wilde Tiere sind klug und schön. Dies ist so, weil Heilige und Weise sie mit tugendhaften Qualitäten bedecken.

---

122 Hier ist wieder die Avici-Hölle gemeint.
123 Dōgen zitiert hier aus dem *Shōdōka* (chin. Zheng dao ge) von Meister Yoka Genkaku (chin. Yongjia Xuanjue, 665-713). *Taishō* Bd. 48, Text Nr. 2014, S. 396. Es handelt sich hier um einen auch heute noch sehr beliebten und viel gelesenen Zen-Text.
124 Dōgen spielt hier an auf eine Geschichte aus dem *Mahāparinirvāṇa-Sūtra* über eines der Leben Buddhas, bevor er Buddha wurde.
125 Hier spielt Dōgen auf eine Stelle im 18. Buch des Lotos-Sutra an. Vgl. *Taishō* Bd. 9, Text Nr. 262, 46.

しるべし、山は賢をこのむ實あり、聖をこのむ實あり。帝者おほく山の幸して賢人を拜し、大聖を拜問するは、古今の勝躅なり。このとき、師禮をてうやまふ、民間の法に準ずることなし。聖化のおよぶところ、またく山賢を強爲することなし。山の人間をはなれたること、しりぬべし。崆峒華封のそのかみ、黄帝これを拜請するに、膝行して叩頭して、廣成にとふしなり。
釋迦牟尼佛かつて父王の宮をいでゝ山へいれり。しかあれども、父王やまをうらみず。父王、やまにありて太子をおしふるともがらをあやしまず。十二年の修道、おほく山にあり。法王の運啓も在山なり。まことに輪王なほ山を強爲せず。

Es ist zu wissen, daß die Berge die Weisen und die Heiligen mögen. Daß viele Kaiser sich in die Berge begaben, um die Weisen zu verehren und die Heiligen verehrend zu befragen, ist die wunderbare Fährte der Vergangenheit und Gegenwart. In diesem Fall verehren [*die Kaiser die Heiligen und Weisen*] mit der Etikette für die Lehrer, ohne sich auf die volkstümlichen Sitten zu stützen. Im heiligen Einflußbereich ist es unmöglich, die Bergweisen zu bezwingen. Daß die Berge sich von der Menschenwelt entfernen, soll man wissen. Vormals in der Gegend des Kūtō-Hafens besuchte der Gelbe Kaiser in Verehrung dort den heiligen Kōsei; auf den Knien kriechend und den Kopf immer wieder auf den Boden neigend befragte er ihn.[126]

Einst verließ Shākyamuni Buddha den Palast des Vaters, des Königs, und ging in die Berge. Jedoch hegte der Vater, der König, keinen Groll gegen die Berge und beklagte sich nicht über die in den Bergen Wohnenden, die den Prinzen belehrten. Die zwölfjährige Übung des Weges findet häufig in den Bergen statt. Seine

Bestimmung als *dharma*-König entfaltete sich in den Bergen. In der Tat bezwang der *dharma*-Rad-König die Berge nicht.

---

126 An dieser Stelle spielt Dōgen auf eine Geschichte in dem daoistischen Klassiker *Zhuangzi* an; vgl. *Zhuangzi. Das klassische Buch daoistischer Weisheit*, 165 f.

しるべし、山は人間のさかひにあらず、上天のさかひにあらず。人慮の測度をもて山を知見すべからず。もし人間の流に比準せずば、たれか山流、山不流等を疑著せむ。

あるいはむかしよりの賢人聖人、まゝに水にすむもあり。水にすむとき、魚をつるあり、人をつるあり、道をつるあり。これともに古來水中の風流なり。さらにすゝみて自己をつらるあるべし、釣をつるあるべし。釣につらるゝあるべし、道につらるゝあるべし。

むかし德誠和尚、たちまちに藥山をはなれて江心にすみし、すなはち華亭江の賢聖をえたるなり。魚をつらざらむや、人をつらざらむや、水をつらざらむや、みづからをつらざらむや。人の德誠をみることをうるは、德誠なり。德誠の人を接するは、人にあふなり。

Man soll wissen, die Berge befinden sich nicht im Bereich der Menschenwelt und befinden sich nicht im Bereich des oberen Himmels, und man soll die Berge nicht ansehen mit den Mutmaßungen des menschlichen Denkens. Wenn man [*die Berge*] nicht vergleicht mit dem Fließen in der Menschenwelt, wie wird man dann das Fließen der Berge und das Nichtfließen der Berge bezweifeln?

Im übrigen gibt es seit altersher unter den Weisen und Heiligen einige, die bisweilen im Wasser wohnen. Es gibt einige, die im Wasser wohnend Fische angeln, Menschen angeln und Wege angeln. Dies sind alle seit altersher die Fließarten inmitten des Wassers. Weiter voranschreitend soll es die geben, die sich selbst (jiko) angeln, soll es die geben, die die Angel angeln, soll es die geben, die von der Angel geangelt werden, soll es die geben, die vom Weg geangelt werden.

Als der ehrwürdige Mönch Tokujo einst unversehens den Berg Yakusan verließ und sich in Kōshin niederließ, fand er einen

Weisen und Heiligen am Fluß Kotei. War das Fische angeln? War das Menschen angeln? War das Wasser angeln? War das sich selbst angeln? Ein Mensch, der Tokujo zu sehen vermag, ist Tokujo [*selbst*]. Tokujo belehrt einen Menschen, heißt, daß er diesen Menschen trifft.

世界に水ありといふのみにあらず、水界に世界あり。水中のかくのごとくあるのみにあらず、雲中にも有情世界あり、風中にも有情世界あり、火中にも有情世界あり、地中にも有情世界あり、法界中にも有情世界あり、一茎草（いっきょうそう）中にも有情世界あり、一柱（しゅ）杖（じょう）中にも有情世界あり。有情世界あるがごときは、そのところ、かならず佛祖世界あり。かくのごとくの道理よくよく參學すべし。
しかあれば、水はこれ眞龍の宮なり、流落（らく）にあらず。流のみなりと認ずるは、流のことば、水を誘するなり。たとへば非流と強爲するがゆゑに。水は水の如是實相のみなり、水是水功徳なり、流にあらず。一水の流を參究し、不流を參究するに、萬法の究盡たちまちに現成するなり。山も寶にかくるゝ山あり、澤にかくるゝ山あり、空にかくるゝ山あり、山にかくるゝ山あり。藏に藏山する參學あり。

Nicht nur gilt, daß es in der Welt (sekai) Wasser gibt, auch im Bereich des Wassers gibt es Welt. Nicht nur im Wasser verhält es sich so, auch in den Wolken gibt es eine Welt von belebten Wesen (ujō), auch im Wind gibt es eine Welt von belebten Wesen, auch im Feuer gibt es eine Welt von belebten Wesen und auch in der Erde gibt es eine Welt von belebten Wesen. Auch im *dharma* gibt es eine Welt von belebten Wesen, auch in einem Grashalm gibt es eine Welt von belebten Wesen, auch im Stock [*des Meisters*] gibt es eine Welt von belebten Wesen. Worin es belebte Welten gibt, dort gibt es bestimmt die Welt der buddhistischen Meister. Derartige Sachverhalte soll man sorgfältig und inständig lernen.

Da es so ist, ist das Wasser der Palast des wahren Drachens, der nicht herabfließt. Wer das Wasser nur als Fließen kennt, mißachtet das Wort „Fließen" und das Wasser. Weil dies konkret gesagt heißt, gewaltsam zu meinen, [*das Wasser*] sei Nichtfließen. Wasser ist nichts anderes als die wahrhafte Gestalt des Soseins des Wassers;

Wasser ist das Vermögen des Wassers und es ist nicht das Fließen. Ergründet man inständig das Fließen des Wassers, erscheint auf der Stelle das vollständige Ausschöpfen der zehntausend *dharma* vollauf (genjō). Auch bei den Bergen gibt es Berge, die in Schätzen verborgen sind, es gibt Berge, die in Sümpfen verborgen sind, es gibt Berge, die in der Himmelsleere verborgen sind, es gibt Berge, die in den Bergen verborgen sind. Es gibt inständiges Lernen dessen, daß im Verbergen die Berge sich verbergen.

古佛云、山是山、水是水。
この道取は、やまこれやまといふにあらず、山こ
れやまといふなり。しかあれば、やまを參究すべし。
山を參窮すれば、山に功夫なり。かくのごとくの山
水、おのづから賢をなし聖をなすなり。

正法眼藏山水經第二十九

爾時仁治元年庚子十月十八日子時、在觀音導利
興聖寶林寺示衆。

寬元二秊甲辰六月三日申時、在越州吉田縣吉峯
寺侍司寮書寫之。慧上

Ein alter Buddha sagte: „Berg ist Berg, Wasser ist Wasser."[127]

Dieses Wort bedeutet nicht, *Berg* ist *Berg*, es bedeutet Berg *ist* Berg.[128] Da es so ist, soll man die Berge inständig ergründen, und wenn man die Berge inständig ausschöpft, ist dies das bemühte Ausprobieren in den Bergen. Berge und Wasser von dieser Art bilden von selbst die Weisen und die Heiligen.

Shōbōgenzō Sansuikyō 29. [Kapitel]

Im ersten Jahre Ninji [1240] am 18. Tag des 10. Monats [nach dem Mondkalender] im Tempel Kannon-dōri-kōshō-hōrin den Mönchen vorgetragen.

Im zweiten Jahr Kangen [1244] am 3. Tag des 6. Monats [nach dem Mondkalender] im Tempel Kippō in Etsushū aufgeschrieben. Ejō

Sansuikyō

---

[127] Ein Zitat von Meister Ummon. Der Abschnitt, dem die Wendung entnommen ist, lautet in der deutschen Übersetzung von Urs App wie folgt: „Der Meister betrat die Lehrhalle und sagte: ‚Mönche, macht euch keine Illusionen: Himmel ist Himmel, Erde ist Erde, Berg ist Berg, Fluß ist Fluß, Mönch ist Mönch und Laie ist Laie.' Nach einer Pause sagte er: ‚Heb mir mal einer den Hügel da vorn hoch!' Da fragte ein Mönch: ‚Wie, wenn ich sehe, daß der Berg ein Berg ist und der Fluß ein Fluß?' Der Meister erwiedert: ‚Warum geht das dreiflügelige Klostertor hier durch [diese Halle]?' Der Möch fragt weiter: ‚In diesem Falle mache ich mir keine Illusionen.' Der Meister sagte: ‚Komm, gib mir deine Worte zurück!'" *Zen-Worte vom Wokentor-Berg. Meister Yunmen*, 117. *Taishō* Bd. 47, Text Nr. 1988, 547.

[128] Kursivierung von den Übersetzern eingefügt. Vgl. eine mögliche Interpretation: Heinemann, *Shushō-ittō und Genjō-kōan: Welterkenntnis und -verwirklichung bei Dōgen*.

祖師西來意

香嚴寺襲燈大師嗣二大潙一、諱智閑、示衆云、如二
人千尺懸崖上ガ樹、口嚙二樹枝一、脚不レ踏レ樹、手不
レ攀レ枝、樹下忽有レ人問、如何ナルカ是祖師西來意。
當二恁麼時一、若開レ口答レ他、即喪身失命。若不レ答
レ他、又違二他所問一。當二恁麼時一、且道、作麼生即得。
時有二虎頭照上座一、出衆云、上樹時即不レ問、未上
樹時、請和尚道、如何。師乃呵呵大笑。

Soshiseirai'i
Warum Bodhidharma aus dem Westen kam

Großmeister Shutō aus dem Kyōgen-Tempel – Nachfolger von Meister Daii, mit dem postumen Namen Chikan – wandte sich an die Mönche: „Wie [*steht es um*] den, der an einer tausend Fuß hohen überhängenden Klippe auf einen Baum klettert, mit dem Mund an einem Ast hängt, ohne die Füße auf den Baum zu setzen und ohne daß die Hände sich an einen Ast klammern? Unten am Baum ist plötzlich ein Mensch und fragt: ‚Wie und warum kam Bodhidharma aus dem Westen?' Wenn [*der Betreffende*] gerade in diesem Moment den Mund aufmacht und dem anderen antwortet, verliert er Leib und Leben. Antwortet er ihm nicht, so verweigert er sich der Frage des anderen. Sag also, was vermagst [*du*] gerade in diesem Moment zu tun? Da tritt [*der Mönch*] Shō [*vom Berg*] Kotō aus der Menge hervor und sagt: ‚Nicht frage ich dich, wenn [*du*] oben auf dem Baum bist, [*vielmehr*] wenn [*du*] noch nicht auf dem Baum bist, bitte ich dich, ehrwürdiger Meister, zu sagen, was [*der eigentliche Sinn*] ist.' Da bricht der Meister in schallendes Lachen aus."[129]

---

[129] Diese Zen-Geschichte wird überliefert im dritten Buch des *Wanshi zenji koroku*. *Taishō* Bd. 48, Text Nr. 2001, 28.

而今（しきん）の因縁、おほく商量拈古あれど、道得箇まれなり。おそらくはすべて茫然なるがごとし。しかありといへども、不思量を拈來し、非思量を拈來して思量せんに、おのづから香嚴老と一蒲團の功夫あらん。すでに香嚴老と一蒲團上に兀坐せば、さらに香嚴未開口已前に、この因縁を參詳すべし。香嚴老の眼睛をぬすみて覰見するのみにあらず、釋迦牟尼佛の正法眼藏を拈出して覰破すべし。

Zu diesem Ereignis gibt es zwar viele Diskussionen und Auslegungen, aber es gibt nur selten jemanden, der [*den eigentlichen Sinn*] mit Worten zu treffen vermag. Wahrscheinlich sind alle fassungslos. Dennoch, wenn [*wir*] das Nichtdenken (*fushiryō*) aufgreifen und Undenken (*hishiryō*) aufgreifen [*und so*] denken,[130] dann findet man sich von selbst in der Anstrengung auf demselben Kissen [*wie*] der alte Kyōgen.[131] Wenn man bereits auf demselben Kissen gefestigt sitzt [*wie*] der alte Kyōgen, so sollte man dieses Ereignis, noch bevor Kyōgen seinen Mund aufmacht, inständig im einzelnen klären. Man sollte nicht nur das Auge des alten Kyōgen entwenden, sondern auch die Schatzkammer des rechten *dharma*-Auges von Shākyamuni-Buddha nehmen und hindurchblicken.

---

[130] Die Wendungen *fushiryō* und *hishiryō* finden sich in einem Gespräch zwischen Meister Yakusan und einem Schüler: Als Meister Yakusan Kodō auf seinem Sitz weilte, kam ein Mönch und fragte: „Was denken Sie, wenn Sie in völliger Stille sitzen?" Der Meister sagte: „Ich denke Nicht-Denken." Der Mönch sagte: „Nicht-Denken? Wie kann man das denken?" Der

Meister sagt: „Undenken / Denken verneinen [im Denken] / Ohne Denken." Die Episode ist im 11. Buch des *Keitoku dentōroku* überliefert. *Taishō*, Bd. 51, Text Nr. 2076, 311. Drei Mal wird von „Denken" gesprochen. Einmal ohne Verneinung und zweimal im Zusammenhang mit einer Verneinung. Im japanischen Text bei Dōgen scheint die ganze Wendung – *fushiryō* und *hishiryō* – nominalisiert zu sein. Insgesamt geht es darum, ein Denken zu bezeichnen, das nicht an sich selber festhält im Sinne der Substanzialisierung. Denn es geht ja um das Denken des Nicht-Denkens ohne Denken. Die zitierte Episode wird von Dōgen in dem *Shōbōgenzō*-Text *Zazenshin* direkt zitiert und besprochen. Zu diesem Motiv vgl. auch: Kasulis, *Zen Action – Zen Person*; Göbel, *Das Samadhi bei Zen-Meister Dōgen*, 177-212 (enthält eine dt. Übersetzung von *Zazenshin*).

131 Izutsu schreibt dazu: „Im Kommentar zu diesem *mondō* sagt Dōgen, daß es im Falle von Meister Yakusan überhaupt keinen Widerspruch gibt zwischen dem ‚Denken' und dem, ‚was völlig un-denkbar' ist, wie der Mönch annahm, denn, so behauptet er, ‚Denken' bedeutet hier nicht das gewöhnliche Denken, auf der Stufe der Ideen und Begriffe, sondern ein Tiefen-Denken, ein ‚Tief-Denken, das bis zum Mark der Wirklichkeit vordringt'. Das Tiefen-Denken, durch das man das Undenkbare denken kann, geht keineswegs konform mit dem gewöhnlichen Verhalten des Denkens, in dem das denkende Subjekt über ein gedachtes Objekt nachdenkt und beide, sowohl das Subjekt als auch das Objekt, auf der gleichen Bewußtseinsebene verbleiben. In diesem Sinne ist das Tiefen-Denken kein Denken; es ist ein ‚Un-Denken'. Wir könnten genauso sagen, es sei ein Denken, das kein Denken ist, weil es nicht der Akt des Denkens-über-etwas als ein Objekt ist. Normalerweise kann unser Denken nur dann tätig sein, wenn es ein Objekt des Denkens gibt. In diesem Sinne können wir behaupten, daß der Geist nicht in der Leere funktionieren kann. Denken ist immer Denken-über oder Denken-des; es braucht einen Anhaltspunkt. Auch in dem eben zitierten *mondō* stellt der erste Satz Yakusans das DENKEN *wörtlich* als Denken-des dar, als würde er das gewöhnliche Denken meinen, das auf ein bestimmtes Objekt gerichtet ist. Da dieses ‚Objekt' jedoch solcher Art ist, daß es völlig-undenkbar ist, wird das Denken in diesem Fall ohne bestimmtes Objekt in der Leere zurückbleiben. Das DENKEN, wie es Yakusan versteht, ist ein objektloses Denken.

Ein Denken, das kein Objekt hat, ist gleichzeitig auch ein subjektloses Denken, das heißt, es hat kein denkendes Subjekt. Ein vollkommen ‚objekt'-loses Denken ist, laut Zen, nicht möglich, solange in dem denkenden Subjekt das ‚Subjekt'-Bewußtsein, das heißt das Ich-Bewußtsein verbleibt. DENKEN ist objekt- und subjektlos, was gerade das ist, was Yakusan mit dem Ausdruck ‚Un-Denken' meinte, das heißt ein Denken-das-kein-Denken-ist." Izutsu, *Die Philosophie des Zen-Buddhismus*, 110.

如人千尺懸崖上樹。この道しづかに參究すべし。なにをか人といふ。人にあらずば、木橛といふべからず。佛面祖面の破顏なりとも、自己他己の相見あやまらざるべし。いま人上樹のところは、盡大地にあらず、百尺竿頭にあらず、これ千尺懸崖なり。たとひ脫落（とつらく）去すとも、千尺懸崖裏なり。落時あり、上時あり。如人千尺懸崖裏上樹といふ。しるべし、上時ありといふこと。しかあれば、向上也千尺なり、向下也千尺なり。左頭也千尺なり、右頭也千尺なり。這裏也千尺なり、那裏（なり）也千尺なり。如人也千尺なり、上樹也千尺なり。向來（きやうらい）の千尺は恁麼なるべし。且問すらくは、千尺量多少。いはく、如古鏡量なり、如火爐量なり、如無縫塔量なり。

„Wie [*steht es um*] den Menschen, der an einer tausend Fuß hohen überhängenden Klippe auf einen Baum klettert." Man soll dieses Wort ruhig und inständig ergründen. Was ist mit dem „Menschen" gemeint? [*Wenn der Mensch*] kein Pfeiler ist, nimm ihn auch nicht als Pfahl. Auch wenn Buddhas Gesicht und das der alten Meister [*dich*] anlacht, täusche dich nicht in der Begegnung von eigenem (jiko) und anderem Selbst (tako). Der Ort (tokoro), an dem der Mensch sich jetzt befindet, dieser Ort ist weder die ganze große Erde noch die Spitze einer Stange in hundert Fuß Höhe. [*Dieser Ort*] ist die tausend Fuß hohe überhängende Klippe. Auch wenn er herabstürzt, bleibt er doch im Bereich der tausend Fuß hohen überhängenden Klippe. Es gibt die Zeit des Herabfallens und es gibt die Zeit des Aufstiegs. Es gleicht dem, wenn der Mensch im Bereich der tausend Meter hohen überhängenden Klippe auf einen Baum klettert: Man soll wissen, daß es die „Zeit des Aufstiegs" gibt. Daher ist der Aufstieg tausend Fuß [*lang*], der Abstieg tausend Fuß [*lang*]. Links von mir tausend Fuß weit, rechts von mir tausend Fuß weit. Hier tausend Fuß nach innen, dort tausend Fuß nach innen. Der gemeinte Mensch ist tausend Fuß [*groß*], der Aufstieg auf den Baum ist tausend Fuß [*lang*]. So soll es sich mit den tausend Fuß verhalten. Die Frage stellt sich: Wieviel sind tausend Fuß? Sie bedeuten soviel wie die Größe eines alten Spiegels, die Größe eines Feuerbeckens, die Größe eines Grabsteins.

口嚙樹枝。いかにあらんかこれ口。たとひ口の全口闊全口をしらずといふとも、しばらく樹枝より尋枝摘葉しもてゆきて、口の所在しるべし。しばらく樹枝を把拈して、口をつくれるあり。このゆへに全口是枝なり、全枝是口なり。通身口なり、通口是身なり。樹自踏樹、ゆへに脚不踏樹といふ、脚自踏脚のごとし。枝自攀枝、ゆへに手不攀枝といふ、手自攀手のごとし。しかあれども、脚跟なほ進歩退歩あり、手頭なほ作拳開拳あり。自他の人家しばらくおもふ、掛虚空なりと。しかあれども、掛虚空それ嚙樹枝にしかむや。

樹下忽有人問、如何是祖師西來意。この樹下忽有人は、樹裏有人といふがごとし、人樹ならんがごとし。人下忽有人問、すなはちこれなり。しかあれば、樹問樹なり、人問人なり。擧樹擧問なり、擧西來意、問西來意なり。問著人また口嚙樹枝して問來するなり。口嚙枝にあらざれば、問著することあたはず。滿口の音聲なし、滿言の口あらず。西來意を問著するときは、嚙西來意にて問著するなり。

„Mit dem Mund an einem Ast hängen". Wie verhält es sich mit diesem Mund? Auch wenn man nicht die ganze Weite des Mundes und den ganzen Mund kennt, soll man, indem man eine Weile entlang des Astes den Ast sucht und Blätter pflückt, wissen, wo der Mund ist. Es kommt vor, daß [man] eine Weile den Ast greift und faßt und damit den Mund formt. Daher gilt: Der ganze Mund ist dieser Ast und der ganze Ast ist dieser Mund. Der vollstände Leib ist dieser Mund und der vollständige Mund ist dieser Leib. Weil der Baum selber auf den Baum tritt, heißt es, daß die Füße nicht auf den Baum treten, [denn es ist] so, daß die Füße selber auf die Füße treten. Weil der Ast [sich] selber an den Ast klammert, heißt es, daß die Hände sich an keinen Ast klammern, [denn es ist] so, daß die Hände [sich] selber an die Hände klammern. Obwohl dies so ist, gibt es für die Beine noch ein Vorwärtsgehen und Rückwärtsgehen und für die Hände noch ein Ballen der Faust und ein Öffnen der Faust. Dieser oder jener mag für eine Weile meinen, [der Mensch] hänge in der Leere. Ist jedoch das Hängen in der Leere des Himmels etwas anderes als mit dem Mund am Ast hängen?

Unten am Baum ist plötzlich ein Mensch und fragt: ‚Wie und warum kam Bodhidharma aus dem Westen?' „Unten am Baum ist plötzlich ein Mensch", heißt so viel, wie zu sagen, im Baum ist ein Mensch, [*dieser*] Mensch ist ein Baum. Dies meint, unterhalb des Menschen ist plötzlich ein Mensch, der fragt. Da es so ist, fragt der Baum den Baum, fragt der Mensch den Mensch. Den Baum aufzeigend eine Frage aufzeigen, den Sinn von *aus dem Westen gekommen* aufzeigen und den Sinn von *aus dem Westen kommen* erfragen. Auch der Fragende fragt mit dem Mund am Baumast hängend. Ohne mit dem Mund am Ast zu hängen, kann er nicht fragen. Voller Mund hat keine Stimme, volles Aussprechen hat keinen Mund. Wenn man nach dem Sinn des Kommens aus dem Westen fragt, so stellt man [*mit dem Mund am*] Sinn des Kommens aus dem Westen hängend diese Frage.

若開口答他、卽喪身失命。いま若開口答他の道、したしくすべし。不開口答他もあるべしときこゆ。もししかあらんときは、不喪身失命なるべし。たとひ開口不開口ありとも、口喻樹枝をさまたぐべからず。開閉かならずしも全口にあらず、口に開閉もあるなり。しかあれば、喻枝は全口の家常なり、開閉口をさまたぐべからず。開口答他といふは、開樹枝答他するをいふか、開西來意答他するをいふか。もし開西來意答他にあらずは、答西來意にあらず、これ全身保命なり、喪身失命といふべからず。さきより喪身失命せば、答他あるべ

„Wenn [*der Betreffende*] den Mund aufmacht und dem anderen antwortet, verliert er Leib und Leben." Jetzt gilt es, mit dem Wort „Wenn [*der Betreffende*] den Mund aufmacht und dem anderen antwortet" vertraut zu werden. Es scheint auch die Möglichkeit zu geben, dem anderen zu antworten, ohne den Mund zu öffnen. Falls es so ist, würde er nicht Leib und Leben verlieren. Selbst wenn es aber *Mund öffnen* und *Mund nicht öffnen* gibt, wird das „mit dem Mund am Baumast hängen" nicht gestört. Öffnen und Schließen sind nicht unbedingt der ganze Mund, der Mund ist nur auch Öffnen und Schließen. Daher ist das mit dem Mund am Ast Hängen der gewöhnliche Zustand des ganzen Mundes. Öffnen und Schließen können den Mund nicht stören. Bedeutet „den Mund aufmachen und dem anderen antworten" den *Ast öffnen und dem anderen antworten* oder den *Sinn des Kommens aus dem Westen öffnen und dem anderen antworten*? Wenn es kein Öffnen des Sinnes vom Kommen aus dem Westen gibt, so gibt es auch keine Antwort auf den Sinn des Kommens aus dem Westen.

Soshiseirai'i

Es gibt schon jetzt keine Antwort auf den anderen, dies heißt, das Leben am ganzen Leib zu bewahren. Man kann hier nicht von *Leib und Leben verlieren* sprechen. Hat man schon von vornherein Leib und Leben verloren, kann man dem anderen nicht antworten.

らず。しかあれども、香嚴のこゝろ、答他を辭せず。たゞおそらくは喪身失命のみなり。（ママ）しるべし、未答他時、護身保命なり。忽答他時、翻身活命なり。はかりしりぬ、人人滿口是道なり。答他すべし、答自すべし。問他すべし、問自すべし。これ口嚼道なり。口嚼道を口嚼樹枝といふなり。若答他時、口上更開壹隻口なり。若不答他、違他所問なりといへども不違自所問なり。
しかあればしるべし、答西來意の時節にあひあたりて答來するなり。問西來意する一切の佛祖は、みな上樹口嚼樹枝の時節にあひあたりて答來せるなり。
雪竇明覺禪師重顯和尚云、樹上道即易、樹下道即難(シ)、老僧上樹也、致(オキ)將(モチ)一問(ヲ)來。

Dennoch verzichtet Kyōgens Herz nicht darauf, dem anderen zu antworten, nur verliert er vielleicht Leib und Leben. Man sollte wissen: Solange man dem anderen noch nicht antwortet, bewahrt man Leib und Leben. Wenn man aber dem anderen plötzlich antwortet, dann springt der Leib ins lebendige Leben. Ich habe eingesehen, jeder Mensch [besitzt] einen gefüllten Mund, das heißt [jeder] spricht. Dem anderen soll man antworten und sich selbst soll man antworten. Den anderen soll man fragen und sich selbst soll man fragen. Dies heißt, mit dem Mund am Sprechen hängen. Mit dem Mund am Sprechen hängen bedeutet, mit dem Mund am Ast hängen. Wenn man dem anderen antwortet, so öffnet sich ein weiterer Mund über dem Mund. Obwohl er dem anderen nicht antwortet und sich damit der Frage des anderen verweigert, verweigert er sich nicht der eigenen Frage.

Da es so ist, soll man wissen: Alle buddhistischen Meister, die auf [die Frage nach dem] Sinn des Kommens aus dem Westen antworten, antworten, indem sie die Zeit (jisetsu) treffen, in der man oben im Baum „mit dem Mund am Ast hängt". Alle buddhistischen Meister die nach dem Kommen aus dem Westen fragen, fragen, indem sie die Zeit (jisetsu) treffen, in der sie „einen Baum besteigen und einen Ast im Mund halten".

Der ehrwürdige Mönch Jūken aus Setcho, [*postum*] Zen-Meister Myokaku genannt, sagt: „Oben auf dem Baum zu sprechen ist leicht, unten am Baum zu sprechen ist schwer. [*Ich*], der alte Mönch, bin auf dem Baum. Stelle eine Frage und komm damit her!"[132]

---

[132] Das Zitat findet sich im 5. Buch des *Shūmontōyōshu*. Das genannte Werk, das weder im *Taishō* noch im *Dainihon zokuzōkyō* enthalten ist, findet sich in folgender Ausgabe: Yanagida Seizan (柳田聖山) et al. (Hg.), *Zengakuten sekisōkan* (禪学典籍叢刊), Tokyo 1999/2001, 11. Bd., Bd. 1, Heft 3, 102.

いま致將一問來は、たとひ盡力來すとも、この問きたることおそくして、うらむらくは答よりものに問來せることを。あまねく古今の老古錐にとふ、香嚴呵呵大笑する、これ樹上道なりや、樹下道なりや。答西來意なりや、不答西來意なりや。試道看。

正法眼藏西來意第六十二

爾時寛元二年甲辰二月四日、在越宇深山裏示衆。

弘安二年己卯六月廿二日、在吉祥山永平寺書寫之。

Wenn ihr jetzt eine Frage stellt und kommt, und selbst wenn ihr dies mit ganzer Kraft tut, kommt euer Kommen mit der Frage doch zu spät, und ich fürchte, daß euer Gekommensein mit der Frage noch später als die Antwort kommt. Ich frage die alten Spitzbohrer von gestern und heute: „Kyōgen bricht in schallendes Lachen aus": Gehört das zum Sprechen auf dem Baum oder zum Sprechen unter dem Baum? Antwortet er damit auf den Sinn vom Kommen aus dem Westen, oder antwortet er damit nicht auf den Sinn vom Kommen aus dem Westen? Versuche zu sprechen – schau mal!

Shōbōgenzō Soshiseirai'i 62. [Kapitel]

Im 2. Jahr Kangen [1244] am 4. Tag des 2. Monats [des Mondkalenders] im tiefen Berge Etsu den Mönchen vorgetragen.

Im 2. Jahr Kōan [1279] am 2. Tag des 6. Monats [des Mondkalenders] im Berg Kishō im Eihei Tempel aufgeschrieben.

生死

生死の中に佛あれば生死なし。又云く、生死の中に佛なければ生死にまどはず。こころは、夾山・定山といはれし、ふたりの禪師のことばなり。得道の人のことばなれば、さだめてむなしくまうけじ。

生死をはなれんとおもはん人、まさにこのむねをあきらむべし。もし人、生死のほかにほとけをもとむれば、ながえをきたにして越にむかひ、おもてをみなみにして北斗をみんとするがごとし。いよいよ生死の因をあつめて、さらに解脱のみちをうしなへり。ただ生死すなはち涅槃とこころえて、生死としていとふべきもなく、涅槃としてねがふべきもなし。このときはじめて生死をはなるる分あり。

Shōji
Leben und Tod

„Wo inmitten von Leben und Tod (shōji)[133] Buddha ist, ist kein Leben und Tod (shōji)." Zudem heißt es: „Wo inmitten von Leben und Tod (shōji) Buddha nicht ist, gibt es im Leben und Tod (shōji) kein Zweifeln."[134]

Dies sind die Worte der beiden Zen-Meister Kassan und Jōsan. Da es Worte von solchen sind, die sich den Weg angeeignet haben, sollt [ihr] sie nicht ungenutzt lassen.

Wer danach strebt, sich von Leben und Tod (shōji) loszulösen, der muß gerade den Sinn dieses Wortes klären. Wer Buddha außerhalb von Leben und Tod (shōji) sucht, der kommt einem vor wie jemand, der ins [*südliche*] Etsu[135] kommen will, indem er seine Deichsel nach Norden dreht, oder wie jemand, der den Nordstern sehen will, indem er sein Gesicht nach Süden wendet. So verstrickt er sich immer weiter in die Abhängigkeiten in

Shōji

Leben und Tod (shōji), und er verliert zunehmend den Weg der Loslösung (gedatsu) [*aus den Abhängigkeiten*]. Es gilt gerade dessen innezuwerden: Leben und Tod (shōji) ist zugleich Nirvana; nichts gibt es, was sich als Leben und Tod (shōji) verabscheuen ließe, es gibt auch nichts, was sich als Nirvana wünschen ließe. Dann wird erstmalig das Loslösen von Leben und Tod (shōji) klar.

---

133 Das Wort *shōji* ist eigentlich ein Wort. Da es keine entsprechende Wendung in der deuschen Sprache gibt, werden die beiden Worte „Leben" und „Tod" durch ein „und" verbunden. Eine wörtlichere, aber ungewöhnliche Übersetzung könnte „LebenTod" lauten, wodurch die Einheit, aber auch die Verschiedenheit der Momente zum Ausdruck gebracht wird. In diesem Text wird ausnahmsweise das japanische Wort *shōji* immer mit angegeben, da es den Rhythmus des Textes bestimmt.
134 Die beiden Wendungen sind zitiert aus dem 7. Buch des *Keitoku dentōroku*. *Taishō* Bd. 51, Text 2076, 254. Der chinesische Text lautet dort: 1. Kassan: 生死中有佛即不迷生死, 2. Jōsan: 生死中無佛即非生死.
135 Ein Gebiet südlich des Flusses Yangzi jiang in China.

生より死にうつるとこゝうるは、これあやまり也。生はひとときのくらゐにて、すでにさきあり、のちあり。故、佛法の中には、生すなはち不生といふ。滅もひとときのくらゐにて、又さきあり、のちあり。これによりて、滅すなはち不滅といふ。生といふときには、生よりほかにものなく、滅のほかにものなし。かるがゆゑに、生きたらばたゞこれ生、滅來らばこれ滅にむかひてつかふべし。いとふことなかれ、ねがふことなかれ。

この生死は、即ち佛の御いのち也。これをいとひすてんとすれば、すなはち佛の御いのちをうしなはんとする也。これにとどまりて生死に著すれば、これも佛のいのちをうしなふ也、佛のありさまをとゞむるなり。いとふことなく、したふことなき、このときはじめて佛のこゝろにいる。たゞし、心を以てはかることなかれ、ことばをもっていふことなかれ。

Es ist falsch, zu meinen, man gehe vom *shō* (*Leben, Geburt, Entstehen*) zum *shi* (*Tod, Sterben*) über.[136] Entstehen (shō) ist ein Status zu einer Zeit und hat so bereits [*sein*] Vorher und Nachher. Darum heißt es in der Buddha-Lehre: Entstehen (shō) ist zugleich Nicht-Entstehen (fu-shō). *Metsu* (*Vergehen, Sterben*) ist ebenfalls ein Status zu einer Zeit, und hat so auch [*sein*] Vorher und Nachher. Deswegen heißt es: Vergehen (metsu) ist zugleich Nicht-Vergehen (fu-metsu). Im Fall von Entstehen (shō) gibt es nichts als Entstehen (shō); im Fall von Vergehen (metsu) gibt es nichts als Vergehen (metsu). Darum läßt sich sagen: Kommt Entstehen (shō) auf einen zu, ist allein Entstehen (shō), kommt Vergehen (metsu) auf einen zu, gebe man sich dem Vergehen (metsu) hin. [*Beides*] ist nicht zu verabscheuen, [*beides*] nicht herbeizuwünschen.

Dies Leben und Tod (shōji) ist Buddhas würdiges Leben.[137] Wer es verabscheut und wegwerfen möchte, der wird Buddhas würdiges Leben bestimmt verlieren. Wer aber darin stehen und

Shōji

im Leben und Tod (shōji) verhaftet bleibt, auch der verliert Buddhas würdiges Leben und löscht Buddhas Gestalt aus. Erst wenn man [*shōji*] nicht verabscheut und sich nicht [*mehr nach Nirvana*] sehnt, ist man in Buddhas Herz. Miß nicht mit dem [*eigenen*] Herzen, sage nichts mit Worten.

---

136 Wegen der inhaltlich bewußt eingesetzten Mehrdeutigkeit von *shō* und *shi* stehen zunächst die japanischen Worte und dann in eckigen Klammern die drei bzw. zwei Grundbedeutungen. Im folgenden steht dann nur noch ein deutsches Wort als Übersetzung, gefolgt von dem japanischen in Klammern.
137 Hier steht nicht das sinojapanische Wort „Leben" *shō*, sondern das japanische *inochi*, dementsprechend das Wort Buddha nicht wie sonst *butsu* (sinojapanische Leseweise), sondern *hotoke* (japanische Leseweise) ausgesprochen werden sollte. *Hotoke* leitet sich von dem Verb *hodokeru* (sich-lösen) ab.

ただわが身をも心をもはなちわすれて、佛のいへに
なげいれて、佛のかたよりおこなはれて、これにし
たがひもてゆくとき、ちからをもいれず、こころを
もつひやさずして、生死をはなれ、佛となる。たれ
の人か、こころにとどこほるべき。
佛となるに、いとやすきみちあり。もろもろの悪
をつくらず、生死に著するこころなく、一切衆生の
ために、あはれみふかくして、上をうやまひ下をあ
はれみ、よろづをいとふこころなく、ねがふ心なく
て、心におもふことなく、うれふることなき、これ
を佛となづく。又ほかにたづぬることなかれ。

正法眼藏生死

Wer sowohl seinen Leib wie auch sein Herz losläßt und vergißt, sich in Buddhas Haus hineinwirft, von Buddha geführt wird und diesem immer folgt, der läßt Leben und Tod (shōji) los und wird Buddha, ohne Mühe anzuwenden und ohne sein Herz zu verschwenden. Wer sollte dann in seinem Herzen ins Stocken kommen?

Es gibt einen sehr leichten Weg, Buddha zu werden: Nichts Böses tun, nicht an Leben und Tod (shōji) verhaftet bleiben, für alle Lebewesen herzinniges Mitempfinden haben, alle Oberen achten und mit allen Unteren mitempfinden, im Herzen nichts verabscheuen, im Herzen nichts wünschen, im Herzen unbekümmert und unbesorgt sein, dies heißt Buddha. Suche [ihn] nicht anderswo.

Shōbōgenzō Shōji

> 全機
>
> 諸佛の大道、その究盡するところ、透脱なり、現成なり。その透脱といふは、あるいは生も生を透脱し、死も死を透脱するなり。このゆゑに、出生死あり、入生死あり、ともに究盡の大道なり。捨生死あり、度生死あり、ともに究盡の大道なり。現成これ生なり、生これ現成なり。その現成のとき、生の全現成にあらずといふことなし、死の全現成にあらずといふことなし。この機關、よく生ならしめ、よく死ならしむ。この機關の現成する正當恁麼時、かならずしも大にあらず、かならずしも小にあらず。遍界にあらず、局量にあらず。長遠にあらず、短促にあらず。いまの生はこの機關にあり、この機關はいまの生にあり、生は來にあらず、生は去にあらず、生は現にあらず、生は成にあらず。しかあれども、生は全機現なり、死は全機現なり。しるべし、自己に無量の法あるなかに、生あり、死あるなり。

Zenki
Alle bewegten Momente

Der große Weg aller Buddhas, dessen ergründendes Ausschöpfen ist [einmal] durchdringendes Loslösen (tōtotsu) und [einmal] volles Erscheinen (genjō). Dieses durchdringende Loslösen bedeutet, auch das Leben löst durchdringend das Leben, auch der Tod löst durchdringend den Tod. Daher gibt es Hinaustreten aus Leben und Tod (shōji) und Hineintreten in Leben und Tod (shōji). Beides ist ergründendes Ausschöpfen des großen Weges. Es gibt das Aufgeben von Leben und Tod (shōji) und es gibt das Retten von Leben und Tod (shōji). Beides ist das ergründende Ausschöpfen des großen Weges. Volles Erscheinen, das ist Leben; Leben, das ist volles Erscheinen. Zur Zeit dieses vollen Erscheinens ist das Leben auf keinen Fall nicht das ganze volle Erscheinen und der Tod auf keinen Fall nicht das ganze volle Erscheinen. Dieses in sich bewegte Gefüge der Momente (kikan) vermag es, Leben sein zu lassen, und vermag es, Tod sein zu lassen. Zu dieser richtigen und treffenden Zeit, wenn dieses in sich bewegte Gefüge der Momente vollauf erscheint (genjō), ist es weder unbedingt groß noch unbedingt klein. Weder ist es überall in der Welt, noch ist es eine eingeschränkte Menge. Weder lang noch weit, und weder kurz noch nah. Das gegenwärtige Leben ist in diesem in sich bewegten Gefüge der Momente, und dieses in sich bewegte Gefüge der Momente ist im gegenwärtigen Leben. Leben besteht nicht im Kommen, und Leben besteht nicht im Vergehen. Leben besteht nicht im Manifestieren, und Leben besteht nicht im Werden. Somit ist Leben Manifestieren aller bewegten Momente (zenkigen) und [auch] Tod ist Manifestieren aller bewegten Momente. Man soll wissen, daß es unter den unzähligen *dharma* im eigenen Selbst (jiko), Leben gibt und Tod gibt.

しづかに思量すべし、いまこの生、および生と同生せるところの衆法は、生にともなりとやせん、生にともならずとやせん。一時一法としても、生にともならざることなし。一事一心としても、生にともならざることなし。生といふは、たとへば人のふねにのれるときのごとし。このふねは、われ帆をつかひ、われかぢをとれり、われさををさすといへども、ふねをわれをのせて、ふねのほかにわれなし。われふねにのりて、このふねをもふねならしむ。この正當恁麼時を功夫參學すべし。この正當恁麼時は、ふねの世界にあらざることなし。天も水も岸も、みな舟の時節となれり、さらに舟にあらざる時節とおなじからず。このゆゑに、生はわが生ぜしむるなり、われを生のわれならしむるなり。舟にのれるには、身心（しんじん）依正（えしやう）、ともに舟の機關なり。盡大地（ぢんだいち）・盡虚空（ぢんこくう）、ともに舟の機關なり。生なるわれ、われなる生、それかくのごとし。

Denke (shiryō) still darüber nach, ob gegenwärtig dieses Leben und alle anderen *dharma*, die mit diesem Leben zugleich entstehen, zusammen mit diesem Leben sind oder nicht zusammen mit diesem Leben sind. Es gibt nicht eine Zeit und ein *dharma*, welche nicht zusammen mit diesem Leben sind, und es gibt nicht eine Sache und ein Herz, welche nicht zusammen mit diesem Leben sind. Leben ist, wie wenn jemand in einem Boot dahingleitet. Auf diesem Boot gebrauche ich ein Segel und lenke mit einem Ruder. Auch wenn ich mich mit einem Stab fortstoße, so trägt mich das Boot und ich bin nichts außer dem Boot. Indem ich in dem Boot dahingleite, lasse ich dieses Boot Boot sein. Diese richtige und treffende Zeit ist bemüht auszuprobieren und inständig zu lernen. In dieser richtigen und treffenden Zeit ist das Boot niemals nicht die Welt. Himmel wie Wasser wie Küste sind alle die Zeiten (jisetsu) des Bootes. Sie sind nicht gleich den übrigen Zeiten (jisetsu), die nicht das Boot sind. Daher ist Leben, was ich leben lasse, und ich bin, was Leben mich sein läßt. Beim

Zenki

Bootfahren sind Leib und Herz, Umgebung und ich selbst, beide das in sich bewegte Gefüge der Momente des Bootes. Die ganze große Erde und der ganze leere Himmel, beides ist das in sich bewegte Gefüge der Momente des Bootes. Das Ich, das Leben ist, und das Leben, das ich bin, sind auf diese Weise.

圓悟禪師克勤和尚云、生也全機現、死也全機現。

この道取、あきらめ參究すべし。參究すといふは、生也全機現の道理、はじめをはりにかかはれず、盡大地・盡虚空なりといへども、生也全機現をあひ罣礙せざるのみにあらず、死也全機現をも罣礙せざるなり。死也全機現のとき、盡大地・盡虚空なりといへども、死也全機現をあひ罣礙せざるのみにあらず、生也全機現をも罣礙せざるなり。このゆゑに、生は死を罣礙せず、死は生を罣礙せざるなり。盡大地・盡虚空、ともに生にもあり、死にもあり。しかあれども、一枚の盡大地、一枚の盡虚空を、生にも全機し、死にも全機するにはあらざるなり。一にあらざれども異にあらず、異にあらざれども多にあらず。このゆゑに、生にも全機現の衆法あり、死にも全機現の衆法あり、生にもあらず死にもあらざるにも全機現あり。全機現に生あ

Zen-Meister und Vorsteher Engo Kakugon sagt: „Leben ist Manifestieren aller bewegten Momente. Tod ist Manifestieren aller bewegten Momente."[138]

Dieses Wort ist zu klären und inständig auszuschöpfen. Inständig ausschöpfen bedeutet: Der Sachverhalt (dōri), daß das Leben das sich Manifestieren aller bewegten Momente ist, hindert, obwohl er, egal, ob am Anfang oder am Ende, die ganze große Erde und der ganze leere Himmel ist, nicht nur nicht, daß das Leben das sich Manifestieren aller bewegten Momente ist, sondern auch nicht, daß der Tod das sich Manifestieren aller bewegten Momente ist. Wenn der Tod das sich Manifestieren aller bewegten Momente ist, obwohl er die ganze große Erde und der ganze leere Himmel ist, hindert das nicht nur nicht, daß der Tod das sich Manifestieren aller bewegten Momente ist, und auch nicht, daß das Leben das sich Manifestieren aller bewegten Momente ist. Daher hindert das Leben nicht den Tod und auch der Tod hindert das Leben nicht. Die ganze große Erde und der ganze leere Himmel, beides ist sowohl im Leben wie auch im Tod. Dennoch vollziehen sich die ganze große Erde nicht als ein vereinzeltes Stück und auch der ganze leere Himmel nicht als ein vereinzeltes Stück, vollziehen sich alle bewegten Momente weder im Leben noch im Tod. Obwohl [*Himmel und Erde, Leben und Tod*] nicht eins sind, sind sie aber auch nicht verschieden. Obwohl sie nicht verschieden sind, sind sie aber auch nicht dasselbe. Obwohl sie nicht dasselbe sind, sind sie aber auch nicht Viele. Daher gibt es sowohl im Leben die vielen *dharma* des Manifestierens aller bewegten Momente wie auch im Tod die vielen *dharma* des Manifestierens aller bewegten Momente. Auch da, wo weder Leben noch Tod ist, gibt es ein Manifestieren aller bewegten Momente. Beim Manifestieren aller bewegten Momente gibt es das Leben, gibt es den Tod.

---

[138] Zitat aus dem *Engo Goroku*, Buch 17. *Taishō* Bd. 47, Text Nr. 1997, 793.

り死あり。このゆゑに、生死の全機は、壯士の臂を
屈伸するがごとくにもあるべし。如人夜間背手摸枕
子にてもあるべし。これに許多の神通光明ありて現
成するなり。正當現成のときは、現成に全機せらる
るによりて、現成よりさきに現成あらざりつると見
解するなり。しかあれども、この現成よりさきは、
さきの全機現なり。さきの全機現ありといへども、
いまの全機現を罣礙せざるなり。このゆゑに、しか
のごとくの見解、きほひ現成するなり。

正法眼藏全機第二十二

爾時仁治三年壬寅十二月十七日、在 雍州六波羅
蜜寺側前雲州刺史幕下 示衆。

同四年癸卯正月十九日、書 寫之 。懷弉

Daher sollen alle bewegten Momente von Leben und Tod (shōji) so sein, wie wenn ein junger Mann seinen Ellbogen hin und her bewegt. Oder wie wenn jemand nachts hinter sich mit der Hand nach seinem Kissen tastet.[139] Hierbei gibt es den strahlenden Glanz der wundersamen Kraft, durch die [*Bewegen und Tasten*] vollauf erscheinen. Man meint, zu der Zeit des richtigen und treffenden vollen Erscheinens, weil in diesem vollen Erscheinen alle bewegten Momente vollzogen werden, daß es vor diesem vollen Erscheinen kein [*anderes*] volles Erscheinen gab. Jedoch vor diesem vollen Erscheinen ist das vorherige Manifestieren aller bewegten Momente. Auch wenn es ein vorheriges Manifestieren aller bewegten Momente gegeben hat, so hindert es nicht das gegenwärtige Manifestieren aller bewegten Momente. Weil es so ist, kommen diese und ähnliche Ansichten konkurrierend ins volle Erscheinen.

Shōbōgenzō Zenki 22. [Kapitel]
Im dritten Jahr Ninji [1242] am 17. Tag des 12. Monats [des Mondkalenders] nahe dem Rokuharamitsu Tempel zu Yōshū im [Haus des Verwalters von] Unshū den Anwesenden vorgetragen.

---

[139] Dōgen spielt hier auf das 89. Beispiel des *Hekiganroku* (chin. Biyanlu) an. Dort heißt es (in der Übersetzung von Schwarz): „Yün-Yän fragte Dau-Wu: Wozu bedarf der Große Bodhisattva der Barmherzigkeit so vieler Hände und Augen? Dau-Wu erwiderte: Das ist so wie bei einem Menschen, der mitten in der Nacht mit der Hand nach hinten greift, um nach dem Kissen zu tasten. Das habe ich verstanden, sagte Yün-Yän. Und was hast du verstanden? fragte Dau-Wu. Nun, daß der ganze Leib aus Händen und Augen besteht, entgegnete Yün-Yän. Das ist ja richtig, sagte Dau-Wu, aber doch nur vier Fünftel von der Wahrheit. Dann bitte ich meinen Mitbruder um seine Meinung, sagte Yün-Yän. Der Leib insgesamt ist Hand und Auge, erwiderte Dau-Wu." *Aufzeichnung des Meisters vom Blauen Fels*, 439.

海印三昧

諸佛諸祖とあるに、かならず海印三昧なり。この
三昧の游泳に、說時あり、證時あり、行時あり。海
上行の功德、その徹底行あり。これを淥淥海底行な
りと海上行するなり。流浪生死を還源せしめんと願
求する、是什麼心行にはあらず。從來の透關破節、
もとより諸佛諸祖の面面なりといへども、これ海印
三昧の朝宗なり。

佛言、但以二衆法一、合二成此身一、起時唯法起、滅
時唯法滅。此法起時、不レ言二我起一。此法滅時、不
レ言二我滅一。前念後念、念念不二相待一。前法後法、法
不二相對一。是卽名二爲海印三昧一。

Kaiinzanmai
Sammlung in die Meeresinschrift

Spricht man von all den Buddhas und all den buddhistischen Meistern, so sind sie gewiß in der Sammlung in die Meeres-inschrift (kaiinzanmai). Im freien Herumschwimmen in dieser Sammlung gibt es die Zeit des Predigens, die Zeit des Erweisens (shō) und die Zeit des Übens (gyō). Beim Vermögen (kudoku), auf dem Meer zu gehen, gibt es [auch] ein gründliches Gehen [bzw. Üben]. Auf dem Meer gehend fassen sie dies auf als das Gehen auf dem tiefen, tiefen Meeresgrund. Zu geloben, alles durch Leben und Tod Wandernde zum Ursprung zurückzuführen, ist kein [bloßes] sich Ergehen in Gedanken.[140] Das bisher geschehene Durchschreiten des Tores und das Durchbrechen des Knotenpunktes, all diese sind zwar natürlich jeweils Gesichter all der Buddhas und all der buddhistischen Meister, aber sie sind [*alle*] Einmündungen in die Sammlung des im [*gestaltlosen*] Meer Eingeschriebenen.

Buddha sagt: „Nur durch vielerlei *dharma* setzt sich dieser Leib zusammen. In der Zeit des Hervorgehens gehen nur die *dharma* hervor, und jedesmal wenn [*diese*] vergehen (metsu), vergehen nur die *dharma*. Wenn diese *dharma* hervorgehen, wird nicht gesagt, daß das Ich hervorgeht. Wenn diese *dharma* vergehen, wird nicht gesagt, daß das Ich (ware) vergeht.[141] Der vorherige Gedanke und der nachherige Gedanke, sie folgen einander nicht; das vordere *dharma* und das hintere *dharma*, sie stehen einander nicht gegenüber. Dies nennt man die Sammlung in die Meeresinschrift (kaiinzanmai).“[142]

---

[140] Gedanken = Herz.
[141] Bis zu dieser Stelle findet sich der Text im *Vimalakīrti-nirdeśa-Sūtra* in der Übersetzung von Kumārajīva. *Taishō* Bd. 14, Text Nr. 475, 545.
[142] Das Zitat insgesamt stammt wohl aus der Spruchsammlung von Meister Baso Dōitsu. (chin.: Mazu Dongyi). *Dainihon Zokuzōkyō* Bd. 118, Umschlag Nr. 23, Heft 2, 80.

この佛道、くはしく參學功夫すべし。得道入證は、かならずしも多聞によらず、多語によらざるなり。多聞の廣學は、さらに四句に得道し、恆沙の徧學、つひに一句偈に證入するなり。いはんやいまの道は、本覺を前途にもとむるにあらず、始覺を證中に拈來するにあらず。おほよそ本覺等を現成せしむるは、佛祖の功德なりといへども、始覺・本覺等の諸覺を佛祖とせるにはあらざるなり。
いはゆる海印三昧の時節は、すなはち但以衆法の時節なり、但以衆法の道得なり。このときを合成此身といふ。衆法合成せる一合相、すなはち此身なり。此身を一合相とせるにあらず、衆法合成なり。合成此身を此身と道得せるなり。

Diesen Weg Buddhas soll man inständig lernen (sangaku) und bemüht ausprobieren (kufū). Das Erreichen des Weges und das Eingehen ins Erweisen hängen weder ab von allerlei Kenntnissen noch von allerlei Worten. Über das breite Studium mit vielerlei Wissen geht man hinaus zum Erreichen des Weges anhand von vier Versen,[143] vom allseitigen Studium [*der Texte*], so zahlreich wie der Sand im Ganges, geht man schließlich ein ins Erweisen anhand eines einzelnen Verses. Im weiteren handelt es sich beim jetzt Gesagten nicht darum, das ursprüngliche Erwachen (hongaku) im Bevorstehenden zu suchen, noch darum, das anfängliche Erwachen (shikaku) mitten aus dem Erweisen herauszunehmen. Obwohl es das Vermögen der buddhistischen Meister ist, ursprüngliches Erwachen und anderes vollauf erscheinen zu lassen (genjō su), sind die buddhistischen Meister nicht durch die verschiedenen Weisen des Erwachens wie anfängliches Erwachen und ursprüngliches Erwachen begrenzt.[144]

Die sogenannte Zeit (jisetsu) des *kaiinzanmai* ist die Zeit (jisetsu) des „nur durch vielerlei *dharma*" und das Klar-in-Worte-Fassen (dōtoku) des „nur durch vielerlei *dharma*". Diese Zeit nennt man: „Dieser Leib setzt sich zusammen". Die eine zusammengesetzte Gestalt, die sich aus vielerlei *dharma* zusammensetzt, ist nämlich dieser Leib. Dieser Leib ist nicht als ein zu einer vereinzelten Gestalt zusammengesetzter aufzufassen, [*er*] ist die Zusammensetzung von vielerlei *dharma*. Die Zusammensetzung zu diesem Leib soll klar in Worte gefaßt werden als dieser Leib.

---

[143] Sehr kurze literarische Form für einen buddhistischen Spruch.
[144] In bestimmten Ausgaben des *Shōbōgenzō* werden an dieser Stelle die Worte des Abschnitts 2 in diesem Text vollständig wiederholt.

> 起時唯法起。この法起、かつて起をのこすにあらず。このゆゑに、起は知覺にあらず、知見にあらず。これを不言我起といふ。我起を不言するに、別人は此法起と見聞覺知し、思量分別するにあらず。我起を不言するにあらず、別人は此法起と見聞覺知し、思量分別するにあらず。さらに向上の相見のとき、まさに相見の落便宜あるなり。起はかならず時節到來なり、時は起なるがゆゑに。いかならんかこれ起なる、起なるがゆゑに。すでにこれ時なる起なり、皮肉骨髓を獨露せしめずといふことなし。起すなはち合成の起なるがゆゑに。起の此身なる、起の我起なる、但以衆法なり。聲色と見聞するのみにあらず、我起なる衆法なり、不言なる我起なり。不言は不道にはあらず、道得は言得にあらざるがゆゑに。起時は此法なり、十二時にあらず。此法は起時なり、三界の競起にあらず。古佛いはく、忽然火起。この起の相待にあらざるを、火起と道取するなり。

„In der Zeit des Hervorgehens gehen nur die *dharma* hervor." In diesem Hervorgehen der *dharma* bleibt überhaupt keine [*Spur*] des Hervorgehens (ki) übrig. Daher ist das Hervorgehen weder in der Wahrnehmung noch im Wissen; dies bedeutet: „Es wird nicht gesagt, daß das Ich hervorgeht". Bei der Rede von „es wird nicht gesagt, daß das Ich hervorgeht", handelt es sich nicht darum, daß irgend jemand dieses Hervorgehen der *dharma* durch Sehen oder Hören wahrnimmt und im Denken beurteilt (shiryō-funbetsu). Wenn man weiter aufsteigt in der [*Übung*] gegenseitiger Begegnung, gibt es Aufgehen in die günstigen Umstände der gegenseitigen Begegnung. Hervorgehen ist immer Ankommen einer Zeit (jisetsu), denn Zeit ist Hervorgehen. „Wie steht es um das Hervorgehen? Hervorgehen!" muß es sein. Es handelt sich bereits um dieses Hervorgehen, das Zeit ist. Nie ist es ohne Erscheinenlassen von Haut, Fleisch, Knochen und Mark, wie sie in ihrer Eigenheit sind. Weil das Hervorgehen das Hervorgehen der Zusammensetzung ist, ist das Hervorgehen dieser Leib, ist das

Hervorgehen das Hervorgehen des Ich; und dies nur durch vielerlei *dharma*. Es handelt sich nicht nur um Sehen und Hören von Stimme und Gestalt, es sind vielerlei *dharma*, die das Hervorgehen des Ich (ware) sind, es ist das nicht gesagte Hervorgehen des Ich. *Nicht gesagt* bedeutet nicht, es nicht in Worte zu fassen; es klar in Worte fassen, bedeutet nicht, es klar [*auszu*]sagen, daher ist es die Zeit des Hervorgehens dieses *dharma*, wobei es sich nicht um die zwölf Tageszeiten[145] handelt. Dieses *dharma* ist die Zeit des Hervorgehens, wobei es sich nicht um das konkurrierende Hervorgehen der drei Welten[146] handelt.[147] Ein alter Buddha sagt: „Plötzlich bricht Feuer aus".[148] Daß dieses Ausbrechen nicht einander folgen bedeutet, wird in „Feuer bricht aus" mit Worten erfaßt.

---

[145] Im alten China war der Tag in zwölf Einheiten unterteilt.

[146] Jap. *sankai*: 1. Welt der Begierden (skrt. *kāma-dhātu*), 2. Welt der Materialität (skrt. *rūpa-dhātu*), 3. Welt des nichtmateriellen Bewußtseinshaften (skrt. *ārūpa-dhātu*).

[147] Dōgen bezieht sich hier auf ein Kōan, das im *Dahui lu* überliefert wird. *Taishō* Bd. 47, Text Nr. 1998, 841. Dort heißt es: „Ein Mönch fragte einst Meister Gantō [...] : ‚Was sollen wir tun, wenn die drei Welten im Wettstreit miteinander entstehen?' Der Meister antwortete: ‚Nur Sitzen!' Der Mönch sagte: ‚Ich verstehe nicht. Was meint der Meister?' Der Meister sagt: ‚Bring den Berg Rō hierher, und ich werde es dir sagen.' " Zitiert nach Übersetzung von Linnebach, in: *Shōbōgenzō. Die Schatzkammer des wahren Dharma-Auges*, Bd. 2, 225.

[148] Hinweis auf das Gleichnis vom brennenden Haus aus dem Lotos-Sutra, Buch 2. *Taishō* Bd. 9, Text Nr. 262, 12. Vgl. *Lotos-Sūtra*, übers. v. M. Borsig, 97.

古佛いはく、起滅不停時如何。しかあれば、起滅は我我起、我我滅なるに不停なり。この不停の道取、かれに一任して不停すべし。この起滅不停時を、佛祖の命脈として斷續せしむ。起滅不停時は、是誰起滅なり。是誰起滅は、應以此身得度者なり、即現此身なり、而爲說法なり、過去心不可得なり、汝得吾髓なり、汝得吾骨なり。是誰起滅なるゆゑに。

此法滅時、不言我滅。まさしく不言我滅のときは、これ此法滅時なり。滅は法の滅なり、滅なりといへども法なるべし。法なるゆゑに客塵にあらず、客塵にあらざるゆゑに不染汙なり。ただこの不染汙、すなはち諸佛諸祖なり。汝もかくのごとくあるべし。吾もかくのごとしといふ。たれか汝にあらざらん、前念後念はみな吾なるがゆゑに。この滅に多般あれか汝にあらざらん、前念後念はみな吾なるがゆゑに。

Ein alter Buddha sagt: „Wie steht es um die Zeit, in der Hervorgehen und Vergehen nicht aufhören?"¹⁴⁹ Das will sagen: Weil Hervorgehen und Vergehen Hervorgehen des Ich (ware) im Ich und Vergehen des Ich im Ich bedeutet, hören sie nicht auf. Den Sinn von diesem nicht Aufhören soll man gemäß [*von Hervorgehen und Vergehen*] erörternd erfassen. Diese nicht aufhörende Zeit von Hervorgehen und Vergehen [*soll man*] als Lebensader der buddhistischen Meister unterbrechen und fortsetzen lassen. In der nicht aufhörenden Zeit von Hervorgehen und Vergehen läßt sich fragen: Wer ist dieser, der hervorgeht und vergeht? Dieses Wer im Hervorgehen und Vergehen ist derjenige, der trefflich mit diesem Leib gerettet ist und der diesen Leib zugleich zur Erscheinung bringt und der auf diese Weise das *dharma* predigt.¹⁵⁰ Das Herz (shin) der Vergangenheit ist unfaßbar,¹⁵¹ du erreichst mein Mark, du erreichst meine Knochen,¹⁵² weil [*du*] dieses Wer im Hervorgehen und Vergehen bist.

„Wenn diese *dharma* vergehen, wird nicht gesagt, daß das Ich vergeht." Gerade die Zeit, wo nicht gesagt wird, daß das Ich vergeht, ist die Zeit, in der diese *dharma* vergehen. Das Vergehen ist das Vergehen der *dharma*. Obwohl es Vergehen ist, sind es die *dharma*. Weil es die *dharma* sind, ist es kein [*von außen kommender*] fremder Staub, und weil es kein fremder Staub ist, bleibt [*das Vergehen*] unbeschmutzt. Allein dieses Unbeschmutzte macht all die Buddhas und all die buddhistischen Meister aus. Man sagt, auch *Du* bist so. Wer ist nicht *Du?* Wer den vorherigen Gedanken und nachherigen Gedanken hat, das mußt Du sein. Man sagt, auch Ich (go) bin so. Wer ist nicht Ich? Denn der vorherige Gedanke und der nachherige Gedanke sind alle Ich.

---

149 Zitat aus dem 2. Buch des *Wanshi koroku*. *Taishō* Bd. 48, Text Nr. 2001, 22.
150 Ein fast wörtliches Zitat aus dem Lotos-Sutra: „Wenn die Lebewesen der Länder durch den Leib des Buddha Rettung erlangen können, so erscheint der Bodhisattva Avalokitesvara mit einem Buddha-Leib und predigt für sie das Gesetz." *Lotos-Sutra*, übers. v. M. Borsig, 364. *Taishō*, Bd. 9, Text Nr. 262, 56.
151 Zitat aus dem Diamant-Sutra. Vgl. den Anfang von *Shinfukatoku* in diesem Band.
152 Hier handelt es sich um ein direktes Zitat aus dem 3. Buch des *Keitoku dentōroku*, das über Bodhidharma berichtet. *Taishō*, Bd. 51, Text Nr. 2071, 219.

の手眼を荘嚴せり、いはゆる無上大涅槃なり。いはゆる謂之死なり、いはゆる執爲斷なり、いはゆる爲所住なり。いはゆるかくのごとくの許多手眼、しかしながら滅の我なる功德なり。滅の我なる時節に不言なると、起の我なる時節に不言なると、同死の不言にはあらざるべし。すでに前法の滅なり、後法の滅なり。法の前念なり、法の後念なり。爲法の前後法なり、爲法の前後念なり。不相待は爲法なり、不相對は法爲なり。不相待ならしむるは、八九成の道得なり。不相待とせる、拈あり收あり。滅の四大五蘊を手眼とせる、進步あり相見あり。このとき、通身是手眼、還是不足なり。遍身是手眼、還是不足なり。滅の四大五蘊を行程とせる、

In diesem Vergehen liegt der Glanz von zahllosen Händen und Augen. Es ist das sogenannte höchste, große Nirvana, das man sonst den Tod nennt, an dem [*die außerhalb des Buddhismus Stehenden*] als Bruch festhalten und das [*bestimmte Buddhisten*] zu ihrem Wohnort machen. Diese vielen Hände und Augen von dieser Art sind jedoch das Vermögen des Vergehens. Das Nichtsagen zu der Zeit (jisetsu), zu der das Vergehen Ich (ware) ist, und das Nichtsagen zu der Zeit (jisetsu), zu der das Hervorgehen Ich ist, ist das gleiche Leben des Nichtsagens, aber es kann nicht das Nichtsagen des gleichen Todes sein. [*Das Nichtsagen*] ist schon das Vergehen des vorherigen *dharma* und das Vergehen des nachherigen *dharma*. Es ist der vorherige Gedanke eines *dharma* und der nachherige Gedanke eines *dharma*. Es sind das vorherige und nachherige *dharma*, die das *dharma* bilden, und es sind der vorherige und nachherige Gedanke, die das *dharma* bilden. Nicht einander folgen ist *dharma* Bilden und nicht einander gegenüberstehen ist *dharma*-Bildung. Nicht einander gegenüberstehen Lassen und nicht einander folgen Lassen ist die fast vollständig in klare Worte gefaßte [*Haltung*]. Um die vier Elemente (shidai) und die fünf Daseinsfaktoren (go'un) zu Händen und Augen zu machen, gibt es Aufgreifen und Aufnehmen. Um die vier Elemente und die fünf Daseinsfaktoren des Vergehens zum Prozeß der Übung zu machen, gibt es Fortschreiten und das einander Begegnen. In dieser Zeit, [*selbst wenn*] der ganze Leib Hände und Augen ist, so reicht dies doch nicht aus, [*selbst wenn*] der Leib restlos Hände und Augen ist, so reicht dies doch nicht aus.

おほよそ滅は、佛祖の功德なり。いま不相對と道取あり、不相待と道取あるは、しるべし、起は初中後起なり。官不容針、私通車馬なり。滅を初中後に相待するにあらず、相對するにあらず、從來の滅處に忽然として起法すとも、滅の起にはあらず、法の起なり。法の起なるゆゑに、不對待相なり。また滅と滅と相待するにあらず、相對するにあらず。滅も初中後滅なり。相逢不拈出、舉意便知有なり。從來の起處に忽然として滅すとも、起の滅にの滅なり。法の滅なるがゆゑに、不相對待なり。たとひ起の是即にもあれ、起の滅の是即にもあれ、法の滅の是即にもあれ、是即の修證はなきにあらず、只此不染汙、名爲海印三昧なり。但以海印三昧、名爲衆法なり。

Überhaupt ist das Vergehen das Vermögen (kudoku) der buddhistischen Meister. Jetzt ist [*das Vergehen*] als Nicht-einander-Gegenüberstehen klar in Worte gefaßt (dōshu) und als Nicht-einander-Folgen klar in Worte gefaßt, wobei man wissen soll, daß Hervorgehen anfänglich, in der Mitte und später [*immer*] Hervorgehen ist. „Offiziell ist kein Platz für eine Nadel, privat [*jedoch*] läßt es Wagen und Pferd hindurchgehen."[153] [*Dem Hervorgehen*] folgt weder, noch steht [*ihm*] gegenüber im Anfang, in der Mitte oder später ein Vergehen. Auch wenn dort, wo das bisherige vergeht, plötzlich ein *dharma* hervorgeht, ist dies nicht das Hervorgehen des Vergehens, sondern das Hervorgehen eines *dharma*. Weil es das Hervorgehen eines *dharma* ist, ist es in der Weise des Nicht-gegenüberstehens und Nicht-folgens. Auch ist es nicht so, daß ein Vergehen und ein Vergehen einander folgen oder einander gegenüberstehen. Auch Vergehen ist anfänglich, in der Mitte und später [*immer*] Vergehen. „Trifft man das Vergehen, so ist es nicht aufzugreifen und herauszustellen, richtet man die Aufmerksamkeit darauf, so weiß man schon davon."¹⁵⁴ Auch wenn dort, wo das Bisherige hervorgeht, plötzlich [*ein dharma*] vergeht, ist dies nicht das Vergehen des Hervorgehens, sondern das Vergehen eines *dharma*. Weil es das Vergehen eines *dharma* ist, ist es nicht einander Gegenüberstehen und Folgen. Sei es im Falle des Vergehens, sei es im Falle des Hervorgehens: beide sind gleich. Nur durch *kaiinzanmai* werden die vielen *dharma* benannt. Es ist nicht so, daß es keinen übenden Erweis für diese Fälle gibt. Nur mit diesem Unbeschmutzten wird *kaiinzanmai* benannt.

---

[153] Direktes Zitat aus dem 17. Buch des *Keitoku dentōroku*. *Taishō* Bd. 51, Text Nr. 2076, 336.
[154] Zitat aus dem 18. Buch des *Keitoku dentōroku*. *Taishō* Bd. 51, Text Nr. 2076, 348.

三昧は現成なり、道得なり。背手摸枕子の夜閒な
り。夜閒のかくのごとく背手摸枕子なる、摸枕子は
億億萬劫のみにあらず、我於海中、唯常宣說妙法華
經なり。不言我起なるがゆゑに、我於海中なり。前
面も一波纔動萬波隨なる常宣說なり、後面も萬波纔
動一波隨の妙法華經なり。たとひ千尺萬尺の絲綸を
卷舒せしむとも、うらむらくはこれ直下垂なること
を。いはゆるの前面後面は、我於海面なり。前頭後
頭といはんがごとし。前頭後頭といふは、頭上安頭
なり。海中は有人にあらず、聖人の愛處にあらず、
あらず、我於海は世人の住處にあらず、我於ひとり海中にあ
り。これ唯常の宣說なり。この海は中閒に屬せず、
內外に屬せず、鎭常在說法華經なり。東西南北に不
居なりといへども、滿船空載月明歸なり。この實歸
は、便歸來なり。たれかこれを滯水の行履なりとい
はん、ただ佛道の劑限に現成するのみなり。これを

[*Tiefe*] Sammlung besagt volles Erscheinen (genjō) und klares in Worte fassen (dōtoku). Es ist [*wie*] des Nachts mit der Hand nach seinem Kissen tasten.¹⁵⁵ Des Nachts so mit der Hand nach seinem Kissen tasten, dieses ist nicht nur unendlich viele Äone lang, sondern: „Inmitten des Meeres predige ich unablässig nur das Lotos-Sutra."¹⁵⁶ Weil nicht gesagt wird, daß das Ich hervorgeht, ist das Ich inmitten des Meeres. Auch vorne ist ein unablässiges Predigen, bei dem, kaum daß eine Welle sich bewegt, zehntausend Wellen folgen. Auch hinten ist das Lotos-Sutra, bei dem, kaum, daß zehntausend Wellen sich bewegen, eine Welle folgt. Selbst wenn man eine tausend oder zehntausend Fuß lange Angelschnur einrollt und ausrollt, hängt diese leider nur gerade nach unten. Das sogenannte Vorne und Hinten sind die Seiten des Meeres, in dem das Ich ist. Das bedeutet ähnliches wie Vorderkopf und Hinterkopf. Vorderkopf und Hinterkopf besagt, daß auf dem Kopf ein Kopf ruht. Es ist nicht so, daß es mitten im Meer jemanden gibt. Das Meer, in dem das Ich ist, ist nicht der Wohnort der weltlichen Menschen und auch nicht der beliebte Ort der heiligen Menschen. Das Ich ist allein mitten im Meer. [*Das ist der Sinn von*] unablässig nur predigen. Dieses mitten im Meer gehört weder zur Mitte noch zum Innen oder Außen, es ist beruhigt und sich unablässig [*dort*] aufhaltend das Lotos-Sutra Predigen. Obwohl man sich nicht im Osten, Westen, Süden oder Norden aufhielt, kehrt man zurück, das ganze Schiff geleert und den hellen Mond tragend. Diese wahrhafte Rückkehr [*zum eigenen Ort*] ist also Zurückkommen. Wer bezeichnet dies als den Wandlungsverlauf beim mühsamen Aufenthalt im Wasser? Allein auf der Grenze des Buddha-Weges erscheint dies vollauf (genjō). Dies macht man zur Einschreibung des ins Wasser Eingeschriebenen.

---

155 Anspielung auf das 89. Beispiel im *Hekiganroku* (chin. Biyanlu). Vgl. auch den 4. Abschnitt im Text *Zenki* in diesem Band.
156 Direktes Zitat aus dem 4. Buch des Lotos-Sutra. *Taishō* Bd. 9, Text Nr. 262, 35. Vgl. *Lotos-Sutra*, übers. v. M. Borsig, 238.

印水の印とす。さらに道取す、印空の印なり。さらに道取す、印泥の印なり。印水の印、かならずしも印海の印にはあらず、向上さらに印海の印なるべし。これを海印といひ、水印といひ、泥印といひ、心印といふなり。心印を單傳して、印水し、印泥し、印空するなり。

曹山元證大師、因僧問、「承(ルニ)教(ヘルコト)有(リ)言、大海不レ宿二死屍一。如何(ナランカ)是海。」師云、「包含萬有。」僧云、「爲(テカ)什麼(ゾ)不レ宿二死屍一。」師云、「絕氣者不著(ナル)。」僧曰、「既是包含萬有、爲(テカ)什麼(ゾ)絕氣者不著(ナル)。」師云、「萬有非二其功一、絕氣(ナリ)。」

この曹山は、雲居の兄弟なり。洞山の宗旨、このところに正的なり。いま承教有言といふは、佛祖の正教なり。凡聖の教にあらず、附佛法の小教にあらず。

Fassen [wir] es weiter in Worte, so ist es die Einschreibung des in den Schlamm Eingeschriebenen. Die Einschreibung des im Wasser Eingeschriebenen ist nicht unbedingt die Einschreibung des ins Meer Eingeschriebenen. Gehen [wir] hinauf, so soll es des weiteren die Einschreibung des im Meer Eingeschriebenen sein. Dies heißt die Meeresinschrift, die Wasserinschrift, die Schlamminschrift und die Herzinschrift. In der einzelnen Überlieferung der Herzinschrift [von Meister zu Meister] schreibt [man] ins Wasser ein, schreibt [man] in den Schlamm ein und schreibt [man] in den Himmel ein.

Dem großen Meister Sozan Gensho stellte einst ein Mönch folgende Frage: „Ich habe gehört, daß es in der Lehre heißt, das große Meer beherbergt keine Leichen. Wie steht es um dieses Meer?" Der Meister sagt: „[Es] enthält alle Wesen." Der Mönch fragt: „Wieso beherbergt es dann keine Leichen?" Der Meister sagt: „Was aufgehört hat zu atmen, gehört nicht dazu." Der Mönch fragt: „[Es] enthält doch schon alle Wesen, warum gehört dann das, was aufgehört hat zu atmen, nicht dazu?" Der Meister sagt: „[Wenn] alle Wesen nicht in ihrem Vermögen sind, dann haben sie aufgehört zu atmen."[157]

Der genannte Sozan ist ein Bruder von Ungo. Die Essenz von Tozans Lehre wird gerade hier getroffen. Was jetzt mit „Ich habe gehört, daß es in der Lehre heißt" gemeint ist, ist die rechte Lehre der buddhistischen Meister. Es handelt sich nicht um die Lehren der Gewöhnlichen und Heiligen, und nicht um die kleinlichen Lehren derjenigen, die [sich selbst] zum Buddhismus zählen.

---

[157] Dōgen zitiert hier einen Wortwechsel aus dem 17. Buch des *Keitoku dentōroku*. Taishō Bd. 51, Text 2076, 336.

大海不宿死屍。いはゆる大海は、內海（ないかい）・外海（げかい）等にあらず、八海等にはあらざるべし。これらは學人のうたがふところにあらず。海にあらざるを海と認ずるのみにあらず、海なるを海と認ずるなり。たとひ海と強爲すとも、大海といふべからざるなり。大海はかならずしも八功德水の重淵にあらず、ならずしも鹹水等の九淵にあらず。衆法は合成なるべし、大海かならずしも溪水のみにてあらんや。このゆゑに、いかなるか海と問著（もんぢゃ）するは、大海のいまだ人天（にんでん）にしられざるゆゑに、大海を道著するなり。これを聞著せん人は、海執を動著せんとするなり。

„Das große Meer beherbergt keine Leichen." Das sogenannte große Meer ist weder ein Binnenmeer noch ein Ozean oder ähnliches, und es kann auch nicht die acht Meere oder dergleichen bedeuten. Dies ist, was die Lernenden nicht bezweifeln. Es geht nicht nur darum, das, was nicht Meer ist, als das Meer zu erkennen, sondern auch darum, das, was das Meer ist, als das Meer zu erkennen. Selbst wenn man gewaltsam meint, es sei das [gewöhnliche] Meer, soll man es nicht als das große Meer bezeichnen. Das große Meer ist nicht unbedingt der tiefe Abgrund des Wassers mit acht Vermögen[158] und auch ist das große Meer nicht unbedingt in den neun Untiefen[159] des salzigen Wassers. Vielerlei *dharma* müssen Zusammensetzungen sein. Muß das große Meer unbedingt allein das tiefe Wasser sein? Daher wird in der Frage „Wie steht es um das Meer?", weil das große Meer von den Menschen- und Himmelswesen noch nicht gewußt wird, dieses in Worte gefaßt. Die Menschen, die diese Frage zu hören bereit sind, wollen ihr Festhalten am Meer in Bewegung bringen.

[158] *Kudoku* hier auch im Sinne von Qualitäten: 1. süß, 2. kalt, 3. weich, 4. hell, 5. rein, 6. geruchslos, 7. angenehmes Gefühl im Hals beim Trinken, 8. angenehmes Gefühl nach dem Trinken im Magen.
[159] Dōgen bezieht sich auf neun berühmte Flußuntiefen in China.

不宿死屍といふは、不宿は明頭來明頭打、暗頭來暗頭打なるべし。死屍は死灰なり、幾度逢春不變心なり。死屍といふは、すべて人人いまだみざるものなり。このゆゑにしらざるなり。師いはくの包含萬有は、海を道著するなり。宗旨の道得するところは、阿誰なる一物の萬有を包含するとはいはず、包含萬有なり。大海の萬有を包含するといふは大海なるのみなり。なにものとしれるにあらざれども、しばらく萬有なり。佛面祖面と相見することも、しばらく萬有を錯認するなり。包含のときは、たとひ山なりとも、高高峯頂立のみにあらず。たとひ水なりとも、湥湥海底行のみにあらず。收はかくのごとくなるべし、放はかくのごとくなるべし。佛性海といひ、毗盧藏海といふ、ただこれ萬有なり。海面みえざれども、游泳の行履に疑

„Es beherbergt keine Leichen" besagt folgendes: *Nicht beherbergen* soll heißen: Kommt ein heller Kopf, wird der helle Kopf geschlagen, kommt ein dumpfer Kopf, wird der dumpfe Kopf geschlagen. Leichen sind Todesasche; dem Frühling mehrmals begegnen, ohne daß sich das Herz ändert. Was „Leiche" bedeutet, ist von allen Menschen noch nicht Gesehenes. Daher wird es nicht gewußt. Der Spruch des Meisters „[*Es*] enthält alle Wesen" faßt das Meer in Worte. Was die Essenz der Lehre [*des genannten Wortes*] klar in Worte faßt, besagt nicht, daß irgendein Etwas alle Wesen enthält, [*sondern einfach:*] „Enthält alle Wesen". Es ist nicht so, daß das große Meer alle Wesen enthält. Was das Enthalten aller Wesen in Worte faßt, ist nur das große Meer. Obwohl man noch nicht weiß, was das ist, ist es eine Weile alle Wesen. Auch die Begegnung mit den Buddha und den buddhistischen Meistern ist eine Weile verfehltes Erkennen aller Wesen. Im Falle des Enthaltens ist, selbst wenn es sich um einen Berg handelt, das Stehen auf dem hohen, hohen Gipfel nicht alles. Selbst wenn es sich um das Wasser handelt, ist das Gehen auf dem tiefen, tiefen Meeresgrund nicht alles. Aufnehmen soll auf diese Weise sein und Lassen soll auf diese Weise sein. Man spricht vom Meer der Buddha-Natur (busshō) und man spricht vom Meer des Vairocana,[160] dieses eben ist alle Wesen. Obwohl die Meeresoberfläche nicht sichtbar ist, gibt es im frei schwimmenden Wandlungsverlauf nichts zu Bezweifelndes.

---

[160] Vairocana ist nach einer Lehre des Mahayana-Buddhismus der Sonnen-Buddha als der zentrale Buddha einer Zusammenstellung verschiedener Buddhas.

著することなし。たとへば、多福一叢竹を道取するに、一茎両茎曲なり、三茎四茎斜なるも、萬有を錯失せしむる行履なりとも、なにとしてかいまだいはざる、千曲萬曲なりと。なにとしてかいはざる、千叢萬叢なりと。一叢の竹かくのごとくある道理、わすれざるべし。曹山の包含萬有の道著、すなはちほこれ萬有なり。

僧のいはく、爲什麼絶氣者不著は、あやまりて疑著の面目なりといふとも、是什麼心行なるべし。從來疑著這漢なるときは、從來疑著這漢に相見するのみなり。什麼處在に爲什麼絶氣者不著なり、爲什麼不宿死屍なり。這頭にすなはち既是包含萬有、爲什麼絶氣者不著なり。しるべし、包含は著にあらず、包含は不宿なり。萬有たとひ死屍なりとも、不宿の不宿死屍なり。萬有は著なり、不著の這老僧一著子なるべし。直須萬年なるべし、不著の這老僧一著子なるべし。

Dies gleicht dem, wenn Tafuku einen Bambushain mit folgenden Worten erfaßt: „Das erste und zweite Bambusrohr sind krumm, das dritte und vierte Bambusrohr sind schräg."[161] Obwohl [er dies sagt,] und obwohl [das Gesagte] der alle Wesen verfehlende Wandlungsverlauf ist, wieso sagt [er] noch nicht, daß tausend und zehntausend krumm sind, wieso spricht [er] nicht von tausend und zehntausend Hainen? Man darf den Sachverhalt nicht vergessen, daß ein Bambushain auf diese Weise ist. Was Sozan mit „enthält alle Wesen" in Worte faßt, dies ist auch schon alle Wesen.

Das Wort des Mönches „Warum gehört das, was aufgehört hat zu atmen, nicht dazu?", ist zwar versehentlich in der Form des Zweifels geäußert, aber es muß sich hierbei gerade um die Übung des Herzens handeln. In der Zeit, in der jemand der bis jetzt Zweifelnde ist, begegnet [dieser] nur dem, der bis jetzt zweifelt. „Warum gehört das, was aufgehört hat zu atmen, nicht zu diesem Aufenthaltsort?" „Wieso beherbergt es keine Leichen?" Hier sind doch schon alle Wesen enthalten, warum also gehört das, was aufgehört hat zu atmen, nicht dazu? Man soll wissen, Enthalten ist nicht [*einfach*] Dazugehören und Enthalten ist nicht [*einfach*] Beherbergen. Selbst wenn alle Wesen Leichen sind, muß das Nicht-Beherbergen zugleich zehntausend Jahre andauern. Das nicht Dazugehören muß der geschickte Zug dieses alten Mönches [*Sozan*] sein.

---

[161] Zitat aus dem 11. Buch des *Keitoku dentōroku*. *Taishō* Bd. 51, Text Nr. 2076, 287.

曹山の道すらく、萬有非其功絕氣。いはゆるは、萬有はたとひ絕氣なりとも、たとひ不絕氣なりとも、不著なるべし。死屍たとひ死屍なりとも、萬有に同參する行履あらんがごときは、包含すべし、包含なるべし。萬有なる前程後程、その功あり、これ絕氣にあらず。いはゆる、一盲引衆盲なり。一盲引衆盲の道理は、さらに一盲引一盲なり、衆盲引衆盲なり。衆盲引衆盲なるとき、包含于包含萬有なり。さらにいく大道にも萬有にあらざる、いまだその功夫現成せず。海印三昧なり。

正法眼藏海印三昧第十三

仁治三年壬寅孟夏二十日、記二于觀音導利興聖寶林寺一。

寬元元年癸卯、書二寫之一。懷弉

Sozan sagt: „[Wenn] alle Wesen nicht in ihrem Vermögen (kudoku) sind, dann haben sie aufgehört zu atmen." Das Gesagte heißt, selbst wenn alle Wesen aufgehört haben zu atmen und selbst wenn [sie] nicht aufgehört haben zu atmen, können sie nicht dazugehören. Selbst wenn die Leichen Leichen sind, [und diejenigen Leichen sind, die] den Wandlungsverlauf haben, der gleichinständig ist mit allen Wesen, sollen sie enthalten sein und dies soll *Enthalten* sein. Alle Wesen in ihrem vorherigen Prozeß und nachherigen Prozeß haben ihre Vermögen, sie haben nicht aufgehört zu atmen. Dies heißt, ein Blinder führt viele Blinde. Der Sachverhalt, daß ein Blinder viele Blinde führt, heißt im weiteren, daß ein Blinder einen Blinden führt und viele Blinde viele Blinde führen. Wenn viele Blinde viele Blinde führen, ist im Enthalten aller Wesen das Enthalten aller Wesen enthalten. Im weiteren: In welchen großen Wegen ist etwas, das nicht alle Wesen ist? Sein bemühtes Ausprobieren erscheint noch nicht vollauf (genjō). [Dies] ist *kaiinzanmai*.

Shōbōgenzō Kaiinzanmai 30. [Kapitel]

Im 3. Jahr Ninji [1242] am 20. Tag des ersten Sommermonats [des Mondkalenders] im Kannon-dōri-kōshō-hōrin Tempel aufgezeichnet.

Im 1. Jahr Kangen [1243] kopiert. Ejo

II.
Dōgen und sein Werk
Rolf Elberfeld

❖◦❖◦❖◦❖◦❖◦❖◦❖◦❖◦❖◦❖◦❖◦❖◦❖

1. Dōgens Bedeutung für ein Philosophieren der Gegenwart

Einleitung

Dōgen Kigen (1200-1253) gilt nicht nur als einer der größten Zen-Meister, sondern auch als ein bedeutender Denker. Wendet man sich seinen Texten zu, so sind viele zunächst überrascht über die oft „theoretisch" anmutenden Sprachwendungen, die man bei einem „Zen-Buddhisten" nicht erwartet. Zen scheint gerade in Europa dafür zu stehen, alle intellektuellen Gedankenspiele aufzugeben und die sprachliche Dimension radikal abzuschneiden. Dies ist bei Dōgen explizit nicht der Fall, da er vielmehr umgekehrt den sprachlichen Ausdruck bis zur äußersten Grenze nutzt, um das Sichrealisieren von Wirklichkeit auch in der Sprache *zu üben*. Auf diese Weise versucht er, die *Sprache und das Sprechen selbst erwachen zu lassen*. Diese Verwendung von Sprache kann bei näherer Betrachtung insgesamt eine vertiefte Reflexion der Sprachlichkeit und des Sprachgebrauchs beim Philosophieren nach sich ziehen.[162] Die andere Verwendung von Sprache bei

---

[162] Für Dōgens Hinweis auf seinen Sprachgebrauch vgl. den Text *Sansuikyō* (130 f.), wo Dōgen ausdrücklich die einfache Ablehnung von Sprache und Sprechen scharf kritisiert und einen anderen, tiefergehenden Bezug zur Sprache und zum Sprechen andeutet.

Dōgen wird jedoch nicht einfach in den Texten erklärt; sie vollzieht sich vielmehr auf der performativen Ebene seiner Texte. Die Texte sind somit selber Formen, wie das Erwachen im buddhistischen Sinne geübt werden kann. Es handelt sich um Übungen des Erwachens. Zu diesem Charakter der Texte gehört eine besondere Weise des Lesens. Der noch ungeübte Leser ist nach dem ersten Lesen eher verwirrt und weiß zumeist nicht genau, worum es in dem Text geht. Erst nachdem die Texte mehrmals gelesen wurden und ihre eigene Form der Wirksamkeit enfalten, beginnen sie sich mit dem Leser zu verbinden. Im Textcharakter selber, wie Ryōsuke Ōhashi in seiner Einleitung zu diesem Band bereits gezeigt hat, besteht die erste Hürde, die der westliche Leser zu überwinden hat, der zudem mit dem Traditionsgut Asiens nicht vertraut ist.

Es ist freilich auch in Europa nicht unbekannt, daß in philosophischen Texten mit der Sprache und der Versprachlichung gerungen wird. Auch hier wurden vielfältige Wege im Rahmen der Sprache entwickelt, die sich nicht nur auf einfache Formen der Aussagenlogik beschränken.[163] Es waren verschiedene Phänomene, durch die Denkerin Europa immer wieder an die Grenzen der sprachlichen Ausdrucksmöglichkeiten geführt wurden, wobei das Problem der Zeit schon immer eine besondere Herausforderung dargestellt hat. Bei Kant, Hegel, Bergson, Husserl, Heidegger und Merleau-Ponty, um nur einige wichtige neuere Denker zu nennen, die sich mit der Frage nach der Zeit auseinandergesetzt haben, zeigen sich sprachliche Zugänge, die gerade durch die Aporien, die das Phänomen der Zeit bei genauerem Durchdenken bereit hält, immer wieder neu überprüft werden mußten. Je mehr das Phänomen der Zeit bei den genannten Denkern ins Zentrum des Philosophierens rückte, um so mehr mußten traditionell

---

[163] Vgl. das Kapitel „Philosophische Textpragmatik im interkulturellen Kontext", in: Elberfeld, *Phänomenologie der Zeit im Buddhismus*.

überlieferte Zugänge aufgegeben werden. Bei den genannten Philosophen entwickelte sich gleichzeitig mit dem thematisch Werden des Zeitproblems eine Kritik an der überlieferten Metaphysik und deren Hauptanliegen, „Zeitloses" zu denken. Um diese Linie der Kritik an den Bedingungen der Möglichkeit des Denkens im Hinblick auf die Dimensionen der Zeitlichkeit und Sprachlichkeit traditionsübergreifend fortzusetzen, scheint eine Auseinandersetzung mit buddhistischen Denkern von besonderer Fruchtbarkeit zu sein, weil dort das Phänomen der Zeit von Anfang an ein zentrales Thema gewesen ist. Daß buddhistische Denker inzwischen als „Philosophen" gelesen werden, ist jedoch weder vielen europäischen Philosophen noch vielen japanischen Philosophen selbstverständlich. Dōgen wurde erst zu Beginn des 20. Jahrhunderts als „Philosoph" entdeckt, wodurch seine Gedanken sich im Rahmen einer neuen Wirkungsgeschichte entfaltet haben und weiter entfalten.

Der folgende Text gliedert sich in vier Schritte: Erstens möchte ich kurz den Prozeß darstellen, durch den Dōgen innerhalb der modernen japanischen Philosophie zu einem „Philosophen" gemacht wurde. Diese Neuinterpretation kann auch als ein Modellfall gelesen werden für ein interkulturell orientiertes Philosophieren, bei dem Denker aus verschiedenen Kulturen und Religionen in *philosophischer* und *systematischer* Perspektive neu gedeutet werden. Zweitens möchte ich auf die „Grunderfahrung" der Vergänglichkeit und das daraus resultierende Leiden hinweisen, die im Buddhismus zum Ausgangspunkt für jedes Handeln und Denken werden. Drittens soll eine Linie der Zeitinterpretation im Buddhismus verdeutlicht werden, die ihren Höhepunkt in Dōgen findet. Diese Interpretation richtet sich gegen die Annahme, daß die buddhistische Zeitphilosophie ihr Zentrum in der sogenannten „Augenblickstheorie" finde, wobei der Augenblick dort nur als etwas Punktuelles aufgefaßt wird. Dagegen möchte ich einen spezifisch anderen

Gedanken ausgehend von buddhistischen Denkern entwickeln, der Zeit als ein höherstufiges und komplexes Zusammenspiel von Zukunft, Gegenwart und Vergangenheit erschließt. Dieser von Ryōsuke Ōhashi in der Einleitung nur angedeutete Zusammenhang soll in diesem Teil ausführlicher behandelt werden. Viertens soll zum Abschluß nach der verändernden Bedeutung dieses Zeitgedankens für das Philosophieren insgesamt gefragt werden. Es sollen dabei methodische Möglichkeiten angedeutet werden, in denen sich Buddhistisches und Europäisches miteinander verbinden.

1.1. Dōgen als „Philosoph"

Dōgen verfaßte zahlreiche Traktate und zudem wurden seine Gedanken in Spruchsammlungen zusammengestellt.[164] Schon bald nach Dōgens Tod entstanden die ersten Kommentare zu seinen Werken, aber in den folgenden vier Jahrhunderten wurde seinen Schriften kaum noch Aufmerksamkeit geschenkt. Erst im 18. Jahrhundert setzte erneut ein vertieftes Studium seiner Gedanken ein, aus dem verschiedene Kommentarwerke von Mönchen der sogenannten Sōtō-Schule des Zen-Buddhismus resultierten.[165] Die Schriften Dōgens waren zu jener Zeit außerhalb der Sōtō-Schule fast unbekannt und wurden im allgemeinen Geistesleben der Edo-Zeit (1600-1868) nicht beachtet.

Auch in der Meiji-Zeit (1868-1915), in der Japan die westliche Kultur in atemberaubendem Tempo rezipierte und so die Epoche der Moderne in Japan begann,[166] spielten die Gedanken Dōgens zunächst außerhalb der Sōtō-Schule keine besondere

---

[164] Für einen Überblick über die Hauptwerke Dōgens vgl. Kim, *Dogen Kigen. Mystical Realist*, und den Anhang im vorliegenden Buch.
[165] Zur Geschichte der Kommentierung vgl. Anhang.
[166] Für diesen Zusammenhang vgl. Elberfeld, *Kitaro Nishida (1870–1945). Moderne japanische Philosophie und die Frage nach der Interkulturalität*.

Rolle. An den neu entstandenen Universitäten wurden vor allem westliche Wissenschaften und somit auch Philosophie gelehrt, so daß sich die Frage ergab, ob es in Japan schon vor der Meiji-Zeit *Philosophie* gegeben habe. In Japan war die Meinung darüber geteilt. Die einen – geschult in westlicher Philosophie – vertraten den Standpunkt, es habe in Japan vor der Meiji-Zeit keine Philosophie gegeben. Die anderen behaupteten jedoch, unter Verwendung verschiedener Argumente, daß man auch schon früher von *Philosophie* sprechen könne.[167] Die Ablehnung oder Befürwortung hing bzw. hängt damals wie heute von der Definition für

---

[167] Vgl. Saigusa, Japanische Philosophie, in: *Japanische Geistesgeschichte*, bearbeitet von Klaus Kracht, Wiesbaden 1988, 93-99. Vgl. auch die erste Darstellung der japanischen Philosophie in deutscher Sprache, in der die Position vertreten wird, daß es in Japan bereits vor der Meiji-Zeit Philosophie gegeben habe: „Von Philosophie kann man in Japan erst nach der Einführung ausländischer Philosophie und Religion sprechen, und zwar soll die chinesische Philosophie durch den Koreaner Wang-in (5. Jahrhundert n. Chr.) ins Land gebracht worden sein, während die ausländische Religion, der Buddhismus, durch eine koreanische Gesandtschaft im Jahre 552 n. Ch. nach Japan gekommen ist. Man darf diese Tatsache jedoch nicht so auffassen, als ob es gar kein originelles, einheimisches Ideensubstrat für die japanische Philosophie gegeben habe, und daß diese nichts anderes sei, als die eingeführte ausländische Philosophie." Denn eine „Gedankenströmung, die gewöhnlich populär, Yamatodamashi', deutsch: der japanische Volksgeist, genannt wird, bildet den Stamm, auf welchem die beiden ausländischen Gedankensysteme, welche Japan in früherer Zeit befruchtet haben, die chinesische Philosophie und die indische Religion aufgepfropft worden sind." Inoue Tetsujirō: Die japanische Philosophie, in: *Die Kultur der Gegenwart*, Abt. 1, hg. v. Paul Hinneberg, Bd. 5, *Allgemeine Geschichte der Philosophie*, Leipzig 1913, 100. Danach behandelt Inoue ausschließlich die Neo-Konfuzianische Philosophie in Japan. Eine berühmte Gegenposition, nach der es keine Philosophie in Japan vor der Meiji-Zeit gegeben habe, stammt von Nakae Chōmin: „Es gibt keine Philosophie in Japan" (Nihon ni tetsugaku nashi). Nakae Chōmin, Ichinen yūhan, in: *Gendai nihon bungaku taikei*, Bd. 2, hg. v. Inoue Tatsuzō, Tōkyō 1972, 113. Es handelt sich hierbei um die Überschrift eines kleinen Abschnittes, in dem er seine Behauptung zu erklären versucht.

Philosophie ab, die bei der Beurteilung zugrunde gelegt wird.[168] Im modernen Japan ist dabei die Tendenz zu beobachten, daß, je weiter die Aufarbeitung der japanischen Tradition in all ihren Aspekten voranschritt, sich die Definition des Begriffes Philosophie erweiterte und immer mehr auch von *japanischer* Philosophie gesprochen wurde.[169]

Auch die Entdeckung Dōgens für die Philosophie fand im Zuge dieser Entwicklung statt. Vor allem sein Werk *Shōbōgenzō*, in dem die buddhistische Lehre in der Sicht Dōgens verdichtet zur Sprache kommt, umfaßt Schriften, die im 20. Jahrhundert von japanischen Philosophen als denkerische Ansätze zur Philosophie neu gelesen wurden. Diese *philosophische* Rezeption seiner Schriften eröffnet eine neue Ebene seines Denkens, die auch für die gegenwärtige Diskussion in der europäischen Philosophie fruchtbar entfaltet werden kann.

Es war Tetsurō Watsuji (1889-1960),[170] der 1926 die Texte und Lehren Dōgens aus dem Kontext der Sōtō-Schule herauslöste und sie erstmalig in *kulturhistorischer* Perspektive als *philosophische* Texte betrachtete. Die Rezeption der westlichen Philosophie in Japan seit der Meiji-Zeit machte die Japaner nicht nur mit den Texten der westlichen Kultur vertraut, sondern brachte zudem einen neuen Blick auf die eigene Tradition mit sich. Watsuji, der zu der Zeit, als er über Dōgen zu schreiben begann, bereits Bücher über Nietzsche (1913) und über Kierkegaard (1915) verfaßt hatte, eröffnete für Dōgen eine *philosophische* Wirkungsgeschichte, die inzwischen sein Denken zu einem fruchtbaren

---

[168] Vgl. hierzu das Kapitel „Gibt es außerhalb Europas Philosophie?" in: Elberfeld, *Phänomenologie der Zeit im Buddhismus*.

[169] Seit 1995 gibt es an der staatlichen Universität Kyōto einen eigenständigen philosophischen Lehrstuhl mit dem Lehrgebiet „Japanische Philosophie". Vgl. zum Studium der „japanischen Philosophie" außerhalb Japans: Heisig (Hg.), *Japanese Philosophy Abroad*, 2004.

[170] Der Text *Shamon Dōgen* wurde von Watsuji 1920 verfaßt und 1926 veröffentlicht. Jetzt ist er enthalten in: *Watsuji Tetsurō zenshū*, Bd. 4, 156-246.

Auseinandersetzungspartner im philosophischen Diskurs des modernen Japan und darüber hinaus gemacht hat. Dōgen wird aber seither nicht nur im philosophischen Kontext rezipiert, sondern spielt auch in der Religionsgeschichte, japanischen Linguistik und Sozialgeschichte eine wichtige Rolle.

Im Vorwort seines Aufsatzes versucht Watsuji sich zunächst zu verteidigen im Hinblick auf die Tatsache, daß er, ohne Zen-Mönch zu sein und ohne über die spezielle Erfahrung des buddhistischen Erwachens zu verfügen, über Dōgen schreibe. Er ist sich der Tatsache bewußt, daß er mit seinem Aufsatz einen neuen Umgang mit Dōgen einleitet: „Ich behaupte nicht, daß meine Interpretation, da ich in bezug auf das Verständnis der Wahrheit *an sich* bei Dōgen kein Selbstvertrauen haben kann, die einzig [*mögliche*] Interpretation sei. Aber es wird wohl zumindest gesagt werden können, daß ein neuer Weg der Interpretation eröffnet wurde. Durch [*meine Interpretation*] ist Dōgen nicht mehr eine Gestalt in einer bestimmten buddhistischen Schule, sondern durch sie gewinnt er Bedeutung für die ganze Menschheit. Ich wage es, diese stolzen Worte zu sagen, weil ich weiß, daß Dōgen innerhalb der [*Sōtō-*]Schule getötet wurde."[171]

Watsujis Aufsatz wirkte auslösend für viele Studien über Dōgen, die nicht mehr nur im Rahmen zen-buddhistischer Lehre situiert waren. Sein Ansatz gilt somit als Ausgangspunkt für die moderne Betrachtung Dōgens auch im Sinne einer „Dōgen-Forschung". Inspiriert durch Watsuji beschäftigten sich auch andere Philosophen mit Dōgen oder nahmen ihn zumindest zur Kenntnis.

Von Kitarō Nishida (1870-1945), dem Begründer der modernen japanischen Philosophie im engeren Sinne, wird Dōgen zwar

---

[171] „Getötet" bedeutet: seine Lehren wurden nur noch in äußerlicher Form tradiert. *Watsuji Tetsurō zenshū*, Bd. 4, 160.

eher selten erwähnt, aber wenn er ihn heranzieht, dann in zentraler Hinsicht: „Wenn wir zum Grund unseres eigenen Selbstwiderspruchs durchstoßen, erreichen wir ausgehend von der absolut widersprüchlichen Selbstidentität das wirkliche Leben. Das ist Religion. Dort muß absolute Negation gegeben sein. Es gibt die religiöse Übung, in der wir Leib und Leben verlieren. Es handelt sich dabei weder um logisches Denken, noch um moralisches Handeln. Daher nennt Dōgen dies auch das einfache Sitzen in Zen-Meditation (taza), bei dem Leib und Herz abfallen (shinjin-datsuraku)."[172] Nishida zieht Dōgen an dieser Stelle heran, um den nicht-mehr-philosophischen Abschluß seiner Philosophie im Sinne eines existentiellen Vollzugs näher zu charakterisieren. Es gehört zum besonderen Charakter der Philosophie Nishidas, die existentielle Praxis als einen Akt geschichtlicher Gestaltung in den Mittelpunkt seines Denkens zu stellen. Durch seinen zen-buddhistischen Hintergrund denkt und vollzieht er diese Praxis aber anders als z.B. Kierkegaard ausgehend von der christlichen Gottesvorstellung, oder Heidegger in der Tradition der Hermeneutik. Dōgen spielt bei Nishida keine Hauptrolle in der begrifflich-philosophischen Begründung, aber die Explikation seiner lebendigen Zen-Erfahrung hat den Gesamtsinn der Philosophie bei Nishida im Hintergrund mitgeprägt.

Als eigenständiger Philosoph wurde Dōgen explizit erstmalig von Hajime Tanabe (1885-1962) anerkannt, einem Schüler und

---

[172] *Nishida Kitarō zenshū*, Bd. 9, 332. Weitere Stellen, an denen Nishida Dōgen erwähnt sind z.B. Bd. 11, 168, 411; Bd. 12, 344, 366, 370. Nishida vermeidet vor allem in seinen frühen Schriften direkte Anspielungen auf buddhistische Kontexte, obwohl diese für sein Denken nicht unwichtig sind. Immer, wenn er Buddhistisches heranzieht, so versucht er damit seinen eigenen Gedanken zu belegen und zu verdeutlichen. Zu seinem direkteren Umgang mit buddhistischen Themen vgl.: Nishida, Ortlogik und religiöse Weltanschauung, dt. in: Kitarō Nishida, *Logik des Ortes. Der Anfang der modernen Philosophie in Japan*, hg. v. Elberfeld, 204-284.

Kollegen Nishidas. In dem 1939 veröffentlichten Aufsatz *Persönliche Ansichten zur Philosophie des Shōbōgenzō*[173] schreibt er: „Indem ich darauf hinweise, daß es einen Menschen wie Dōgen unter unseren Vorfahren gegeben hat, möchte ich das allgemeine Selbstvertrauen der Japaner in bezug auf ihre diskursiven Fähigkeiten stärken und zugleich möglichst viele Menschen wissen lassen, daß der Inhalt des *Shōbōgenzō*, geschrieben in einer [*vergangenen*] Epoche, eine gegenwartsbezogene Bedeutung besitzt und dazu beitragen kann, die Aufgaben der Philosophie, die uns heute auferlegt sind, zu lösen."[174] Im folgenden rechtfertigt auch Tanabe sich dafür, daß er mit den verschiedenen religiösen Schulen in Japan nichts zu tun gehabt habe und nun das *Shōbōgenzō* philosophisch interpretieren wolle. „Daß ich als Außenstehender ausgehend vom Standpunkt der Philosophie meine eigene Interpretation zum *Shōbōgenzō* vortrage, dem heiligen Text der [*Sōtō-*] Schule, mag für manche eine unerlaubte Blasphemie sein. Ich bin jedoch davon überzeugt, wenn ich Dōgen nicht nur als den Begründer der japanischen Sōtō-Schule des Buddhismus respektiere, sondern ihn als einen einzelnen überragenden metaphysischen Denker und als frühen Präzedenzfall der japanischen Philosophie verstehe, so schade ich Dōgen damit keinesfalls, vielmehr ist dies ein Grund, ihn in noch tieferer Weise zu verehren."[175]

Die im dritten Abschnitt dieses Textes folgende zugespitzte Interpretation des Phänomens der Zeit bei Dōgen[176] und seinen Vorgängern soll vor allem deutlich werden lassen, daß Dōgens Ansatz für ein gegenwärtiges Philosophieren wichtige

---

[173] Shōbōgenzō no tetsugaku shikan, jetzt in: *Tanabe Hajime zenshū*, Bd. 5, 445-494.
[174] *Tanabe Hajime zenshū*, Bd. 5, 445.
[175] Ebd., 445.
[176] Den Gesamtzusammenhang habe ich ausführlich in meinem Buch *Phänomenologie der Zeit im Buddhismus* entwickelt. Die folgende kurze Interpretation des Zeit-Denkens bei Dōgen wird dort umfassend entfaltet.

Anregungen bereit hält. In diesem Sinne stellt sich der vorliegende Band mit den Übersetzungen und philosophischen Erschließungen ganz in die Tradition, die mit der Interpretation Watsujis ihren Anfang genommen hat. Dōgens Denken wird durch dieses Vorgehen in gewisser Hinsicht dekontextualisiert, um so für philosophische Fragestellungen in systematischer Perspektive fruchtbar gemacht werden zu können. Bevor ich auf die Zeitinterpretation im engeren Sinne eingehe, soll die Grunderfahrung der Vergänglichkeit bei Buddha und Dōgen angesprochen werden, da sie den zentralen Hintergrund für die Erschließung des Zeitphänomens im Buddhismus bildet.

1.2. „Vergänglichkeit" als Grunderfahrung bei Buddha und Dōgen

Der Anfang von Buddhas Weg geht auf ein „Schlüsselereignis" bzw. eine „Schlüsselerfahrung"[177] zurück. Nach einem sorgenfreien und luxuriösen Leben im Palast seines Vaters machte Gautama sich auf zu vier Ausfahrten in die nähere Umgebung. Auf seinem Weg begegnete er einem *alten* Menschen, einem *kranken* Menschen, einem *toten* Menschen und schließlich einem *Asketen*. Derartiges hatte er zuvor niemals zu Gesicht bekommen. Die Schlüsselerfahrung, daß alle Menschen grundsätzlich von Alter, Krankheit und Tod eingeholt werden, d.h. menschliches Leben radikal vergänglich und endlich ist, erschüttert ihn von Grund auf, so daß er den väterlichen Palast verläßt, um einen Weg zur Befreiung aus der Situation des Leidens der menschlichen

---

[177] Vgl. Waldenfels, *Ordnung im Zwielicht*, 150 ff. Die Interpretation geht aus von Texten, die in der buddhistischen Tradition in hohem Maße wirksam geworden sind. Ob diese Erzählungen einer „historischen Wahrheit" entsprechen oder nicht, soll hier weder behauptet noch problematisiert werden. Daß diese Texte für die spätere Selbstauslegung der Buddhisten wichtig geworden sind, soll hier als Ausgangspunkt genutzt werden, um eine Differenz zu vielen europäischen Ansätzen zu markieren.

Existenz zu suchen. Die Grunderfahrung, die durch sein Schlüsselerlebnis zum Antrieb für alles weitere Handeln und Denken wird, ist ein tiefes *Trauern* über die Nichtigkeit und Vergänglichkeit aller weltlichen Zusammenhänge, die selbst dann, wenn sie zunächst als glücklich erscheinen, vergehen müssen. Die genannte Grunderfahrung des Buddha spiegelt sich in radikaler Weise in der ersten edlen Wahrheit: Alles ist Leiden (*duḥkha*). Diese Grunderfahrung und die daraus resultierende Grundstimmung ist Ausgangspunkt jeder weiteren Rede und Reflexion im Buddhismus. Diese Wahrheit bringt die Einsicht zum Ausdruck, daß jedes an den Lebenskreislauf von Geburt, Alter, Tod und Wiedergeburt gebundene Lebewesen bereits in der ursprünglichen Weise seiner Existenz leidet, selbst wenn es dies nicht weiß, da es im Kreislauf der Wiedergeburten und durch das *Wirken der Zeit* nichts Festes und Letztes gibt, das beständiges und wirkliches Glück verheißen würde. Ausgehend von dieser Grunderfahrung erschließt sich *Welt* im Rahmen des Buddhismus. Diese *Ergriffenheit* durch das allumfassende Leiden in der Welt führt zu allen weiteren *Begriffen* des Denkens im Rahmen buddhistischer Welterschließung.

> Geburt ist Leiden, Altern ist Leiden, Krankheit ist Leiden, Sterben ist Leiden, Sorge, Jammer, Schmerz, Trübsal und Verzweiflung sind Leiden; mit Unliebem vereint sein ist Leiden; von Liebem getrennt sein ist Leiden; nicht erlangen, was man begehrt, ist Leiden; kurz gesagt, die fünf Anhaftungsgruppen sind Leiden.[178]

Wenn in den edlen Wahrheiten von *Wahrheit* die Rede ist, so bezieht sich dieses Wort nicht auf die Erkenntnisform einer Idee, die Richtigkeit einer Aussage oder die Existenz eines transzendenten Wesens, sondern auf die offenbare Tatsache, daß alles der

---

[178] Nyanatiloka, *Das Wort des Buddha*, 17.

Zeit unterworfen und damit wesentlich vergänglich ist. Ausgangspunkt für das Sprechen von Wahrheit ist somit die alltägliche Erfahrung der Vergänglichkeit, ohne darüber hinaus in irgendeiner Weise eine transzendente Ebene einführen zu müssen. Die Grunderfahrung des Buddhas bleibt radikal weltimmanent und bezieht sich weder auf einen Gott noch auf einen Logos als einen letzten *unveränderlichen* und dem *Leid enthobenen* Zufluchtsort.

Ganz in der Tradition Buddhas betont Dōgen, daß das tiefe Gewahrsein der Vergänglichkeit und Unbeständigkeit (mujō) die Voraussetzung ist, seinen Einsichten in das, was *ist*, folgen zu können. Ohne die Grundstimmung des tiefen Gewahrseins der Unbeständigkeit erschließen sich die Phänomene der Welt in seinem Sinne nicht.

> Um die Entschlossenheit [*für den Weg Buddhas*] aufzubringen, muß man in der Tiefe des Herzens die Vergänglichkeit der Welt aufsteigen lassen. Dabei handelt es sich nicht um irgendeine zufällige Meditationsmethode. Es geht nicht darum, in unserem Kopfe etwas zu erfinden, was in Wirklichkeit gar nicht existiert. Für die wahre Wirklichkeit sind die Sachverhalte, die uns direkt vor Augen liegen, leitend. Wir brauchen keine Sätze und kein Prinzip aus den heiligen Schriften, die in der Welt als sehr wichtig betrachtet werden, als Beweis dafür abzuwarten. Morgens geboren, abends gestorben, jemanden, den wir gestern sahen, gibt es heute nicht mehr – das sind Tatsachen, die wir mit eigenen Augen sehen und mit eigenen Ohren hören. Das ist es, was wir über andere sehen und hören. Wende es auf dich selbst an und bedenke so die Sachverhalte. Selbst wenn wir uns auf eine Lebensspanne von siebzig oder achtzig Jahren eingerichtet haben, so sterben wir doch früher oder später, weil wir eben sterben müssen.[179]
> Ich erwecke erstmals den Geist des Weges aus der [*Einsicht in die*] Vergänglichkeit [...].[180]

Dōgen beschreibt in der ersten Textstelle die Voraussetzung, um auf den von Buddha gewiesenen Weg zu gelangen. Es ist ausdrücklich das „Aufsteigen lassen" bzw. „Bedenken" der „Vergänglichkeit", das den eigentlichen Anfang bildet, zu einem wirklichen „Entschluß" für den Weg. Betontermaßen geht es nicht nur um irgendeine „Meditationsmethode" oder um bestimmte „Lehren" aus den heiligen Schriften des Buddhismus, durch die wir uns ein Bild der Wirklichkeit zurechtlegen. Ausgangspunkt jeder Reflexion und denkerischen Bemühung ist im Buddhismus vielmehr das, was uns zu jeder Zeit in unserem Erfahren ganz offen gegeben ist. Mitmenschen sterben, altern und werden krank. Genau dies ist auf uns selbst anzuwenden und als Ausgangspunkt zu bedenken. Nur von hier aus erschließt sich nach buddhistischer Philosophie die Wirklichkeit in ihrer Seinsweise ohne Substantialisierung und metaphysische Spekulationen. Gewissermaßen voraussetzungsfrei hebt die Reflexion an aus der Grunderfahrung der Vergänglichkeit.

> Das Wichtigste ist das Streben nach der Befreiung vom eigenen Ich. Bevor ich aber dieses Herz bedenken [kann], muß ich die Vergänglichkeit bedenken. Unser Leben ist wie ein Traum. Licht und Schatten gehen schnell ineinander über. Unser taugleiches Leben verlischt sehr leicht. Die Zeit wartet auf niemanden […].[181]

Anders als in der neuzeitlichen Philosophie in Europa, wo das „Ich" bei bestimmten Philosophen zum Begründungsfundament des Denkens wird, ist in der buddhistischen Philosophie jede Ich-Substanz als Schein zu durchschauen. Dies kann aber in ganzer

---

[179] Eihei Dōgen, *Shōbōgenzō Zuimonki. Unterweisungen zum wahren Buddhaweg*, 87. Übersetzung leicht verändert.
[180] Ebd., 129.
[181] Ebd., 104.

Radikalität nur geschehen, wenn die Einsicht in die Vergänglichkeit und damit in das *Zeitlichsein* menschlicher und weltlicher Zusammenhänge radikal genug ist. An dieser Stelle scheint auf, daß der Anfang des Philosophierens im Buddhismus zutiefst verbunden ist mit dem Phänomen der Zeit.

1.3. Zeit und Denken im Buddhismus
– Nāgārjuna, Seng Zhao, Fazang, Dōgen

Gewöhnlich geht man in der Forschung davon aus, daß der zentrale Ansatz für das Denken der Zeit im Buddhismus in der Augenblicks-Theorie bestehe, die auf ältere indische Quellen zurückgeht.[182] Dagegen möchte ich die These vertreten, daß Dōgens Zeit-Denken nicht durch diese Theorie erschlossen

---

[182] Die Kontroverse über die Interpretation des Augenblicks zwischen den Anhängern der Sarvāstivāda-Schule und denen der Sautrāntika wird in der folgenden Interpretation nicht mit einbezogen. Denn die sogenannte *kṣaṇa*-Lehre wird erst ab dem 5. Jahrhundert textlich eigenständig behandelt – im *Abhidharmakośa-bhāṣya* des Vasubandhu und dem *Abhidharmasamuccaya* von Asaṅga – und dann vor allem von Xuanzang (600-664) durch seine Übersetzungen in China bekannt gemacht. Hierzu vgl. vor allem: von Rospatt, *The Buddhist Doctrine of Momentariness. A Survey of the Origins and Early Phase of this Doctrine up to Vasubandhu*.
Die Kontroverse bezieht sich auf die Frage, ob die Existenz eines *dharma* nur „einige wenige ‚Augenblicke' (*kṣaṇa*) währte, wie die *sarvāstivādins* und *theravādins* meinten, oder nur einen einzigen Moment (*kṣaṇa*), was der Vorstellung der *sautrāntikas* entsprach. Nach der Ansicht der *sautrāntikas* dauert ein Ereignis nur einen Augenblick lang und vergeht, sobald es aufkommt, unmittelbar nachdem es Dasein erlangt (*ātmalabha*) hat. Seine Zerstörung ist spontan (*ākasmika*) und erfordert keine zusätzliche Ursache. Als ein Nichts (*abhava*) braucht Zerstörung nicht ausgeführt zu werden und ist daher keine Wirkung, welche einer Ursache bedarf. Die Dinge vergehen von selbst, einfach weil dies in ihrer Eigennatur liegt. Die *sarvāstivādins* und *theravādins* gehen jedoch davon aus, daß ein Ergebnis drei, vier oder sogar noch mehr Augenblicke lang andauert. Für alle geistigen Ereignisse definieren die *theravādins* die genaue Präsenz innerhalb der drei Augenblicke der Entstehung, der Dauer und des Zerfalls. Nach der Vorstellung der *sarvāstivādins* muß jedes abhängige Einzelereignis vier ‚Augenblicke' oder

werden kann. In seinem Denken kulminiert vielmehr eine wirkungsgeschichtliche Linie buddhistischen Zeitdenkens, die von Nāgārjuna[183] über Seng Zhao[184] und Fazang[185] zu Dōgen

> Phasen durchlaufen, nämlich 1. Geburt oder Entstehen, 2. Dasein, 3. Verfall und 4. Zerstörung (*anityatā, vināśa*)." Conze, *Buddhistisches Denken. Drei Phasen buddhistischer Philosophie in Indien*, 188 f. Vgl. auch die kurze Textstelle aus dem *Abhidharmakośa* in: *Die Philosophie des Buddhismus*, hg. v. Frauwallner, 104 ff. Eine philosophische Durchdringung des Zeitproblems ist hier nur ansatzweise gegeben, da sich beide Positionen zu sehr auch argumentativ an den äußeren Augenschein halten und z. B. auch versucht wird, die Länge eines Augenblicks zu messen, wodurch sich allerdings interessante Verbindungen zur modernen Psychologie ziehen lassen, vgl. Conze, *Buddhistisches Denken*, 190 f. – Die Lehre vom „Augenblick" ist auch heute noch in der buddhistischen Argumentation und Diskussion ein wichtiger Bezugspunkt, wobei die traditionellen Differenzen der Auslegung zumeist nicht einbezogen werden. Häufig findet man ein bedenkenloses Hinweisen auf die „Augenblicklichkeit", durch deren unmittelbare Erfahrung dann eine Art „Erlösung vom Leiden" erhofft wird. In den Texten, die ich in meiner Interpretation der Zeit im Buddhismus heranziehe, wird das Phänomen der Zeit wesentlich komplexer und tiefer erfahren.

[183] Ein Grundlagentext von Nāgārjuna liegt in deutscher Übersetzung vor: Weber-Brosamer u. Back, *Die Philosophie der Leere. Nāgārjunas Mūlamādhyamaka-Kārikā*. Für eine allgemeine Orientierung über das Denken Nāgārjunas seien hier aus der Fülle der Literatur nur drei Texte genannt: Lorenz, Nāgārjuna (ca. 120-200) und das Mādhyamaka, in: ders., *Indische Denker*, 59-102; Schlieter, Nāgārjuna und die Mādhyamaka-Schule, in: ders., *Buddhismus zur Einführung*, 100-110; Schlieter, Paradoxierungen und Entparadoxierungen: Die Sprachsicht des Nāgārjuna, in: ders., *Versprachlichung – Entsprachlichung*, 226-256. Eine Orientierung über den westlichen Diskurs zur Philosophie Nāgārjunas im Zusammenhang mit der Frage nach methodischen Strategien komparativer Philosophie gibt die sehr aufschlußreiche Studie von Tuck, *Comparative philosophy and the philosophy of scholarship: on the Western interpretation of Nāgārjuna*.

[184] Zu Seng Zhaos Stellung innerhalb des Buddhismus vgl.: Elberfeld/Leibold/Obert, Denkansätze zur buddhistischen Philosophie in China, 13-90.

[185] Zu Fazang und den verschiedenen Aspekten seines Denkens vgl: Obert, *Sinndeutung und Zeitlichkeit. Zur Hermeneutik des Huayan-Buddhismus*; Elberfeld et al., *Denkansätze*, a.a.O., 111-151.

führt. Diese Linie hat in der westlichen Literatur fast noch keine Beachtung gefunden, obwohl alle vier Denker Fragen aufwerfen, die jeweils für sich einen hohen Impulswert für gegenwärtige philosophische Fragestellungen besitzen vor allem im Rahmen der Metaphysikkritik. Da nur ein erster Eindruck von dieser Linie gegeben werden kann, möchte ich zunächst den Grundgedanken der Zeitinterpretation bei Nāgārjuna, Seng Zhao und Fazang zusammenfassen, um dann zwei zentrale Punkte der Zeit-Interpretation bei Dōgen ausführlicher vorzustellen.

1.3.1. Nāgārjuna: Substanzlosigkeit der Zeit[186]

Der erste wichtige philosophische Schritt in der buddhistischen Phänomenologie der Zeit nimmt die ablehnende Haltung Buddhas gegenüber allen „metaphysischen" Fragen in radikaler Weise auf. Buddha wie auch Nāgārjuna setzten sich damit ab gegen eine Tradition des indischen Denkens, für die das Wesen und die Substanz eine wichtige Rolle gespielt haben.[187] Ein zentrales Ergebnis der Eröterungen bei Nāgārjuna ist: *Zeit ist kein Etwas*, sofern man „Etwas" versteht als substantielle Entität im Sinne eines abtrennbaren Selbständigen. Hieraus ergeben sich vielfältige Konsequenzen. Unter diesen Vorzeichen ist es nicht mehr möglich, nach einer „Definition" der Zeit zu fragen, da eine „Definition" im Sinne einer Abgrenzung immer abtrennbares Seiendes voraussetzt. Die Frage „Was ist Zeit?" im Sinne der Frage nach dem „Wesen" wird unter der genannten Voraussetzung sinnlos.

Das noch radikalere Ergebnis ist: *Zeit ist nicht*. Sie *ist nicht*, da

---

[186] Meiner Interpretation liegt das Kapitel 19 aus dem Hauptwerk von Nāgārjuna zugrunde. Vgl.: Weber-Brosamer u. Back, *Die Philosophie der Leere. Nāgārjunas Mūlamādhyamaka-Kārikā*, 71 ff.

[187] Vgl. zum Begriff der Zeit in der indischen Philosophie: Prasad, *Time in Indian Philosophy*; Balslev, *A Study of Time in Indian Philosophy*.

sie weder etwas Eigenständiges noch „Etwas" *an* etwas anderem ist. Ihr kommt weder Selbstsein noch Seiendsein *an* etwas zu. Sie ist schlechterdings *nicht* „kategorial" im Sinne von Seinsaussagen erfaßbar. Somit wird auf dieser Ebene auch die Frage nach ihrer „Meßbarkeit" sinnlos. Denn „meßbar" ist nur „etwas", das sich isolieren läßt und als selbständige Größe erfaßbar ist. Wie aber kann von etwas gesprochen werden, das in dieser Radikalität *nicht ist*?

Dieses Ergebnis kann zu einer Blickwendung in der Frageweise selbst führen. Solange man versucht, das Phänomen der Zeit im Sinne eines abtrennbaren Selbständigen zu erfragen, ergeben sich unüberwindbare Widersprüche, wie sich in der europäischen Philosophie vor allem bei Zenon zeigt. Löst man sich jedoch radikal von der Perspektive, Zeit als ein „abtrennbares Selbständiges" zu bestimmen, so können sich neue Blickrichtungen und sprachliche Möglichkeiten ergeben, das Phänomen der Zeit als „Dimension" oder als „Horizont" zu thematisieren. In dieser neuen Frageperspektive läßt sich das Phänomen der Zeit „*nicht-objektivierend*", „*nicht-subjektivierend*" und „*nicht-metaphysisch*" erschließen.

1.3.2. Seng Zhao: Immerwährende Gegenwart[188]

Der erste Schritt in diese Richtung führt zur Frage nach der „Gegenwart" als der immerwährenden *Dimension* von allem, was ist, die selbst aber *nichts* von all' diesem *ist*. Die Gegenwart als immerwährende Gegenwart „läßt sein" und ohne sie ist nichts. Denn Gegenwart läßt (Heideggerisch gesprochen) das anwesen, was ist. Aber gerade als dieses Anwesenlassen (wohlgemerkt: sie selber ist *nicht* Anwesenheit) ist sie niemals als „Etwas" zu fassen, obwohl

---

[188] Der Interpretation liegt der Abschnitt *Wu bu qian lun* des *Zhaolun* von Seng Zhao zugrunde. Vgl. hierzu die Übersetzung in: Elberfeld, *Phänomenologie der Zeit im Buddhismus*.

sie niemals fehlen darf, denn ohne sie ist kein Anwesen. Hier ergeben sich somit zwei verschiedene Begriffe von Gegenwart: Zum einen ist es die Gegenwart als Dimension, die immer anwesen läßt, und zum anderen ist es die konkret bestimmte Gegenwart als dieses oder jenes Jetzt. Beides läßt sich nicht voneinander trennen. Die Gegenwart als Dimension ist immer ein konkret bestimmtes Jetzt und umfaßt damit immer schon viele Jetzt als verschiedene Gegenwarten.

Seng Zhaos Analyse zeigt, daß mitten in der Zeit als Bewegung und Veränderung vollständige Ruhe als die Gegenwart eines jeden *dharma* realisiert werden kann. Bewegung und Ruhe und damit auch Zeit und Verschwinden von Zeit vollziehen sich demnach immer zugleich. Verschwinden von Zeit kann nur mitten in der Zeit als *anhaltendes* Fließen der Zeit realisiert werden. Auch das Realisieren selber ist somit nichts anderes als anhaltendes Fließen der Zeit.

Bei diesem Gedanken droht unsere Sprache zu versagen. Sprechen wir von „der Gegenwart", so ist sie bereits durch den bestimmten Artikel und die substantivierte Form als ein eigenständiges Seiendes zum Ausdruck gebracht, was sie gerade nicht sein kann. Das Phänomen der Zeit scheint hier einen anderen Gebrauch der Sprache zu erzwingen, will man es als „Dimension" oder „Horizont" zur Sprache bringen und nicht als „Ding" oder „Etwas". Ist es also möglich, daß uns die Sprache selbst in die „Gegenwärtigkeit" der Gegenwart bringt, um diese so von der Sache selbst her zur Sprache zu bringen? Ist dann aber die Gegenwart nur bloße „Gegenwart", oder umfaßt sie als volle „Gegenwart" im Sinne einer Dimension nicht vielmehr auch alle anderen Zeiten? Es zeichnet sich hier eine Weise der Gegenwart ab, die in sich mehrstufig differenziert ist. Seng Zhao bezieht sich in seiner Analyse nur auf Gegenwart in doppelter Bedeutung und auf Vergangenes. Die Zukunft kommt dabei nicht genügend ins Spiel. Der Gedanke einer umfassenden Relationalität aller Zeiten

(Zukunft, Gegenwart und Vergangenheit) wird dann bei Fazang entwickelt.

1.3.3. Fazang: Relationalität der zehn Zeiten[189]

Die Vielheit der Zeiten läßt sich nach Fazang zunächst unterscheiden in neun Zeiten, wobei Vergangenheit, Gegenwart und Zukunft sich jeweils in drei Zeiten ausdifferenzieren: Zukunft der Zukunft, Gegenwart der Zukunft, Vergangenheit der Zukunft, Zukunft der Gegenwart, Gegenwart der Gegenwart, Vergangenheit der Gegenwart, Zukunft der Vergangenheit, Gegenwart der Vergangenheit, Vergangenheit der Vergangenheit. Weitere Differenzierungen würden nur Gleiches wiederholen. Die neun Zeiten sind jedoch nicht selbständig, sondern je nur in bezughafter Vermittlung zu den anderen Zeiten als je diese Zeit gegeben. Sie sind je sie selbst als Bezug zu den anderen Zeiten.

Das bezughafte Ineinssein der verschiedenen Zeiten geschieht als die zehnte Zeit im Sinne des einen „Gedankenaugenblicks", in der die Zeit je als Zeit *neu* hervorgeht. Dieses Neuhervorgehen der Zeit als Zeit kann sich als das *Denken der Zeit* selber vollziehen, so daß sich als mein Denken die Zeit selber als Zeit denkt. Hier löst sich jede Substanz auf in die denkende Realisation von Zeit, die aber nur durch die je hier und jetzt vollzogene Analyse der Zeit sich selber durchsichtig wird, ohne aber dies je als Definition oder letzte Bestimmung der Zeit „festhalten" zu können. Die „zehnte Zeit" als *eine Vergegenwärtigung bzw. ein Vorstellungsaugenblick* faßt alle anderen Zeiten zusammen als ein in sich relational strukturiertes „Reihen". Alle Zeiten sind somit *jeweilig* in der *jeweils* zehnten Zeit in *bestimmter* „Reihung" enthalten. Jede Zeit eines möglichen *dharma* umfaßt in relationaler Weise

---

[189] Der im folgenden zugrunde liegende Text trägt den Titel *Shi shi zhang*. Für die Interpretation des Gesamtzusammenhangs vgl. auch: Obert, *Sinndeutung und Zeitlichkeit. Zur Hermeneutik des Huayan-Buddhismus*.

immer alle Zeiten. Dies gilt es zu durchblicken und zu *jeder* Zeit zu realisieren. Vollziehe ich in jeder Zeit immer relational auch alle anderen Zeiten, so bin ich zu jeder Zeit. Ich überwinde somit die vereinzelte, abhängige Zeit, indem ich selber ganz zur *Zeit* werde und somit nicht mehr in der Zeit bin, da ich ja *alle* Zeiten in *einer* Zeit realisiere. Dies ist jedoch, wie gesagt, zu *jeder* Zeit zu realisieren und zwar in unablässiger Übung, die sich selbst immer nur als Zeit vollzieht. Meine ich, die Zeit irgendwann einmal zu *haben* und *festlegen* zu können, befinde ich mich wieder *in der Zeit* und bin nicht *als die ganze Zeit*. Es ist genau dieser Vollzugscharakter der Zeit und des Denkens der Zeit, der bei Dōgen eine konkrete phänomenologische aber auch poetische Wendung erhält. Dōgen findet Bilder und Situationen, durch die der spekulative Gedanke Fazangs verlebendigt wird. Ob der Gedanke bei Dōgen „weiter" reicht als bei Fazang, ist ein Zusammenhang, der einer umfassenden Diskussion bedürfte.

1.3.4. Dōgen: Ereignishaftes Verlaufen und lebendige Gegenwart

Dōgen hat in dem Text *Uji*, der zu den schwierigsten der japanischen Literatur überhaupt zählt, sein Denken der Zeit verdichtet zur Sprache gebracht. Bereits der Titel dieses Textes entzieht sich einer eindeutigen Übersetzung, da er ohne Kontext verschiedene Deutungen zuläßt. Die Kombination der zwei chinesischen Zeichen 有時 war im Altchinesischen durchaus üblich. Das Chinesisch-Deutsche Lexikon von Rüdenberg und Stange verzeichnet unter dem Eintrag *you shi*[190] das deutsche Wort „zuweilen", was allerdings die Bedeutung nur ungenau erschließt. Um noch klarer zu verstehen, was durch *you shi* zur

---

[190] Dies ist die chinesische Aussprache der beiden Zeichen, wohingegen *u-ji* eine bestimmte japanische Ausspracheweise ist.

Dōgen und sein Werk

Sprache kommt, soll eine Textstelle aus dem Altchinesischen herangezogen werden. Im *Zhouli*, einem Ritenklassiker, der vermutlich aus dem 3. oder 4. Jahrhundert vor unserer Zeitrechnung stammt, ist folgende Wendung überliefert:

> Für den Himmel gibt es eine bestimmte Zeit (you shi) [*z.B. Jahreszeit*], um wachsen [*zu lassen*] und eine bestimmte Zeit (you shi), um untergehen [*zu lassen*]. Für Gräser und Bäume gibt es eine bestimmte Zeit (you shi), um zu wachsen und eine bestimmte Zeit (you shi), um zu sterben.

Man kann *you shi* im Anschluß an diese Textstelle wörtlicher und erklärend übersetzen mit „es gibt eine Zeitphase bzw. Zeitspanne", in der *Bestimmtes* geschieht. Eine *bestimmte* Zeitphase wird im Zitat mit einem *bestimmten* inhaltlichen Ereignis verbunden. Zeit ist in diesem Wortgebrauch keine abstrakte Größe, sondern vielmehr ein inhaltsgebundenes Ereignis. Diese vorläufige, aus den klassischen chinesischen Schriften hergeleitete Übersetzung und Deutung im Sinne von „es gibt eine Zeitphase bzw. Zeitspanne" weicht auf den ersten Blick beträchtlich von den üblichen Übersetzungen des Titels *Uji* ab, wie wir sie in den verschiedenen Übersetzungen in westliche Sprachen finden, wie zum Beispiel: *Existence-Time* (Nishijima), *Being Time* (Abe/Waddel), *Being-Time* (Heine), *Living Time* (Wright), *Sein=Zeit* (Tsujimura). Warum ein Wort, das u.a. mit „zuweilen" übersetzt wird, auch mit „Sein-Zeit", wie dies in der vorliegenden Übersetzung geschieht, wiedergegeben werden kann und damit zu einem philosophisch hoch aufgeladenen Wort wird, steht im Zusammenhang mit einem neuen Wortgebrauch bei Dōgen, der jedoch auch die alte Verwendung ganz mit aufnimmt, um so, mit den verschiedenen Bedeutungsebenen spielend, das Phänomen der Zeit zur Sprache zu bringen. Im Text selber wird *Uji* auf folgende Weise gedeutet:

Genanntes Zu-einer-Zeit heißt: Zeit (*ji, toki*) ist [immer] schon [ein bestimmtes] Gegebenes (*u*), alles Gegebene (*u*) ist [bestimmte] Zeit (*ji, toki*).

Mit diesem Satz, der in dem Text *Uji* gleich zu Anfang nach der poetischen Einleitung steht, ist bereits der zentrale Gedanke ausgesprochen. Dōgen trennt die beiden Zeichen *u* und *ji* und läßt dadurch beide Zeichen zunächst eine abstrakte Bedeutung annehmen, die sie in der herkömmlichen kombinierten Verwendung nicht besitzen. Führen wir uns zunächst den Bedeutungsrahmen jedes einzelnen Zeichens genauer vor Augen: 有 *u*, chin. *you*. Rüdenberg und Stange geben für das Altchinesische folgende Bedeutung an: „haben, vorhanden sein, es gibt; (phil.) das Sein; (bud.) das Dasein (skrt.) *bhava*".

Das japanische Zeichenlexikon von Ogawa gibt zusammengefaßt folgende Grundbedeutungen (Lesung *yu* oder *u*): Die alte bildliche Bedeutung ist vermutlich folgende: Eine Hand übergibt Fleisch zum Essen. Daraus ergibt sich dann die Bedeutung „haben" bzw. „es gibt (etwas)". Zudem werden dreizehn Bedeutungslinien angeführt: 1. „es gibt etwas" im Gegensatz zu „es gibt nichts", haben, vorkommen, existieren, 2. Gegebenes, Existenz, 3. besitzen, im Vorrat haben, 4. beschützen, vertraut werden, 5. aufbewahren, 6. Aufbewahrtes, 7. Reichtum, 8. reich werden, 9. ein Beifügewort für Landes- und Menschennamen, 10. Land, Grenze, 11. auch, im weiteren, 12. oder, 13. Freund, anfreunden.

Zusammenfassend kann gesagt werden, daß mit diesem Zeichen konkret Gegebenes gemeint ist, was auch ganz dem Bild, welches dem Zeichen zugrunde liegt, entspricht. Demnach ist die Übersetzung „das Sein" für alte Texte problematisch, da sie in ihrer substantivierten Form des Verbs „sein" in Verbindung mit dem bestimmten Artikel zu weit von dem konkreten Vollzug des Gegebenen wegführt.

時 *ji, toki,* chin. *shi.* Rüdenberg und Stange geben für das Altchinesische folgende Bedeutung an: „Zeit; Jahreszeit, Vierteljahr; Doppelstunde, Stunde; Frist; richtige Zeit, Gelegenheit, zeitgemäß; jetzig, derzeit, zeitig, von Zeit zu Zeit; mit der Zeit (immer mehr); zur Zeit, während, als; damals; ständig, immer; Wetter." Das japanische Zeichenlexikon von Ogawa gibt zusammengefaßt folgende Grundbedeutungen (Lesung *ji* oder *toki*): das Zeichen bestehe aus zwei Bestandteilen, von denen der eine „Sonne" bzw. „Tag" bedeutet. In dem Zeichen wird somit direkt bezug genommen auf den Verlauf des Tages, der wesentlich auch an der Sonne abgelesen werden kann. Zeit hat nach der dem Zeichen zugrunde liegenden Vorstellung eine konkrete Verlaufsform als bestimmte *Zeitphase.* Für das Zeichen werden vier Bedeutungslinien angegeben: 1. die vier Jahreszeiten des Jahres, die Einteilungen eines Tages in die zwölf Stunden, etwas, was den Verlauf der Zeit strukturiert, Verlauf der Zeit, zu jener Zeit, damals, Generation, Zeitalter, angemessene Zeit, wichtiger Zeitabschnitt, Verlauf eines Zeitalters, Abschnitt, Gelegenheit, passender Zeitabschnitt, 2. zu der Zeit, gerade in dem Augenblick, manchmal, zu einer Gelegenheit, 3. eine Gelegenheit abpassen, 4. dieses hier, ja.

Zusammenfassend kann gesagt werden, daß mit diesem Zeichen keinesfalls eine abstrakte und äußerlich gemessene Zeit bezeichnet wird, sondern immer eine bestimmte, inhaltlich gefüllte Zeit zum Ausdruck kommt. Es handelt sich weniger um eine quantitative Zeit als vielmehr um eine *qualitativ strukturierte Zeit,* die immer im Zusammenhang steht mit dem, was sich konkret vollzieht. Bemerkenswert ist an dieser Stelle noch, daß das Zeichen auch die Bedeutung „dieses hier" annehmen kann, was allerdings auch wieder dafür spricht, daß man unter Zeit etwas konkret und qualitativ Bestimmtes verstand.

In dem Satz „Zeit (ji, toki) ist [*immer*] schon [*ein bestimmtes*] Gegebenes (u), alles Gegebene (u) ist [*bestimmte*] Zeit (ji, toki)" besteht eine Unsicherheit in bezug auf die Lesung des Zeichens für Zeit (ji). Es kann einmal japanisch *toki* und einmal sinojapanisch *ji* gelesen werden. Wenn es *toki* gelesen wird, wird es im Japanischen als Nomen aufgefaßt und damit in seiner Wortart festgelegt. Wird es jedoch *ji* gelesen, so klingt stärker der chinesische Bedeutungshorizont mit und das Zeichen bleibt unbestimmt in bezug auf seine Wortart. An dieser Stelle möchte ich dafür plädieren, es aus folgenden Gründen *ji* zu lesen: In der Kombination wird *u-ji* gelesen und nicht *u-toki*. Da Dōgen an dieser Stelle „genanntes *uji*" näher bestimmt, spricht viel dafür, nicht *toki*, sondern *ji* zu lesen. Nehmen wir einmal an, daß wir die Stelle stärker bzw. ausschließlich vom chinesischsprachigen Kontext her auszulegen haben, so könnte man *u* und *ji* als mediale Verben[191] deuten, was allerdings in der deutschen Sprache nicht wiedergegeben werden kann, wo man auf eher gewaltsame Weise von „seinen" und „zeiten" sprechen müßte. Der Satz würde dann in dieser sehr gewagten Neuprägung lauten: „Zeiten ist immer schon ein bestimmtes Seinen und jedes Seinen ist immer ein [*bestimmtes*] Zeiten". Ohne diese Übersetzung nun als „richtig" bezeichnen zu wollen, macht sie aber deutlich, wie sehr die grammatischen Grenzen einer Sprache – insbesondere in jeder Übersetzung – den Gedanken in bestimmte Bahnen der Auslegung lenken.

Vor allem der Sachverhalt, daß das alte sinojapanische Wort für Zeit *immer* auf *Konkretes* bezogen ist, wie die Bedeutungsanalyse

---

[191] Mediale Verben des Altgriechischen, des Sanskrit, des Altjapanischen usw. bezeichnen häufig Vollzüge, die nicht eindeutig aktiv oder passiv sind wie z.B. „wachsen". Durch diese grammatische Verschiebung könnte vor allem im Rahmen der Zeitphänomenologie ein neues Licht auf die Unterscheidung zwischen „objektiver" und „subjektiver" Zeit geworfen werden. Vielleicht läßt sich das Zeitphänomen in grundsätzlicher Weise gerade nicht mit dieser Unterscheidung erschließen; vgl. Elberfeld, Aspekte einer philosophischen Grammatik des Altchinesischen, in: Tilman Borsche (Hg.), *Denkformen – Lebensformen*.

ergeben hat, wird bei Dōgen zu einem neuen Ansatz, Zeit und das, was ist, zu denken. Zeit kann *nicht abgetrennt* werden von dem, was konkret *ist*. Dōgen schlägt vor, die Zeit radikal im Horizont des konkret Gegebenen zu denken und alles Gegebene im Horizont der Zeit. Es geht somit nicht um die Frage, ob die Zeit *eigenständig* ist oder nicht, was z.B. Aristoteles und Augustinus interessiert. Vielmehr geht es darum, *wie* die Zeit *jeweils* als bestimmte *ist*. Zeit vollzieht sich immer nur als das hier und jetzt konkret Gegebene. Somit gibt es im Horizont des Gegebenen keinen Standpunkt außerhalb der Zeit und im Horizont der Zeit nur *bestimmtes* Gegebenes. Dieser Ausgangspunkt hat zur Konsequenz, daß jeder Versuch, Zeit zu objektivieren und als eigenständige Entität auf den Begriff zu bringen, scheitern muß. Will man somit der Zeit auf die Spur kommen, kann dies nur über die Rückkehr in die *absolut bestimmte* Zeit geschehen. Denn je bestimmter und konkreter die Zeit als der Vollzug eines bestimmten Gegebenen ist, um so allgemeiner ist sie genau als diese *bestimmte* Zeit, da *alles immer bestimmte* Zeit ist.

Diese konkreteste und zugleich abstrakteste Bedeutung von Zeit wird im Verlauf des Textes vor allem durch folgenden Satz ausgelegt:

Uji besitzt das Vermögen (kudoku) des ereignishaften Verlaufens (kyōryaku).

Mit diesem Satz wird der Vollzugscharakter von *uji* näher bestimmt. Das japanische Wort *kudoku* gilt gewöhnlich als Übersetzung des Sanskritwortes *guṇa*, was soviel wie „Grundeigenschaft" bedeutet. Hier wurde es übersetzt mit „Vermögen". Beide Übersetzungen haben das Problem, daß der Gedanke durch die Übersetzung mit dem Substanz-Akzidens-Schema in Verbindung gebracht werden könnte, was hier jedoch zurückgewiesen werden muß. Es ist vielmehr anzunehmen, daß jedes *uji* und damit auch *uji* im allgemeinen sich im ganzen zeigt als „ereignishaftes Verlaufen" (kyōryaku). Das erste chinesische Zeichen (経 kyō) in dieser Wendung, das hier mit „ereignishaft" übersetzt wird, hat die Grundbedeutungen: Kettfaden in einem Gewebe; Regel; hindurchgeheb; sich ereignen; leiten. Das zweite Zeichen (歴 ryaku) hat folgende Bedeutungen: Kreislauf der Sterne, Kalender; Geschichte; durchlaufen, dauern; durchmachen, hindurchgehen, entlang, Reihenfolge, aufeinanderfolgen, fortlaufen. Heute wird das Zeichen verwendet in dem japanischen Wort für Geschichte *rekishi*. Die Grundbedeutung ist: „von einem zum anderen zu laufen und dabei jeweils kurz anzuhalten". Die Zeichenkombination ist nicht neu und findet sich auch in anderen chinesischen Texten. Rüdenberg und Stange geben für die Kombination folgende Bedeutung an: „Lebenslauf, Vergangenheit; erleben, erfahren, Erfahrung, Erlebnisse". Keine der Übersetzungen paßt genau für den vorliegenden Fall, wobei „Lebenslauf" der hier vorgeschlagenen Übersetzung noch am nächsten kommt.[192] Die Übersetzung von Abe/Waddel „seriatim passage" – im Deutschen könnte man sagen: „gereihtes Verlaufen" – betont das „Reihen", wodurch die Bewegung des Verlaufens weniger als „phasenhafte" Bewegung zum Ausdruck kommt. Die Übersetzungen von Nishijima/Cross „passing in a series of moments" und die von Wright „moment to moment occurring" enthalten den Zusatz „moment", der von den chinesischen Zeichen her nicht gerechtfertigt ist. Die Zentrierung der Übersetzung auf „moment" ist auch deswegen problematisch, weil in dem direkt folgenden Gedanken offenbar die Zusammenhangsform der *verschiedenen* Zeiten zum Ausdruck gebracht wird. Die Übersetzungen

---

[192] Andere bisherige Übersetzungen sind: „passing in a series of moments" (Nishijima/Cross), „moment to moment occurring" (Wright), „flowing" (Welch/Tanahashi), „passage" (Heine; Kim; Yokoi), „Währen" (Tsujimura), „seriatim passage" (Abe/Waddel).

„flowing", „passage" und „Währen" als Einwortübersetzungen scheinen den Sachverhalt zu simplifizieren. Michael von Brück gibt gleich ein ganzes Bündel von erklärenden Übersetzungen: 1. „erfahrungsmäßige Kontinuität eines ganzheitlichen Vorgangs", 2. „dharma-Vorgang", 3. „verlaufender Vorgang", 4. „innere Überkreuzung der zeitlich vernetzten Erscheinungen", 5. „Manifestationen und Elemente zu jedem Augenblick in jeder Zeit", 6. „gegenseitige Durchdringung der Zeitmodi im steten Fluß der Erfahrung im Hier-und-Jetzt". Zusammenfassend charakterisiert er das Wort folgendermaßen:

> *Kyōryaku* umfaßt also die gesamte Geschichte des Individuums, die Natur-Sozialgeschichte, das gegenseitige Bedingen der einzelnen Ereignisse und die Erinnerung an Früheres sowie auch alles zukünftig Mögliche als Projektion der jetzigen Konstellationen in die Zukunft. Diese Bedingungen sind gekennzeichnet durch das Zusammenspiel der Grundvoraussetzungen (die sich aus der je individuellen Geschichte ergeben und konditional wirken) und das Streben, das – in Aktivität geäußert – den jeweiligen Spielraum der Freiheit markiert. Das Zusammenspiel beider Faktoren ermöglicht die konkreten Umstände und enthält sie zugleich. Denn sie sind so, wie sie sind, gerade hier und jetzt so und nicht anders manifest. Jeder Augenblick ist so, wie er ist, vollständig, ohne daß ihm etwas fehlen würde. Denn er enthält die gesamte Palette unterschiedlicher Perspektiven und Situationen, die sich gleichzeitig auftun und ungehindert in gegenseitiger Resonanz netzartig durch die drei Zeitmodi (Vergangenheit, Gegenwart, Zukunft) widerhallen. Vergangenheit, Gegenwart und Zukunft sind nur vorläufige Begriffe, um die Ganzheit der Dimensionen wiederzugeben, die in jedwedem Moment erscheinen.[193]

---

[193] Brück, Identität und Zeitfluß – Buddhistische Wirklichkeitskonstruktionen, in: Schweidler (Hg.), *Wiedergeburt und kulturelles Erbe*, 209 ff.

Diese durchaus zutreffende großflächige Interpretation möchte ich am Text noch eingehender verifizieren. Die Übersetzung und Bedeutung des Wortes *kyōryaku* ist darum so wichtig, weil zentrale Stellen des Textes erst durch dieses Wort zugänglich werden und eine bestimmte Interpretationsrichtung erhalten.

Eine weitere Hilfe kann uns an dieser Stelle ein Blick auf den Text Fazangs geben. Im Zusammenhang mit den „neun Zeiten" erscheint ein Wort, das dem von Dōgen benutzten sehr nahe ist. An der zentralen Stelle heißt es bei Fazang:

> Wiederum [aber] bilden diese neun Zeitphasen zusammengefaßt *eine Vergegenwärtigung bzw. einen Vorstellungsaugenblick*, und [dabei bilden] die neun Zeitphasen [ein] Reihen. [Werden sie] auf diese Weise im ganzen – differenziert und vereinigt – erörtert, sind es zehn Zeitphasen.

Fazang benutzt hier die Wendung *liran* 歷然 (jap. rekizen) für den Zusammenhang der neun Zeiten. Sie bedeutet soviel wie „sich nacheinander anreihen". Die Wendung *yinguo liran* (jap. inga rekizen), die in alten Texten vorkommt, läßt den Sachverhalt noch deutlicher werden. Hier wird das Reihen als ein in gegenseitiger Abhängigkeit Entstehendes gedeutet. Die Reihe ist somit nicht beliebig, vielmehr bringt jede Zeit durch ihre Position in der Reihe jeweils alle anderen Positionen in der Reihe hervor. Bei Fazang sind es die neun Zeiten, die jeweils durch ihre Stelle alle anderen Stellen mit hervorbringen. Bei Dōgen wird der Sachverhalt jedoch anders gedacht, was im folgenden Satz zum Ausdruck kommt:

> Das heißt: von heute nach morgen ereignishaft verlaufen, von heute zu gestern ereignishaft verlaufen, von gestern nach heute ereignishaft

verlaufen, von heute zu heute ereignishaft verlaufen, von morgen zu morgen ereignishaft verlaufen.

Anders als bei Fazang, wo die einzelnen Zeiten eher wie Positionen bzw. Punkte gesehen werden, die sprunghaft durch ein „Zwischen" hindurch miteinander vermittelt werden, erfolgt die bezughafte Vermittlung der Zeiten untereinander nach Dōgen nicht sprunghaft, sondern durch das *jeweilige ereignishafte Verlaufen*. Das bedeutet, daß es in einem konkreten Ereignis je einen Zeitverlauf von heute nach morgen, von heute zu gestern, von gestern nach heute, von heute zu heute und von morgen zu morgen gibt. Die Richtungshaftigkeit des Verlaufs ist im Japanischen klar gekennzeichnet durch „... *yori* ... *e*" und „... *yori* ... *ni*", was mit „von ... nach ..." und „von ... zu ..." übersetzt wird. Hier zeigt sich auch, daß das „ereignishafte Verlaufen" zwischen den verschiedenen Zeiten sich nicht auf einzelne „Momente" bezieht, sondern eine Dynamik innerhalb jeder einzelnen Zeit und innerhalb des gesamten Verlaufs zum Ausdruck bringt. Denn innerhalb jeder einzelnen Zeit vollzieht sich zugleich das gesamte ereignishafte Verlaufen.

Wichtig ist an dieser Stelle zudem, daß hier nicht „Zeitpunkte" genannt werden, sondern jede Zeit mit der Zeiteinheit „Tag" in Verbindung steht, der in jedem angeführten Zeitwort auch als chinesisches Zeichen enthalten ist. „Morgen" (ashita), „heute" (kyō) und „gestern" (kinō) bezeichnen auch im Japanischen nicht Zeitpunkte, sondern Zeiteinheiten. Es wird dadurch nahegelegt, daß Dōgen hier die Zeiten als organische Ganzheiten versteht, die als jeweilige *Gestalten der Zeit* ineinander verlaufen. Dōgen kann durch diese Wortwahl seinem Gedanken ein höheres Maß an Konkretion verleihen, die durch die Worte „Zukunft" (mirai), „Gegenwart" (genzai) und „Vergangenheit" (kako), die Fazang benutzt, so nicht erreicht wird.

Die Einteilung der Verläufe weicht ab von der Einteilung der

Zeiten bei Fazang, der neun Zeitperspektiven aufzählt. Dōgen zählt in *Uji* lediglich fünf Zeitverläufe auf, gibt dafür aber keine eigene Begründung. Wollte man die Liste weiter ausführen, so könnte das im folgenden in eckigen Klammern Stehende hinzugefügt werden. Die Differenzierung von „zu" und „nach" soll in der Aufzählung vernachlässigt werden. Zusätzlich zur Vervollständigung kann eine Parallelisierung zu den neun Zeiten bei Fazang versucht werden, die sich zwar nicht ohne weiteres durchführen läßt, aber dennoch in die Liste eingefügt werden soll, so daß die Unterschiede noch deutlicher hervortreten:

Von heute nach morgen	Zukunft der Gegenwart
Von heute nach gestern	Vergangenheit der Gegenwart
Von gestern nach heute	Zukunft der Vergangenheit
[Von morgen nach heute]	Vergangenheit der Zukunft
Von heute nach heute	Gegenwart der Gegenwart/ Zukunft der Gegenwart
Von morgen nach morgen	Gegenwart der Zukunft/ Zukunft der Zukunft
[Von gestern nach gestern]	Gegenwart der Vergangenheit/ Vergangenheit der Vergangenheit
[Von morgen nach gestern]	Vergangenheit der Zukunft
[Von gestern nach morgen]	Zukunft der Vergangenheit

Zunächst ist festzustellen, daß der Ausgang von einer *Zeitstellenrelation* zu anderen Kombinationen führt als der Ausgang von der *Zeitverlaufsrelation*.[194] Es ergeben sich hier nicht so einfache und klare Systematisierungsmöglichkeiten wie bei Fazang.

---

[194] Es wäre lohnend, diese beiden Ansätze vor allem mit dem Denken der Zeit bei Augustinus und dem späten Husserl in eine Auseinandersetzung zu bringen. Gerade der späte Husserl bemüht sich um eine höherstufige Zeitphänomenologie, die dann in den Erörterungen zur „lebendigen Gegenwart" kulminieren.

Deutlich wird durch diese Parallelisierung auch, daß die Verläufe von heute nach heute und von morgen nach morgen nicht eindeutig sind, sondern zwei Deutungen zulassen: zum einen in dem Sinne, daß das „Heute" in sich selbst ereignishaft verläuft, was jedoch z.B. nicht wirklich der „Gegenwart der Gegenwart" bei Fazang entspricht; zum anderen kann die Wendung aber auch interpretierend so aufgefaßt werden, daß der Verlauf sich von einem Heute zu einem nächsten Heute vollzieht. Wenn diese Deutung nicht zuträfe, so könnten aus den Zeitverlaufsrelationen die Momente „Zukunft der Zukunft" und „Vergangenheit der Vergangenheit" nicht generiert werden. Auffällig ist, daß Dōgen nur einen Zeitverlauf anführt, der nicht auf das Heute bezogen ist, nämlich „von morgen zu morgen". Von den „fehlenden" Zeitverläufen bezieht sich nur einer auf das Heute, nämlich „von morgen zu heute".

Dōgen gibt uns aber doch einen Hinweis für die gerade aufgeworfene Frage nach den fehlenden Zeitverläufen in einer Schrift, die fast gleizeitig mit *Uji* entstanden ist. Im Abschnitt *Den'e* (Überlieferung der Mönchsrobe) des *Shōbōgenzō* heißt es:

> Die traditionelle Mönchsrobe der authentischen Überlieferung der Buddhas und Patriarchen wurde von Buddha zu Buddha ohne Unregelmäßigkeit authentisch überliefert. Es handelt sich hier um die Mönchsrobe der früheren Buddhas und späteren Buddhas, der alten Buddhas und neuen Buddhas. Der Weg/die Lehre bilden sich, Buddhas bilden sich. Im sich Bilden der Vergangenheit, im sich Bilden der Gegenwart [und] im sich Bilden der Zukunft ist von der Vergangenheit in die Gegenwart authentisch überliefern, von der Gegenwart in die Zukunft authentisch überliefern, von der Gegenwart in die Vergangenheit authentisch überliefern, von der Vergangenheit in die Vergangenheit authentisch überliefern, von der Gegenwart in die Gegenwart authentisch überliefern, von der Zukunft in

die Zukunft authentisch überliefern, von der Zukunft in die Gegenwart authentisch überliefern [und] von der Zukunft in die Vergangenheit authentisch überliefern die authentische Überlieferung des einzigen Buddha durch die Buddhas.[195]

Kontrastieren wir die beiden Aufzählungen, so ergibt sich folgendes Ergebnis:

Von heute nach morgen	Von der Gegenwart in die Zukunft
Von heute nach gestern	Von der Gegenwart in die Vergangenheit
Von gestern nach heute	Von der Vergangenheit in die Gegenwart
[Von morgen nach heute]	Von der Zukunft in die Gegenwart
Von heute nach heute	Von der Gegenwart in die Gegenwart
Von morgen nach morgen	Von der Zukunft in die Zukunft
[Von gestern nach gestern]	Von der Vergangenheit in die Vergangenheit
[Von morgen nach gestern]	Von der Zukunft in die Vergangenheit
[Von gestern nach morgen]	[Von der Vergangenheit in die Zukunft]

Es zeigt sich, daß nur noch ein Verlauf „fehlt" – von der Vergangenheit in die Zukunft-, den wir jedoch sinnvoll und durch die Bestätigung, die unsere Vermutungen erfahren haben, ergänzen können. Hierdurch rückt Dōgen wieder näher an Fazang heran. Dennoch bleibt Dōgen auch hier seinem Gedanken einer Zeitverlaufsrelation treu, der seinen Zugang deutlich gegen Fazangs absetzt. Indem Dōgen an dieser Stelle die abstrakteren Worte „Vergangenheit", „Gegenwart" und „Zukunft" benutzt, die auch Fazang verwendet, wird zwar die Konkretion der Zeitverlaufsrelation aus dem vorhergehenden Zitat aus *Uji* aufgegeben, für uns macht es jedoch an dieser Stelle den Unterschied zu Fazang um so deutlicher.

---

[195] Vgl. auch die Übersetzung von Nishijima und Cross, *Master Dogen's Shobogenzo*, Book 1, 156.

Es bleibt die Frage, ob es auch bei Dōgen so etwas wie die „zehnte Zeit" gibt, die alle Zeiten in Differenz zusammenbindet. Wiederum kann uns ein zeitnaher Text zumindest einen ersten Hinweis geben. In dem Text *Gyōbutsuyuigi* aus dem *Shōbōgenzō* findet sich folgende Formulierung:

> [*Wenn wir*] einen Vorstellungsaugenblick ereignishaft verlaufen [*lassen*] und dabei nicht die Zeit der Loslösung erwarten, so ist das ein nutzloses Mißverständnis.[196]

Die Zeichenkombination, die hier mit „Vorstellungsaugenblick" übersetzt wird, ist identisch mit der Bezeichnung für die „zehnte Zeit" bei Fazang. Obwohl diese Stelle nicht eindeutig ist, kann man sagen, daß in jedem „Vorstellungsaugenblick" das Ganze jeweils „ereignishaft verläuft" und so in jedem Vorstellungsaugenblick die Loslösung realisiert werden kann. Dōgen baut jedoch den einen „Vorstellungsaugenblick" nicht als eine „zehnte Zeit" auf, die dimensional verschieden ist von den anderen Zeiten. Er betont vielmehr den „ereignishaften Verlauf" selber als den konkreten Vollzug, durch den die Zeiten zusammengebunden werden. Denn die Zeit wird nicht nur im „Denken" zusammengebunden, was sich bei Fazang nahelegt, sondern auch durch die ereignishaften Verläufe in der Natur. Dōgen versucht hier, den Gegensatz von subjektiver und objektiver Zeit durch eine „Ereigniszeit" zu unterlaufen, die sowohl das Ich als auch die natürlichen Vorgänge fundiert. In dieser Hinsicht sind Ich und Natur nicht unterschieden, da beide nur als „ereignishafter Verlauf" *sind*.

---

[196] Vgl. auch die Übersetzung von Nishijima und Cross, *Master Dogen's Shobogenzo*, Book 2, 34.

Was in dem Ansatz bei der *Zeitverlaufsrelation* sehr deutlich wird, ist, daß die Zeiten „ineinander" verlaufen und in sich und untereinander einen dynamischen Vollzugscharakter zeigen, anders als bei Fazang, der eher ein statisches Relationssystem vor Augen hat. Die Zeitvollzüge gehen ineinander ein und werden gerade dadurch genau zu dem, was sie als einzelne Zeitverläufe sind. Somit ist jede einzelne Zeit in sich ein hochbewegtes Gefüge, das sich an keinem Punkt fest macht, sondern als ereignishaftes Verlaufen in jedem gegenwärtigen Jetzt vollständig ist als je dieser Verlauf. Was Dōgen mit der Wendung „ereignishaftes Verlaufen" konkreter zu fassen versucht, ist die Implikation aller Zeiten in jeder einzelnen Zeit. Er versteht aber gemäß seiner Auffassung von *uji* die Zeit nicht als Abstraktum, sondern als einen Sachverhalt, der sich immer als etwas konkret Gegebenes vollzieht. Ein Gegebenes – sei es ein Ich oder ein Baum – ist somit ein zusammenhängender „ereignishafter Verlauf". Die Kiefer ist als ereignishafter Verlauf zu jeder Zeit alle Zeiten. Jedes Gegebene ist ein jeweiliger Zeithorizont, der sich als ereignishaftes Verlaufen *zeigt*, wobei die „vergangenen", „gegenwärtigen" und „zukünftigen" *Zeitphasen* in jedem Augenblick vollständig ineinander verlaufen, so daß das Gegebene in jedem Augenblick die Lebendigkeit aller *Zeitphasen ist*.

1.4. Gegenwartsbezogene Perspektiven des Philosophierens im Anschluß an Dōgen

Dōgen bindet die Interpretation der Zeit noch stärker als seine Vorläufer an den jeweils konkreten Seinsvollzug einer jeden Wirklichkeitsweise. Da jeder Seinsvollzug – sei es ein Baum, der Frühling, das Ich oder ein Gedanke – sich immer nur als konkrete *Zeitgestalt* zeigt, entfaltet Dōgen das Wort *uji* (Sein-Zeit) als Grundgestalt von jeder Weise, wirklich zu sein. Dieses Wort verbindet zwei Ebenen miteinander: Zum einen ist es die allgemeinste Bezeichnung für das Erscheinen von „Wirklichsein" überhaupt, und zum anderen ist genau dies immer nur als *radikal konkreter Vollzug* gegeben, nämlich als ein ganz bestimmtes *uji*. Ein weiterer zentraler Punkt ist, daß durch Dōgens Ansatz eine Möglichkeit aufscheint, den Gegensatz von objektiver und subjektiver Zeit zu unterlaufen. Das Wort „ereignishafter Verlauf" bezieht sich nicht nur auf die Erfahrung eines Ich, sondern genauso auch auf Naturereignisse. Indem ich selber als Ich „ereignishafter Verlauf" *bin*, habe ich durch meine eigene temporale Fundierung hindurch Zugang zu allen anderen „ereignishaften Verläufen", da in meinem „ereignishaften Verlauf" auch alle anderen *mitverlaufen*. Die objektive und subjektive Zeiterfahrung wird so von einer „medialen Ereigniszeit" umfangen, die allerdings nur als der radikal konkrete ereignishafte Verlauf hier und jetzt zugänglich ist, da auch jedes Sprechen darüber bereits wieder ein „ereignishafter Verlauf" ist, genauso wie das Lesen dieses Textes. So wird die Erschließung des Phänomens der Zeit selbst zu einer „Einübung in die Zeit". „Mediale Ereigniszeit" ist somit immer *nur* als „Ereignis der Zeit" im Sinne einer sich vollziehenden lebendigen Gegenwart, die sich weder einfach als subjektiv noch einfach als objektiv bestimmen läßt.

Die seit Kant sich entfaltende Metaphysikkritik erhält durch diese Zeitdeutung eine positive Wendung. Es geht nicht mehr nur darum, den Substanzcharakter der Zeit als sprachliche Konstruktion einzusehen, sondern vielmehr darum, Zeit als ein nicht im Substanzdenken fundiertes Phänomen zu *vollziehen*. Aus europäischer Perspektive könnte man dies als ein *radikal temporal* fundiertes Philosophieren verstehen. Aus aristotelischer Perspektive geht es hier um das, was er das „Seiende als Seiendes" genannt hat, allerdings nicht im Sinne einer „Metaphysik" und auch *nicht* im Sinne einer „Fundamentalontologie", sondern – so versuche ich es hier zu nennen – im Sinne einer „transformativen Phänomenologie". Denn, indem das Phänomen *Zeit* bedacht wird, verändert und transformiert sich die jeweilige Erfahrung der

Zeit. Philosophisches und phänomenologisches Arbeiten ist dann nicht mehr das Fixieren von Phänomenen und Sachverhalten anhand von allgemeinen Strukturen im Rahmen einer substanzialisierenden Wissenschaft, sondern vielmehr eine Einübung in die Vollzugsweise der Phänomene, von denen ich selber *in der* und *als die Übung* nicht getrennt bin, wodurch ich selber aber diese auch nicht letztlich erreichen und feststellen kann. Eben darum geht es nicht mehr. Dies bedeutet, daß Philosophieren grundsätzlich bereits auf *methodischer* Ebene temporal fundiert ist. Auf der Ebene der „ersten Philosophie" geht es nicht mehr um zeitenthobene Strukturen, sondern vielmehr um den temporalen Hervorgang von Sinn- und Seinsstrukturen. Es geht nicht um das Feststellen von Wirklichkeit, sondern um den Vollzug von Wirklichkeit als jeweilige *Gestalt der Zeit*. Vollzug und Struktur durchdringen sich ohne Behinderung und sind in ihrem Zusammenhang je und je neu zu realisieren und einzuüben.

Neben eine „deskriptive" und „hermeneutische Phänomenologie" tritt somit eine „*transformative Phänomenologie*", in der die Zeitlichkeit ihres eigenen Vollzugs konstitutiv mit eingeht. In der Vorgehensweise der „transformativen Phänomenologie" ist – gemäß buddhistischer Einsicht – die Analyse von Phänomenen nicht zentral ein Akt der Objektivierung, sondern selbst eine *Transformation meiner gesamten Wahrnehmung und Existenz* und – so könnte man über den Buddhismus hinaus hinzufügen – der *Geschichte*. Diese Transformation steht im Zusammenhang mit meiner KK Weise *zu leben*. Phänomenologie betreiben bedeutet dann, in einer gewissen Parallelität zur Kunst,[197] *Wirklichkeitsvollzüge zu entdecken,*

---

[197] Ähnlich interpretiert Merleau-Ponty die Phänomenologie: „Die phänomenologische Welt ist nicht Auslegung eines vorgängigen Seins, sondern Gründung des Seins; die Philosophie nicht Reflex einer vorgängigen Wahrheit, sondern, der Kunst gleich, Realisierung von Wahrheit." *Phänomenologie der Wahrnehmung*, 17.

zu gestalten und zu realisieren, und nicht nur zu objektivieren, um so ein geschichtsproduktives Denken zu realisieren.

Denken der Zeit und *Geschichtlich-sein* sind dann ein und dasselbe. Das heißt, es geht darum, mich denkend einzuüben in mein Zeitlichsein, und nur als diese *Übung* selber kann ich je und je die Erfahrung der Zeit *als Geschichte* realisieren. Mein Denken der Zeit wäre somit zugleich die *Transformation* meiner Erfahrung der Zeit. Im Anschluß an Dōgen *und* Heidegger bedeutet dies, daß ich damit zugleich auch den *Hervorgang von Welt* realisiere. In diesem Sinne muß meine „Erfahrung der Zeit" nicht nur eine individuelle Erfahrung bleiben, sondern kann selbst einen Weltcharakter annehmen als eine bestimmte *Zeitgestalt*. Indem ich – mich selbst transformierend – eindringe in die Erfahrung *meiner Zeit* (im doppelten Sinne dieses Wortes), kann meine Erfahrung der Zeit als etwas „Welt-geschichtliches" hervortreten. Auf diese Weise verbinden sich Selbst- und Welthorizont immer wieder neu, so daß die Bewegung der Geschichte unvordenklich bleibt und nicht an ein letztes Ziel gebunden ist. Da Zeit als Geschichte sich niemals objektivieren läßt, ist Geschichte auch nie „zu Ende", denn dies wäre nur eine äußerliche Betrachtung der Zeit, die ihr eigenes Zeitlichsein nicht genügend berücksichtigt. Es geht vielmehr darum, immer wieder neu, sich in *seine Zeit* einübend, zurückzufinden in das Zeitgeschehen als Geschichte.[198] So verbinden sich das buddhistische Motiv der „Übung" und das Heideggersche Motiv der „Geschichte" im Sinne einer radikalen *Verzeitlichung des Philosophierens*.

---

[198] „In solcher Sein-Zeit ist jeder Schritt einerseits ein Fortgehen in der unumkehrbaren Zeitfolge; andererseits ist er auch das Zurückgehen in den Ursprung der Zeit." Ohashi, Geschichte-Zeit und Geschichtskategorien – aus der Zeitlehre vom Zen-Meister Dogen, in: ders., *Zeitlichkeitsanalyse der Hegelschen Logik*, 247.

2. Dōgen – Mensch und Werk

2.1. Der Mensch Dōgen

Dōgen (1200-1253) ist in einer Zeit des Umbruchs geboren. Die Heian-Zeit (794-1185), die Blütezeit der höfischen Kultur in Kyōto, war gerade übergegangen in die Kamakura-Zeit (1185-1333), die vom Aufstieg der Samurai, des Kriegsadels, geprägt ist. Es wandeln sich nicht nur die politischen Verhältnisse, auch der Buddhismus erhält ein neues Gesicht. In der Nara- (645-794) und Heian-Zeit war der bereits im 6. Jahrhundert nach Japan gelangte Buddhismus vor allem Sache der Klöster und des kaiserlichen Hofes. Im sogenannten „Kamakura-Buddhismus"[199] ändert sich dies. Die buddhistischen Lehren verbreiten sich auch im Volk durch verschiedene neue Schulen, die aus China nach Japan gebracht werden. Eine dieser neuen Schulen wird von Dōgen eingeführt: die Sōtō-Schule des Zen-Buddhismus.

Dōgens Familie gehört dem Hofadel in Kyōto an. Schon früh wird ihm eine ausgezeichnete Bildung vor allem in der chinesischen klassischen Literatur zuteil. Im Alter von zwei Jahren verliert er seinen Vater und im Alter von sieben Jahren seine Mutter. Es wird berichtet, daß ihm seine Mutter noch am Sterbebett empfohlen habe, Mönch zu werden. Bereits im Alter von dreizehn Jahren tritt Dōgen dann in ein Kloster der Tendai-Schule des Buddhismus ein, die ihren Hauptsitz auf dem Berg Hiei hat in der Nähe von Kyōto. Bereits nach zwei Jahren verläßt er den Tempel wieder, um bei verschiedenen Meistern die Lehre Buddhas zu studieren. 1217 tritt Dōgen in den Ken'nin-Tempel in Kyōto ein, wo Meister Myōzen (1184-1225) die Lehre des Zen verbreitet. Dort bleibt er, bis er zusammen mit seinem Meister zum Studium nach China geht.

---

[199] Vgl. Kato, *Geschichte der japanischen Literatur*, 166 ff.; Pörtner/Heise, *Die Philosophie Japans*, 172 ff.

Die Jahre in China von 1223 bis 1227 bringen für Dōgen entscheidende Erfahrungen für seinen weiteren Weg.[200] Die Begegnung mit dem alten Koch eines Zen-Klosters in den ersten Monaten seines Aufenthaltes hinterläßt tiefe Spuren. Er trifft ihn zufällig auf dem Schiff, mit dem er nach China gereist ist. Der alte Koch erzählt ihm von seinem Leben und seiner Arbeit. Dann kommt es zu folgendem Dialog, den Dōgen selber aufgezeichnet hat:

„[*Dōgen*] ‚Ich bin Euch hier unerwartet begegnet, und würde mich zu gern mit Euch auf dem Schiff weiter unterhalten. Das wäre für mich eine wundersame Fügung. Ich möchte Euch gern hier bewirten!' [*Der alte Koch*] ‚Das geht unmöglich, ich muß unbedingt die Mahlzeit für morgen bereiten!' [*Dōgen*] ‚Gibt es denn in Euerm großen Kloster nicht noch andere Mönche, die sich darauf verstehen, Mahlzeiten zuzubereiten? Ihr könnt doch sicher vorübergehend entbehrt werden?' [*Der alte Koch*] ‚Ich habe dieses Amt seit diesem Jahre inne, und es ist die Buddha-Praxis eines alten Mannes. Wie könnte ich sie anderen überlassen? Zudem habe ich mir beim Weggehen nicht die Erlaubnis geben lassen, die Nacht außerhalb verbringen zu dürfen.' [*Dōgen*] ‚Verehrter Meister, warum betreibt Ihr in Eurem hohen Alter nicht Zazen und warum lest Ihr nicht die Kōan der Alten, sondern plagt Euch mit dem Küchenmeister-Amt ab? Was ist so Wertvolles daran, den Mönchen die Mahlzeit zuzubereiten?' Da lachte der Küchenmeister laut auf. ‚Ihr guter Mann aus dem Ausland! Ihr wißt nicht, was Buddhaweg-Übung ist. Und Ihr habt auch den Sinn der Worte noch nicht begriffen!' Plötzlich beschämt, fragte ich erstaunt: ‚Was ist denn unter den *Worten* und unter der *Buddhaweg-Übung* zu verstehen?' [*Der alte Koch*] ‚Wem das, wonach Ihr fragt, nicht mißlingt, der hat [*die Worte und die*

---

[200] Vgl. auch: Benl, Der Zen-Meister Dōgen in China, in: *Nachrichten der Gesellschaft für Natur- und Völkerkunde Ostasiens*, 79/80, 1956.

Buddhaweg-Übung] begriffen.' Ich verstand das damals nicht."[201]

Die Haltung des Kochs, daß nicht nur das Studium der Schriften, sondern auch alltägliche Verrichtungen wie die Essenszubereitung eine mögliche Übung des Weges sind, scheint Dōgen zu überraschen und damals noch unverständlich zu sein. Dōgen wird erst später am Beispiel des Kochs klar, daß der Weg überall und in jeder Situation geübt werden kann. Dōgen verbindet dementsprechend in seiner Lehre den sehr ausgefeilten Ausdruck in den Schriften und die Betonung des alltäglichen Handelns. Beides ist für ihn kein Gegensatz, sobald es in übender Haltung ausgeführt wird.

Nach einigem Umherwandern in chinesischen Klöstern findet Dōgen im Mai des Jahres 1225 seinen eigentlichen Meister in China. Meister Rujing (1163-1228) gehört der Caodong-Schule (jap. Sōtō) des Zen-Buddhismus an und legt großen Wert auf die reine Sitzübung (zazen). Im Tempel wird die Sitzübung auch nachts fortgeführt. Bei einer dieser Nachtübungen soll Meister Rujing einem Mönch, der eingeschlafen war, Worte zugerufen haben, die für Dōgen ein besonderes Erwachen auslösen. Die für Dōgen wegweisende Formel, die von diesem Ereignis überliefert wird, lautet: „Abfallen von Leib und Herz" (jap. shinjindatsuraku). So schreibt Dōgen später in seinem berühmten Buch *Bendōwa*:

„Ohne dich mit der Darbietung von Räucherwerk, Niederwerfung, Rezitation von Buddha-Namen, Abbittetun oder Sūtra-Lektüre aufzuhalten, solltest du einfach ‚nur treffend sitzen' (shikantaza) und so Leib und Herz abfallen lassen (shinjindatsuraku suru)."[202]

---

[201] Zitiert nach: Die Lehre des Küchenmeisters (Das Tenzo-kyōkun von Dōgen), übers. v. O. Benl, in: *Oriens Extremus* 22:1, 1975, 74 f.
[202] Zitiert nach: Kato, *Geschichte der japanischen Literatur*, 166 ff.; Pörtner/Heise, *Die Philosophie Japans*, 181. Übersetzung leicht verändert.

Dōgens Erwachen wird von Meister Rujing bestätigt und bei seiner Abreise 1227 erhält er von ihm ein Dokument, das ihn als einen Nachfolger des Meisters ausweist. In einer sehr berühmten Passage gibt Dōgen seine Haltung nach seinem Aufenthalt in China zu erkennen:

„Ich habe in China nicht gar zu viele Zen-Tempel besucht, habe nur unter der Leitung des verstorbenen Meisters Rujing studiert, und was ich dabei erkannt habe, ist dies: die Augen sind waagrecht, die Nase ist senkrecht. Von niemandem in die Irre geführt, kam ich mit leeren Händen nach Hause zurück. Ich kam ohne eine Spur des Buddha-Gesetzes zurück und lasse der Zeit ihren Lauf. Jeden Morgen geht die Sonne im Osten auf, jede Nacht geht der Mond im Westen unter. Die Wolken verschwinden, die Berge werden sichtbar. Der Regen geht vorüber, und die Vier Berge (Geburt, Alter, Krankheit, Tod) sind niedrig."[203]

Nach Kyōto zurückgekehrt geht er zunächst wieder in den Ken'nin-Tempel, wo er bald nach seiner Rückkehr eine sehr bekannte Anleitung zur Meditationsübung *Fukanzazengi* (Allgemeine Lehren zur Förderung des Zen) schreibt.[204] In dieser Schrift beschreibt Dōgen sehr konkret, wie die Zen-Übung durchzuführen ist:

„Beim rechten Sitzen breitet man eine dicke Matte aus und legt drauf ein [*rundes*] Kissen. Nun hocke im ganzen oder halben Verschränkungssitz! Beim ganzen Verschränkungssitz legt man zunächst den rechten Fuß auf den linken Oberschenkel, den linken Fuß läßt man auf dem rechten Oberschenkel ruhen. Beim halben Verschränkungssitz liegt nur der linke Fuß auf dem

---

[203] Zitiert nach: Pörtner u. Heise, *Die Philosophie Japans*, 204.
[204] Siehe hierzu im Abschnitt über die Schriften Dōgens, 275.

rechten Oberschenkel. Kleider und Gürtel seien locker angelegt, aber gleichmäßig geordnet! Die rechte Hand legt man auf den linken Fuß, der linke Handrücken liegt auf der rechten Handfläche, beide Daumenspitzen sind gegeneinander gestützt. Hocke mit aufrechtem Körper, ohne dich nach links oder rechts zu neigen oder dich nach vorne zu beugen oder nach rückwärts zu recken! Ohren und Schultern, Nase und Nabel müssen in gleicher Linie zu einander stehen. Die Zunge liegt am oberen Gaumen an, Lippen und Zähne sind geschlossen, aber stets seien die Augen geöffnet!

Schon ist die Körperhaltung bestimmt. Nun regle die Atmung! Wenn ein Gedanke aufsteigt, merke ihn; wenn du ihn gemerkt hast, laß ihn fahren! Bei langem Üben vergißt du die Objekte und gelangst von selbst zur Konzentration. Dieses ist die wesentliche Kunst des Zazen."[205]

1230 verlegt Dōgen seine Wirkstätte in den kleinen Landtempel An'yōin wo er seine wichtige Schrift *Bendōwa* verfaßt. Als der Tempel zu klein wird, findet er 1233 im Kannon-dōri'in in Yamashiro unweit von Kyōto eine geeignete Stätte, die er zu einem von ihm geleiteten Tempel ausbauen kann, der später den Namen Kōshōhōrin-Tempel trägt. Im selben Jahr verfaßt er den Text *Genjōkōan*, der zugleich am Anfang einer sehr fruchtbaren schriftstellerischen Phase steht. In den nächsten Jahren verfaßt Dōgen einen großen Teil der Schriften, die im *Shōbōgenzō* gesammelt sind.

Im Jahre 1243 macht Dōgen einen weiteren Neuanfang. Er geht nach Echizen, wo ihm ein Laienschüler ein Grundstück schenkt, um einen großen Tempel in den Bergen zu errichten, der bei seiner Einweihung im Jahre 1244 *Daibutsuji* heißt. Im Jahr

---

[205] Zitiert aus: *Dōgen Zen. Kleine Schriften der Sōtō-Schule*, übers. v. Dumoulin, 38 f.

1246 erhält der Tempel den Namen *Eiheiji* (Tempel des anhaltenden Friedens). Er ist auch heute noch bekannt als das wichtigste Zentrum der Sōtō-Schule des Zen-Buddhismus. In diesem Tempel verbringt Dōgen seine letzten Lebensjahre, wobei die schriftstellerische Arbeit nach 1244 eher nachläßt. 1252 erkrankt Dōgen erstmals ernsthaft und als er sich 1253 in Kyōto behandeln lassen will, stirbt er dort am 28. August. Er hinterläßt, wie es in der dichterischen Tradition Japans üblich ist, ein Todesgedicht:
„In vierundfünfzig Jahren
habe ich der ganzen Welt Licht gegeben.
Ich sprang heraus und
Mit einer tastenden Berührung
habe ich das ganze Universum durchbrochen.
Jii!
Am ganzen Leib habe ich nichts, das etwas verlangte,
und so stürze ich lebend in die Avici-Hölle."[206]

2.2. Das Werk Dōgens

Das Werk Dōgens ist komplex, wobei die wichtigste Textsammlung das *Shōbōgenzō* ist, in dem auch die Schriften überliefert sind, die in diesem Band in deutscher Übersetzung erscheinen. Im Folgenden werden zunächst ausführlich Materialien zum *Shōbōgenzō* vorgestellt. Dabei kann bei der Überlieferungsgeschichte und der Kommentartradition auf Vorarbeiten von Heinrich Dumoulin zurückgegriffen werden. In deutscher Sprache sind bisher die verschiedenen Fassungen des *Shōbōgenzō* in ihrem Aufbau nicht zugänglich. Aus diesem Grunde werden die verschiedenen Fassungen – die 60er, 75er, 95er und 12er Fassung – vollständig angeführt. Im Anschluß daran werden auch die anderen Schriften, die von Dōgen überliefert werden, kurz charakterisiert.

---

[206] Zitiert aus: Eihei Dōgen. *Shōbōgenzō Zuimonki*, hg. v. Okumura, 9.

2.2.1. Shōbōgenzō 正法眼蔵
2.2.1.1. Die Überlieferungsgeschichte des *Shōbōgenzō*
„Die Bücher des *Shōbōgenzō* stellen Dōgens literarisches Lebenswerk dar. Ihre Entstehung erstreckt sich über mehr als zwanzig Jahre. Die erste Durchsicht geschah vom Meister selbst während seiner letzten Lebensjahre (1248-1252). Nach seinem Tode nahm sich sein *dharma*-Erbe und Lieblingsjünger Ejō 懐奘[207] (gest. 1280) des geistigen Vermächtnisses seines Meisters an. Er stellte die erste Redaktion in 75 Büchern, bekannt als *Fuku-hon* 福本 oder *Jō-hon* 奘本, fest. Außer diesem nicht vollständigen Text existieren im Eiheiji, dem Klostersitz des Dōgen, noch zwei weitere Manuskripte, die 28 bzw. 12 Bände des Werkes umfassen. Aus der Frühzeit haben wir ferner noch das zehnbändige Werk *Shōbōgenzō onkikigaki* 正法眼蔵御聴書 des Schülers Sen'e 詮慧, das sowohl kommentarartige Erörterungen als auch anekdotenhafte Erzählungen enthält.

Die nächstfolgende Redaktion des *Shōbōgenzō* entstand gegen Ende der Kamakurazeit. Giun 義雲 (gest. 1333), der fünfte Vorsteher des Eiheiji und Nachfolger des berühmten Keizan 瑩山, veranstaltete eine Neuschrift in 60 Bänden. Da in diesem Manuskript das Buch *Gyōji* in zwei Bücher geteilt ist, sind es eigentlich nur 59 Bände. In dieser Ausgabe fehlen 25 Bände aus der Redaktion des Ejō, während neun Bücher neu aufgenommen sind. Mit Hilfe dieses Manuskripts können also unter Berücksichtigung der Arbeit Ejōs 84 Bücher Dōgens nachgewiesen werden. Giun bemühte sich mit dankenswerter Sorgfalt um den richtigen Text des *Shōbōgenzō*. Außerdem verfaßte er einen erklärenden Einführungsband *Shōbōgenzō hommoku jujo* 正法眼蔵品目頌序, in dem jedes der 60 Bücher durch einen kurzen Vers (*Gāthā*)

---

[207] Zu Dōgens Schüler Ejō vgl.: Dumoulin, *Geschichte des Zen-Buddhismus*, Bd. 2, 91 ff.

charakterisiert ist. Wichtig für die weitere Textüberlieferung wurde eine Abschrift der 60 Bücher des Giun-Manuskripts durch Sōgo 宋吾, der während der zweiten Hälfte des 14. Jahrhunderts in der neunten Generation das Vorsteheramt im Eiheiji innehatte. Diese Abschrift, das sog. *Sōgo-hon* 宋吾本, blieb erhalten, während das Manuskript des Giun bei einem Tempelbrand im Jahre 1473 verloren ging. Eine Redaktion des Tayō Bonsei 太容梵清 aus dem Jahre 1419 umfaßt außer den 75 Büchern der Ausgabe des Ejō die durch Giun hinzugefügten neun Bücher, also im ganzen 84 Bücher des *Shōbōgenzō* und überdies ein Inhaltsverzeichnis.

Der Text des *Shōbōgenzō* wurde jahrhundertelang in den oben genannten und noch einigen anderen Handschriften hauptsächlich innerhalb der Sōtō-Schule überliefert. Erst um die Mitte der Tokugawazeit entstand unter der Leitung des 35. Vorstehers des *Eiheiji, Kōzen* 晃全 (gest. 1693), eine neue umfassende Redaktion, bei der weitere Bücher aus der Geheimüberlieferung des Eiheiji hinzugefügt wurden. So erreichte das Werk seinen vollen Umfang von 95 Büchern. Die Anordnung entspricht nach Möglichkeit der Reihenfolge der Entstehung. Diese Gesamtausgabe, abgekürzt *Kōzen-bon* 晃全本 genannt, erschien im Holzdruck (zunächst 90 Bücher im Jahre 1796, wenig später die übrigen fünf Bücher), sie liegt allen modernen Druckausgaben zugrunde."[208]

---

[208] Dumoulin, Das Buch Genjōkōan. Aus dem Shōbōgenzō des Zen-Meister Dōgen, in: *Monumenta Nipponica*, XV, 1959/60, 218 f.

2.2.1.2. Verschiedene Fassungen des *Shōbōgenzō*

Die 75-Kapitel Edition des Ejō	Die 60-Kapitel Edition des Giun	Die 95-Kapitel Edition (nach Entstehung geordnet)
1. Genjōkōan 現成公案 **Offenbarmachen des vollen Erscheinens**	**1. Genjōkōan** 現成公案 **Offenbarmachen des vollen Erscheinens**	1. Bendōwa 弁道話 Gespräch über die Praxis des Weges
2. Maka-hannya-haramitsu 摩訶般若波羅蜜 Große Weisheit vom Erreichen des anderen Ufers	2. Maka-hannya-haramitsu 摩訶般若波羅蜜 Große Weisheit vom Erreichen des anderen Ufers	2. Maka-hannya-haramitsu 摩訶般若波羅蜜 Große Weisheit vom Erreichen des anderen Ufers
3. Busshō 仏性 Buddha-Natur	3. Busshō 仏性 Buddha-Natur	**3. Genjōkōan** 現成公案 **Offenbarmachen des vollen Erscheinens**
4. Shinjin-gakudō 身心学道 Lernweg mit Leib und Herz	4. Shinjin-gakudō 身心学道 Lernweg mit Leib und Herz	4. Ikka-myōshu 顆明珠 Eine glänzende Perle
5. Sokushin-zebutsu 即心是仏 Das Herz ist zugleich der Buddha	5. Sokushin-zebutsu 即心是仏 Das Herz ist zugleich der Buddha	5. Jū-undō-shiki 重雲堂式 Regeln für die Halle der Schweren Wolke

6. Gyōbutsu-iigi 行仏威儀 Würdevolle Haltung der Buddhaübung	6. Gyōbutsu-iigi 行仏威儀 Würdevolle Haltung der Buddhaübung	6. Sokushin-zebutsu 即心是仏 Das Herz ist zugleich der Buddha
7. Ikka-myōshu 顆明珠 Eine glänzende Perle	7. Ikka-myōshu 顆明珠 Eine glänzende Perle	7. Senjō 洗浄 Waschen und Reinigen
8. Shinfukatoku 心不可得 Das unfaßbare Herz	8. Sanjigō 三時業 Karma der drei Zeiten	8. Raihai-tokuzui 礼拝得髓 Verehrendes Niederwerfen und Knochenmark erreichen
9. Kobusshin 古仏心 Das Herz der alten Buddhas	9. Kobusshin 古仏心 Das Herz der alten Buddhas	9. Keisei-sanshoku 渓声山色 Stimme der Täler und Farbe der Berge
10. Daigo 大悟 Großes Erwachen	10. Daigo 大悟 Großes Erwachen	10. Shoaku-makusa 諸悪莫作 Alles Üble unterlassen
11. Zazengi 座禅儀 Die Haltung des Zazen	11. Zazengi 座禅儀 Die Haltung des Zazen	**11. Uji 有時 Sein-Zeit / Zu-einer-Zeit**
12. Zazenshin 座禅箴 Anweisungen zum Zazen	12. Hokke-ten-hokke 法華転法華 dharma-Blumen drehen die dharma-Blumen	12. Kesa-kudoku 袈裟功徳 Vermögen der Mönchsrobe

13. Kaiinzanmai 海印三昧 **Sammlung in die Meereseinschreibung**	13. Kaiinzanmai 海印三昧 **Sammlung in die Meereseinschreibung**	13. Den'e 伝衣 Überlieferung der Mönchsrobe
14. Kūge 空華 **Leere Blüte**	14. Kūge 空華 **Leere Blüte**	14. Sansuikyō 山水經 **Berg-und-Wasser-Sūtra**
15. Kōmyō 光明 Strahlende Helle	15. Kōmyō 光明 Strahlende Helle	15. Busso 仏祖 Buddhistische Meister
16. Gyōji (I und II) 行持 An der Übung festhalten	16. Gyōji (I) 行持 An der Übung festhalten	16. Shisho 嗣書 Bestätigungsdokument der Nachfolge
17. Inmo 恁麼 Sosein	17. Gyōji (II) 行持 An der Übung festhalten	17. Hokke-ten-hokke 法華転法華 *dharma*-Blumen drehen die *dharma*-Blumen
18. Kannon 観音 Bodhisattva Avalokitesvara	18. Kannon 観音 Bodhisattva Avalokitesvara	18. **Shinfukatoku (Das Erstere)** 心不可得 **Das unfaßbare Herz**
19. Kokyō 古鏡 Alter Spiegel	19. Kokyō 古鏡 Alter Spiegel	19. Shinfukatoku (Das Spätere) 心不可得 Das unfaßbare Herz

20. **Uji** 有時 **Sein-Zeit /** **Zu-einer-Zeit**	20. **Uji** 有時 **Sein-Zeit /** **Zu-einer-Zeit**	20. Kokyō 古鏡 Alter Spiegel
21. Juki 授記 Bestätigung	21. Juki 授記 Bestätigung	21. Kankin 看経 Sutra-Lesen
22. **Zenki** 全機 **Alle bewegten** **Momente**	22. Tsuki 都機 Mond	22. Busshō 仏性 Buddha-Natur
23. Tsuki 都機 Mond	23. **Zenki** 全機 **Alle bewegten** **Momente**	23. Gyōbutsu-iigi 行仏威儀 Würdevolle Haltung der Buddhaübung
24. Gabyō 画餅 Gemalte Reisknödel	24. Gabyō 画餅 Gemalte Reisknödel	24. Bukkyō 仏教 Lehren des Buddhismus
25. Keisei-sanshoku 渓声山色 Stimme der Täler und Farbe der Berge	25. Keisei-sanshoku 渓声山色 Stimme der Täler und Farbe der Berge	25. Jinzū 神通 Besondere Wirkkräfte
26. Bukkōjōji 仏向上事 Die Aufgabe der zu Buddha Aufgestiegenen	26. Bukkōjōji 仏向上事 Die Aufgabe der zu Buddha Aufgestiegenen	26. Daigo 大悟 Großes Erwachen
27. Muchū-setsumu 夢中説夢 Im Traum Träume auslegen	27. Muchū-setsumu 夢中説夢 Im Traum Träume auslegen	27. Zazenshin 座禅箴 Anweisungen zum Zazen

28. Raihai-tokuzui 礼拝得髄 Verehrendes Niederwerfen und Knochenmark erreichen	28. Bodaisatta shishōbō 菩提薩期四摂法 Vier dharma-Regeln des Bodhisattva	28. Bukkōjōji 仏向上事 Die Aufgabe der zu Buddha Aufgestiegenen
29. Sansuikyō 山水經 Berg-und-Wasser-Sutra	29. Inmo 恁麼 Sosein	29. Inmo 恁麼 Sosein
30. Kankin 看経 Sutralesen	30. Kankin 看経 Sutralesen	30. Gyōji (I und II) 行持 An der Übung festhalten
31. Shoaku-makusa 諸悪莫作 Alles Üble unterlassen	31. Shoaku-makusa 諸悪莫作 Alles Üble unterlassen	**31. Kaiinzanmai 海印三昧 Sammlung in die Meeres-ein-schreibung**
32. Den'e 伝衣 Überlieferung der Mönchsrobe	32. Sangai-yuishin 三界唯心 Die drei Welten sind Nur-Herz	32. Juki 授記 Bestätigung
33. Dōtoku 道得 Gelingendes Sprechen	33. Dōtoku 道得 Gelingendes Sprechen	33. Kannon 観音 Bodhisattva Avalokitesvara
34. Bukkyō 仏教 Lehren des Buddhismus	34. Bukkyō 仏教 Lehren des Buddhismus	34. Arakan 阿羅漢 Arhat
35. Jinzū 神通 Besondere Wirkkräfte	35. Jinzū 神通 Besondere Wirkkräfte	35. Hakujushi 栢樹子 Zypresse

36. Arakan 阿羅漢 Arhat	36. Arakan 阿羅漢 Arhat	36. Kōmyō 光明 Strahlende Helle
37. Shunjū 春秋 Frühling und Herbst	37. Hensan 遍参 Inständiges Pilgern	37. Shinjin-gakudō 身心学道 Lernweg mit Leib und Herz
38. Kattō 葛藤 Verwicklungen	38. Kattō 葛藤 Verwicklungen	38. Muchū-setsumu 夢中説夢 Im Traum Träume auslegen
39. Shisho 嗣書 Bestätigung der Nachfolge	39. Shime 四馬 Vier Pferde	39. Dōtoku 道得 Gelingendes Sprechen
40. Hakujushi 栢樹子 Zypresse	40. Hakujushi 栢樹子 Zypresse	40. Gabyō 画餅 Gemalte Reisknödel
41. Sangai-yuishin 三界唯心 Die drei Welten sind Nur-Herz	41. Kesa-kudoku 袈裟功徳 Vermögen der Mönchsrobe	**41. Zenki** 全機 **Alle bewegten Momente**
42. Sesshin-sesshō 説心説性 Herz und Wesen auslegen	42. Hatsuu 鉢盂 Die Almosenschale	42. Tsuki 都機 Mond
43. Shohō-jissō 諸法実相 Alle *dharma* in wahrhafter Gestalt	43. Kajō 家常 Alltag	**43. Kūge** 空華 **Leere Blüte**

44. Butsudō 仏道 Buddha-Weg	44. Ganzei 眼睛 Augapfel	44. Kobusshin 古仏心 Das Herz der alten Buddhas
45. Mitsugo 蜜語 Verborgene Worte	45. Jippō 十方 Zehn Richtungen	45. Bodaisatta shishōbō 菩提薩埵四摂法 *Vier dharma*-Regeln des Bodhisattva
46. Mujō-seppō 無情説法 *dharma*-Auslegung des Unbelebten	46. Mujō-seppō 無情説法 *dharma*-Auslegung des Unbelebten	46. Kattō 葛藤 Verwicklungen
47. Bukkyō 仏経 Buddhistische Sutren	47. Kenbutsu 見仏 Buddha treffen	47. Sangai-yuishin 三界唯心 Die drei Welten sind Nur-Herz
48. Hosshō 法性 *dharma*-Wesen	48. Hosshō 法性 *dharma*-Wesen	48. Sesshin-sesshō 説心説性 Herz und Wesen auslegen
49. Darani 陀羅尼 Darani	49. Darani 陀羅尼 Darani	49. Butsudō 仏道 Buddha-Weg
50. Senmen 洗面 Gesicht waschen	50. Senmen 洗面 Gesicht waschen	50. Shohō-jissō 諸法実相 Alle *dharma* in wahrhafter Gestalt
51. Menju 面授 Übertragung von Angesicht [*zu Angesicht*]	51. Ryūgin 龍吟 Murmeln des Wasserfalls	51. Mitsugo 蜜語 Verborgene Worte

52. Bussō 仏祖 Buddhistische Meister	**52. Soshiseiraii** 祖師西来意 **Warum Bodhidharma aus dem Westen kam**	52. Bukkyō 仏経 Buddhistische Sutren
53. Baika 梅華 Pflaumenblüte	53. Hotsu-mujōshin 発無上心 Hervortreten des unübersteig-baren Herzens	53. Mujō-seppō 無情説法 *dharma*-Auslegung des Unbelebten
54. Senjō 洗浄 Waschen und Reinigen	54. Udonge 優曇華 Udambara-[*Blume*]	54. Hosshō 法性 *dharma*-Wesen
55. Jippō 十方 Zehn Richtungen	55. Nyorai-zenshin 如来全身 Ganzer Leib des Tathāgata	55. Darani 陀羅尼 Darani
56. Kenbutsu 見仏 Buddha treffen	56. Kokū 虚空 Leere Leerheit	56. Senmen 洗面 Gesicht waschen
57. Hensan 遍参 Inständiges Pilgern	57. Ango 安居 Meditations-periode	57. Menju 面授 Übertragung von Angesicht [*zu Angesicht*]
58. Ganzei 眼睛 Augapfel	58. Shukke-kudoku 出家功徳 Verdienste des Klostereintritts	58. Zazengi 座禅儀 Die Haltung des Zazen

59. Kajō 家常 Alltag	59. Kuyō-shobutsu 供養諸仏 Den Buddhas Nahrung darreichen	59. Baike 梅華 Pflaumenblüte
60. Sanjūshichibon-bodaibunpō 三十七品菩提分法 Siebendreißig *dharma*-Elemente von *bodhi*	60. Kie-sanbō 帰依三宝 Zuflucht zu den drei Schätzen	60. Jippō 十方 Zehn Richtungen
61. Ryūgin 龍吟 Murmeln des Wasserfalls		61. Kenbutsu 見仏 Buddha treffen
62. **Soshisairaii** 祖師西来意 **Warum Bodhidharma aus dem Westen kam**		62. Hensan 遍参 Inständiges Pilgern
63. Hotsu-mujōshin 発無上心 Hervortreten des unübersteigbaren Herzens		63. Ganzei 眼睛 Augapfel
64. Udonge 優曇華 Udambara-[Blume]		64. Kajō 家常 Alltag

65. Nyorai-zenshin 如来全身 Ganzer Leib des Tathāgata		65. Ryūgin 龍吟 Murmeln des Wasserfalls
66. Zanmai-ō-zanmai 三昧王三昧 Samadhi des königlichen Samadhi		66. Shunjū 春秋 Frühling und Herbst
67. Tembōrin 転法輪 Drehen des *dharma*-Rades		**67. Soshiseiraii** 祖師西来意 **Warum Bodhidharma aus dem Westen kam**
68. Daishugyō 大修行 Große Übung		68. Udonge 優曇華 Udambara-[*Blume*]
69. Jishō-zanmai 自証三昧 Samadhi des Selbsterweisens		69. Hotsu-mujōshin 発無上心 Hervortreten des unübersteigbaren Herzens
70. Kokū 虚空 Leere Leerheit		70. Hotsu-bodaishin 発菩提心 Hervortreten des bodhi-Herzens
71. Hatsuu 鉢盂 Die Almosenschale		71. Nyorai-zenshin 如来全身 Ganzer Leib des Tathāgata

72. Ango 安居 Meditations- periode		72. Zanmai-ō- zanmai 三昧王三昧 Samadhi des königlichen Samadhi
73. Tashintsū 他心通 Das Herz des Anderen durchdringen		73. Sanjūshichibon- bodaibunpō 三十七品菩提分法 Siebendreißig *dharma*- Elemente von *bodhi*
74. Ōsaku-sendaba 王索仙陀婆 Des Königs Suche nach Saindhava		74. Tenbōrin 転法輪 Drehen des *dharma*-Rades
75. Shukke 出家 Eintritt ins Kloster		75. Jishō-zanmai 自証三昧 Samadhi des Selbsterweisens
		76. Daishugyō 大修行 Große Übung
		77. Kokū 虚空 Leere Leerheit
		78. Hatsuu 鉢盂 Die Almosenschale
		79. Ango 安居 Meditations- periode

80. Tashintsū 他心通
Das Herz des Anderen durch dringen

81. Osaku-sendaba 王索仙陀婆
Des Königs Suche nach *Saindhava*

82. Ji-kuin-mon 示庫院文
Sätze, die in der Küche zu zeigen sind

83. Shukke 出家
Eintritt ins Kloster

84. Sanjigō 三時業
Karma der drei Zeiten

85. Shime 四馬
Vier Pferde

86. Shukke-kudoku 出家功徳
Verdienste beim Eintritt ins Kloster

87. Kuyō-shobutsu 供養諸仏
Den Buddhas Nahrung darreichen

		88. Kie-sanbō 帰依三宝 Zuflucht zu den drei Schätzen
		89. Shinjin-inga 深信因果 Tiefes Vertrauen in [*das Gesetz von*] Ursache und Wirkung
		90. Shizen-biku 四禅比丘 Der Bikhu im vierten Versenkungszustand
		91. Yuibutsu-yobutsu 唯仏与仏 Nur zwischen Buddha und Buddha
		92. Shōji 生死 Leben und Tod
		93. Dōshin 道心 Herz des Weges
		94. Jukai 受戒 Empfang der Klosterregeln

		95. Hachi-dainin-gaku 八大人覚 Acht Einsichten eines großen Menschen

Die 12-Kapitel Edition
1. Shukke-kudoku 出家功徳 – Verdienste beim Eintritt ins Kloster
2. Jukai 受戒 – Empfang der Klosterregeln
3. Kesa-kudoku 袈裟功徳 – Vermögen der Mönchsrobe
4. Hotsu-bodaishin 発菩提心 – Hervortreten des *bodhi*-Herzens
5. Kuyō-shobutsu 供養諸仏 – Den Buddhas Nahrung darreichen
6. Kie-sanbō 帰依三宝 – Zuflucht zu den drei Schätzen
7. Jinshin-inga 深信因果 – Tiefes Vertrauen in [*das Gesetz von*] Ursache und Wirkung
8. Sanjigō 三時業 – Karma der drei Zeiten
9. Shime 四馬 – Vier Pferde
10. Shizenbiku 四禅比丘 – Der Bikhu im vierten Versenkungszustand
11. Ippyakuhachi-hōmyōmon 一百八法明門 – 108 glänzende *dharma*-Tore
12. Hachi-dainingaku 八大人覚 – Acht Einsichten eines großen Menschen

2.2.1.3. Die wichtigen Kommentare zum *Shōbogenzō*
„Der früheste Kommentar *Shōbōgenzō-shō* 正法眼蔵抄 stammt aus der Feder des Zen-Meisters Kyōgō 経豪, der das Siegel der Erleuchtung von Sen'e empfing und noch Meister Dōgen persönlich gekannt hatte. Kyōgōs Kommentar zu den 75 Büchern in der Handschrift Ejōs enthält das oben erwähnte Werk seines unmittelbaren Lehrers Sen'e *Shōbōgenzō onkikigaki* und außerdem

eigene Erklärungen. Das *Shōbōgenzō-shō* wurde 1308 vollendet. Dieser frühe wertvolle Kommentar, in dem wie in keinem anderen Dōgens Geist lebt, wurde von späteren Erklärungen viel benutzt, aber erst im Jahre 1903 druckgelegt.

Vier Jahrhunderte vergingen, bis um die Mitte der Tokugawazeit der nächstfolgende Kommentar zu Dōgens Werk entstand. Tenkei Denson 天桂伝尊 (gest. 1735), ein Schüler berühmter Lehrer und selbst ein Meister von hohem Ansehen, verfaßte zu den 60 Büchern der Redaktion des Giun das 22bändige Kommentarwerk *Shōbōgenzō benchū* 正法眼蔵弁註, in dem er auch ungenaue Lesarten des Textes verbessert. Besonders in der Erklärung der drei Bücher *Menju*, *Shisho* und *Juki* entwickelt er eigene Ansichten, die in der Folgezeit auf Widerspruch stießen. Densons Werk wurde 1730 vollendet und 1881 erstmalig gedruckt.

Nun folgen rasch weitere bedeutende Kommentarwerke. Bezeichnend für die China-Begeisterung jener Zeit ist die Übersetzung der 95 Bücher des *Shōbōgenzō* in das Chinesische durch den Zen-Meister Honkō Katsudō 本光瞎道. Katsudō verfaßte zum ganzen Werk einen ausführlichen Kommentar auf Chinesisch, in dem er jedem Buch eine aus fünf chinesischen Schriftzeichen bestehende charakteristische Überschrift vorausstellt. Nach diesen *San* 参 genannten Überschriften heißt sein 14bändiges Werk, dessen voller Titel *Shōbōgenzō kyakutai ichijisan* 正法眼蔵却退一字参 lautet, abgekürzt *Sanchū* 参註 oder *San-bon* 参本. Die Arbeit wurde 1770 abgeschlossen und erschien 1812 im Druck.

Zuihō Menzan 瑞方面山 (gest. 1769), einer der bedeutendsten Zen-Meister aus der Sōtō-Schule während der Tokugawazeit und Verfasser vieler Schriften, hat sich zeit seines Lebens auch um die Erklärung des *Shōbōgenzō* bemüht. Wir verdanken ihm ein umfangreiches Reallexikon *Shōbōgenzō shōtenroku* 正法眼蔵渉典録 zu den 95 Büchern des Werkes, das Wortausdrücke, Zitate, geschichtliche Begebenheiten und andere Zusammenhänge untersucht. Diese Schrift ist chinesisch geschrieben. Menzan beschäftigte sich auch mit den schwierigen japanischen Wörtern des *Shōbōgenzō* und untersuchte diese in seinem *Shōbōgenzō wagoshō* 正法眼蔵和語抄 (1764), das einige Jahrzehnte später in dem ausführlichen Werk *Shōbōgenzō wagotei* 正法眼蔵和語梯 (1826) des in der japanischen Philologie gut bewanderten Zen-Meisters Banzui 万瑞 eine Ergänzung erfuhr. Die beiden zuletzt genannten Schriften sind japanisch geschrieben.

Unter den Werken Menzans wird auch der Kommentar *Shōbōgenzō monge* 正法眼蔵聞解 aufgeführt, eine ausführliche, leicht verständliche Erklärung des Gesamtwerkes Dōgens. Doch steht die Verfasserschaft Menzans für diesen Kommentar nicht sicher fest. Menzan hat im Lehrvortrag wohl das Buch *Bendōwa* erklärt, aber kaum alle 95 Bücher des *Shōbōgenzō*. Wenigstens ist davon im Bericht seines Lebenslaufs nicht die Rede. Die Niederschrift des *Shōbōgenzō monge* geschah durch Menzans Jünger Fuzan Genshutsu 斧山玄鈯 während der Periode An'ei 安永 (1772-1781). Man hat lange Zeit angenommen, daß Genshutsu das zweibändige, japanisch geschriebene Werk auf Grund von Notizen der Vorträge Menzans fertigstellte. Aber Genshutsu hat selbst alle Bücher des *Shōbōgenzō* in Lehrvorträgen (1775-76) erklärt. Diese Erklärung, die Menzans Geist atmet und sich die Ergebnisse des *Shōbōgenzō shōtenroku* zunutze macht, dürfte der Niederschrift des *Shōbōgenzō monge* zugrunde liegen.

Die Bedeutung des *Shōbōgenzō monge* liegt zum Teil auch in der scharfen Kritik an Densons *Shōbōgenzō benchū*. Ein anderer zeitgenössischer Kommentator, Banjin 万仞 (gest. 1775), richtete sein Werk *Shōbōgenzō benbenchū* 正法眼蔵弁弁註 (2 Bde., 1766), wie der Titel sagt, ausdrücklich gegen Denson. Banjin hat ferner in Ergänzung von Menzans *Shōbōgenzō shōtenroku* einen Band *Shōbōgenzō shōtenhoketsuroku* 正法眼蔵渉典補闕録 (1771) verfaßt. Ein ähnliches Werk größeren Umfangs schuf im folgenden Jahrhundert Kōsen Mujaku 黄泉無著 in den sechs Bänden des *Shōbōgenzō shōtenzokuchō* 正法眼蔵渉典続貂 (1837).

Der Kommentar *Shōbōgenzō shiki* 正法眼蔵私記, eine ausführliche Erklärung zu den 95 Büchern des *Shōbōgenzō*, ist das Hauptwerk des Anshin'in Zōkai 安心院蔵海. Der Verfasser greift auf die frühe Erklärung Kōgōs zurück und benutzt ausgiebig das *Sanchū Katsudōs*, fügt aber überall auch eigene Ansichten hinzu. Dieser zehnbändige sehr brauchbare Kommentar geht vielfach über Menzans Erklärung hinaus. Das Werk ist japanisch geschrieben, wurde 1785 vollendet und 1896 druckgelegt.

Den Abschluß der *Shōbōgenzō*-Kommentare während der Tokugawazeit bildet das Werk *Shōbōgenzō naippō* 正法眼蔵那一宝 (22 Bde., 1791) des Fuyō Rōran 父幼老卵 (gest. 1805). Rōran erklärt zunächst die 60 Bücher der Ausgabe Giuns und fügt im Anhang die Erklärung weiterer 21 Bücher und nochmals 15 Bücher hinzu, sodaß auch er eine Erklärung aller 95 Bücher bietet. Sachlich schließt sich sein Kommentar an Densons *Shōbōgenzō benchū* an.

Einer der bedeutendsten Zen-Meister während der Meijizeit, Nishiari Bokuzan 西有穆山 (gest. 1910), der zeitweise das Vorsteheramt im Tempelkloster Sōjiji 総持寺 verwaltete und Haupt der Sōtō-Schule war, hat seinen zahlreichen Jüngern in vielen Lehrvorträgen das Werk Dōgens vorgelegt. Seine Erklärung von 29 Büchern des *Shōbōgenzō* wurde von seinem Jünger Tomiyama Soei 富山租英 niedergeschrieben und liegt im zweibändigen Werk *Shōbōgenzō keiteki* 正法眼蔵啓迪 vor. Diese klare und gründliche Erklärung wetteifert mit den besten Leistungen der Tokugawazeit.

Die beiden Zen-Gelehrten Jimbō Nyoten 神保如天 und Andō Bun'ei 安藤文英 schufen zu Beginn des 20. Jahrhunderts das maßgebende Standardwerk der *Shōbōgenzō*-Erklärung, indem sie alle früheren Kommentare von einiger Wichtigkeit in die zehn Bände des *Shōbōgenzō chūkai* 正法眼蔵註解 sammelten, denen sie einen ausführlichen Registerband beifügten. Das Werk erschien zuerst 1913-14, war einige Zeit vergriffen und wurde 1952-57 in neuer Auflage der Wissenschaft wieder zugänglich gemacht. Dieser Sammelkommentar folgt in der Anordnung der Textausgabe des *Kōzen-bon*. Ausgiebig kommen die sechs Hauptkommentare, nämlich *Onkikigaki*, *Goshō*, *Benchū*, *Naippō*, *Shiki* und *Sanchū* zu Wort. Die leichte Erklärung des *Monge* wird besonders zur Verdeutlichung der Wortprägungen und des Satzstils benutzt. Die beiden großen Reallexika *Shōtenroku* und *Shōtenzokuchō* sind im vollen Umfang angeführt, ferner die drei Schriften *Wagotei*, *Wagoshō* und *Sōtenhoketsuroku*. Die Anordnung der Zitate ist überall ziemlich gleich. Zuerst kommt die Erklärung des Buchtitels. Dōgens Text ist in kurze Abschnitte eingeteilt, zu denen die entsprechenden Erklärungen aus den Kommentaren angeführt werden, und zwar zuerst *Monge*, dann *Shiki* und *Goshō*, darauf die übrigen Kommentare, insofern sie zu der betreffenden Stelle einen Beitrag zu liefern haben. Am Ende eines Buches sind jeweils der chinesische Kommentar *Kyakutai ichijisan* vollständig, ferner die einschlägigen Abschnitte aus *Shōtenroku* und *Shōtenzokuchō* abgedruckt. Die drei ergänzenden Werke *Wagotei*, *Wagoshō* und *Shōtenhoketsuroku* sind ganz am Ende des zehnbändigen Werkes gegeben. Der Registerband bietet eine ausführliche Beschreibung der gesamten Literatur zum *Shōbōgenzō* sowie nach dem japanischen Silbenalphabet (*Iroha*) angeordnete Verzeichnisse von Fachausdrücken und Namen. Diese allgemeine Beschreibung dürfte die Wichtigkeit des *Shōbōgenzō chūkai* für die Dōgen-Forschung deutlich machen."[209]

2.2.2. Shōbōgenzō zuimonki 正法眼蔵随聞記

Das Buch wurde von Dōgens Schüler Ejō kompiliert und enthält Ansprachen und Lehrreden von Dōgen für das allgemeine Studium des Zen-Weges. Es ist ein sehr beliebter Text, da er sich durch Einfachheit und Tiefe auszeichnet und die Grund-

---

[209] Dumoulin, ebd., Ebd., 219-222.

stimmung des zen-buddhistischen Weges spürbar werden läßt, die vor allem im Gewahrwerden der Vergänglichkeit allen Lebens besteht.[210]

2.2.3. Schriften zur Meditationspraxis

2.2.3.1. Fukan-zazengi 普勧座禅儀
(Allgemeine Lehre zur Förderung des Zazen)

Dōgen verfaßte diese kleine Schrift zur Übung der Sitzmeditation wahrscheinlich direkt nach seiner Rückkehr aus China im Jahr 1227. In diesem Anleitungstext zur Zen-Meditation betont er die Wichtigkeit der einfachen Sitzmeditation: „Für die Übung des Zazen ist ein stilles Zimmer gut. Speise und Trank seien mäßig! Wirf alle Bindungen von dir, laß alle Dinge ruhen! Denk nicht Gut und Böse, urteile nicht über richtig und falsch! [...] Beim rechten Sitzen breitet man eine dicke Matte aus und legt darauf ein [rundes] Kissen. Nun hocke im ganzen oder halben Verschränkungssitz"[211] Diese Textgattung, die Dōgen von China nach Japan brachte, hat Carl Bielefeldt in einer Monographie ausführlich in Entwicklung und Bedeutung dargestellt.[212]

2.2.3.2. Gakudō-yōjinshū 学道用心集
(Anleitungen für das Studium des Weges)

Die kleine Schrift, geschrieben 1234, enthält in zehn Abschnitten eine grundlegende Einführung in den Weg des Zen. Mit einfachen Worten macht Dōgen deutlich, was für ihn die zentralen Leitlinien seiner Lehre sind.[213]

---

[210] Deutsche Übersetzung: Eihei Dōgen, *Shōbōgenzō Zuimonki. Unterweisungen zum wahren Buddhaweg.*
[211] *Dōgen Zen. Kleine Schriften der Sōtō-Schule*, übers. v. Dumoulin, 38.
[212] Bielefeldt, *Dōgen's Manuals of Zen Meditation*.
[213] Übersetzung in: *Moon in a Dewdrop. Writings of Zen Master Dōgen*, ed. by Tanahashi, 31-43.

2.2.4. Eihei Shingi 永平清規

Die Schrift besteht aus sechs kleineren Texten und wurde in dieser Form erstmalig im 17. Jahrhundert von einem Abt des Eihei-Tempels zu einer Schrift zusammengestellt.[214]

2.2.4.1. Tenzo-kyōkun 典座教訓: Die kleine Schrift enthält detaillierte Anweisungen für den Ablauf der Essensvor- und -zubereitung. Die Schrift ist Ausdruck dafür, daß Dōgen die alltäglichen Verrichtungen für zentrale Zen-Übungen hält. Das Essen und alles, was damit zusammenhängt, steht zudem im Zusammenhang mit der leiblichen Verfassung der Mönche, eine Dimension, die auch in anderen Schriften eine wichtige Rolle spielt.[215]

2.2.4.2. Bendōhō 弁道法: Dieses kurze Buch, das zwischen 1244 und 1246 entstanden ist, enthält detaillierte Anweisungen für die Praxis der Sitzübung, über das Verhalten in der Meditationshalle, über das Waschen des Gesichtes, über das Anlegen der Mönchsrobe, über das Falten der Mönchsrobe und andere kleine Tätigkeiten, die den Alltag der Mönche im Tempel betreffen.

2.2.4.3. Fushukuhanpō 赴粥飯法: Dieses kurze Buch, das im Jahr 1246 entstanden ist, enthält detaillierte Richtlinien für das Einnehmen des Essens. Es werden die Zeiten für das Essen angegeben, die Form, wie die Mönche die Essenshalle betreten sollen, wie sie ihre Essenschale halten sollen, wie sie ihre Schale

---

[214] Für eine Gesamtübersetzung des *Eihei Shingi* vgl. *Dōgen's Pure Standards for the Zen Community. A Translation of Eihei Shingi*, übers. v. T. D. Leighton u. S. Okumura.

[215] Weitere Einzelübersetzungen: Die Lehre des Küchenmeisters (Das Tenzo-kyōkun von Dōgen), übers. v. O. Benl, in: *Oriens Extremus* 22:1, 1975, 59-86; *Moon in a Dewdrop. Writings of Zen Master Dōgen*, ed. by Tanahashi, 53-66.

nach dem Essen putzen sollen, und andere beim Essen auszuführende Rituale erklärt.

2.2.4.4. **Shuryō Shingi** 衆寮箴規: In dem kurzen Text werden die Regeln für das Verhalten in der Halle für das Studium der buddhistischen Texte aufgeführt. Es werden ausdrücklich Texte mit nichtbuddhistischem Inhalt von der Lektüre in der Studienhalle ausgeschlossen.

2.2.4.5. **Taidaiko Gogejarihō** 対大已五夏闍梨法: Diese Schrift umfaßt 62 Regeln für das Verhalten im Umgang mit Höhergestellten im Kloster. Beispielsweise sagt Regel 38, daß der Jüngere nicht zuerst schlafen gehen soll, wenn der Senior noch wach ist.

2.2.4.6. **Chiji Shingi** 知事清規: Nach einer längeren Einleitung, in der verschiedene Zen-Meister zitiert werden, erläutert Dōgen die Aufgaben, die zu den wichtigen Ämtern im Tempel gehören. Er schreibt über das Amt des Tempelvorstehers, des Mönchsaufsehers, des Küchenmeisters und des Arbeitsaufsehers.

2.2.5. Eihei kōroku 永平広録

Diese Aufzeichnungen umfassen vor allem die Lehrreden Dōgens, die nicht direkten Eingang in das *Shōbōgenzō* gefunden haben und von seinen Schülern aufgezeichnet wurden. Diese Texte wurden erst in letzter Zeit verstärkt erschlossen.[216]

2.2.6. Hōkyōki 宝慶記 (Aufzeichnungen aus der Ära Baojing)

Das Hōkyōki wurde erst nach Dōgens Tod von seinem Schüler Ejō gefunden und bekannt gemacht. Thema sind ca. 45 Gespräche, die Dōgen mit seinem Lehrer Rujing (1164-1228) in der Zeit von 1225-1227 geführt hat. Vermutlich fanden einige

---

[216] Neuerdings liegt eine Gesamtübersetzung von T. D. Leighton und S. Okumura vor: *Dogen's Extensive Record. A Translation of the Eihei Koroku.*

Gespräche schriftlich statt, eine Weise, die zwischen chinesischen und japanischen Mönchen der damaligen Zeit durchaus üblich war, denn sie hatten die gleiche Schrift, aber nicht die gleiche gesprochene Sprache. Die Datierung als früheste Schrift ist nicht gesichert, aber als biographische Quelle ist das Buch unumstritten.[217]

---

[217] Übersetzung: Waddle/Abbe.

III.
Anhang

❖❖❖❖❖❖❖❖❖❖❖❖❖❖❖

1. Erklärungen zu den Titeln der übersetzten Texte

Shōbōgenzō 正法眼蔵 – Schatzkammer des rechten *dharma*-Auges
Shō: ganz; aufrecht; richtig; Haupt-; wahr. *Bō*: siehe *dharma*. *Gen*: Auge, Sehen, Schauendes. *Zō*: Bergen, Geborgenheit; Speicher, Kammer, Schatz; in der Sprache des Buddhismus auch „Kanon heiliger Schriften". Nishijima/ Cross übersetzen mit „The Right-*dharma*-Eye Treasury"; Nishijima/ Linnebach übersetzen mit „Die Schatzkammer des wahren *dharma*-Auges".

Unter dem Namen *Shōbōgenzō* sind drei Texte aus der zenbuddhistischen Tradition bekannt: 1. Unter der chinesischen Lesung *Zhengfayanzang* wird die Kōan-Sammlung von Dahui Zonggao (1089-1163) überliefert. Darin sind 661 Gespräche und Begegnungen von Zen-Meistern aufgenommen und kommentiert. Mit Dahui konnte sich die Kōan-Schulung im Zen-Buddhismus nachhaltig etablieren. 2. Unter der Bezeichnung *Shōbōgenzō Sanbyakusoku*, *Mana* oder *Shinji Shōbōgenzō* ist eine Sammlung in chinesischer Sprache von 301 Kōan überliefert, die Dōgen wahrscheinlich um 1235 selber zusammengestellt hat.[218] Die einzelnen Kōan bezieht er in seinen Vorträgen und Texten an vielen Stellen ein. 3. Das *Shōbōgenzō* in japanischer Sprache, das als Hauptwerk Dōgens in den verschiedenen Editionen überliefert wird, die teilweise in diesem Buch aufgelistet sind.

Genjōkōan 現成公案 – Offenbarmachen des vollen Erscheinens
Gen: erscheinen, hervortreten, werden, sich zeigen, sichtbar; jetzt, gegenwärtig. *Jō*: vollenden, glücken, gelingen, werden, vollständig, das Ganze.

---

[218] Vgl. Heine, *Dōgen and the Kōan Tradition*, 257 ff. Dort werden alle Kōan der Sammlung aufgelistet.

Kō: öffentlich, Verehrungsbezeichnung des Adligen oder Monarchen. *An*: überlegen, besinnen, Rechtssache, Prozeß; Tisch, Akten, Protokoll; Fall, Angelegenheit. Die Wendung ist nicht eine Erfindung Dōgens, sondern findet sich beispielsweise bereits bei Engo Kakugon.[219] Nishijima/Cross übersetzen: „The Realized Universe"; Nishijima/Linnebach: „Das verwirklichte Universum"; Aitken/Tanahashi: „Actualizing the Fundamental Point"; Ōhashi/Brockard: „Öffentliche Bekanntmachung der Gegenwart der Welt im Ganzen".

Shinfukatoku 心不可得 – Das unfaßbare Herz
Shin: Herz, Gesinnung, Neigung, Lust; Stimmung; Gemüt; Gefühl; Denken, Geist; Mitte. *Fu*: nicht, un-. *Ka*: können, möglich. *Toku*: erlangen, besitzen, erreichen, glücken. Heine übersetzt: „Ungraspable Mind", Nishijima/Cross: „Mind cannot be grasped", Ōhashi/Brockard: „Das unerreichbare Herz".

Kūge 空華 – Leere Blüte, Leere Himmelsblume
Kū: Himmel, der leere Raum, hohl; Übersetzungswort für das buddhistische Sanskritwort *śūnyatā* (Leerheit). *Ge*: Blüte, Blume. Nishijima/Cross übersetzen: „Flowers in Space". Das Wort wird in der Übersetzung zumeist mit „leere Blüte" übersetzt und nur an einigen Stellen, dem Kontext entsprechend, mit „leere Himmelsblume". Im Text spielt Dōgen vor allem mit den Bedeutungen „Himmel" und „Leerheit".

Uji 有時 – Sein-Zeit
U: haben, besitzen, es gibt; (phil.) das Sein; (bud.) das Dasein (skr.) *bhava*. *Ji*: Zeit; Jahreszeit, Stunde; Frist; richtige Zeit, Gelegenheit, zeitgemäß; jetzt, von Zeit zu Zeit; zur Zeit, während, als; damals; ständig, immer; Wetter. Nishijima/Cross übersetzen mit „Existence-Time", Abe/Waddel mit „Being Time", Heine mit „Being-Time", Wright mit „Living Time", Tsujimura mit „Sein=Zeit".

Sansuikyō 山水經 – Berg-und-Wasser-Sutra
San: Berg, Berge. *Sui*: Wasser, Fluß, Flüsse. *Kyō*: buddhistisches Sutra. Nishijima/Cross übersetzen mit „The Sutra of Mountain and Water", Nambara mit „Berg und Wasser predigen". Die Kombination ist ungewöhnlich, da sie nahelegt, daß Berge und Flüsse selber den Charakter einer heiligen Schrift besitzen und man darin zu lesen vermag.

---

[219] *Taishō*, Bd. 47, Text Nr. 1988, S. 547. Zu Engo vgl. die Kommentierung zu den Personen.

Soshiseirai'i 祖師西来意 – Warum Bodhidharma aus dem Westen kam
So: Ahnherr, Stammvater, Stifter, Gründer. *Shi*: Lehrer, Meister, Vorbild. *Sei*: Westen. *Rai*: kommen. *I*: Gedanke, Sinn, Bedeutung; Meinung, Ansicht, Gesinnung; Absicht, Wunsch, Wille. Die Zusammensetzung „Soshi" bedeutet „Stifter, Gründer" und steht hier für Bodhidharma, der nach der Überlieferung als der erste Zen-Patriarch Chinas gilt. Mit ihm soll die Lehre des Zen von Indien nach China gelangt sein. „Westen" bedeutet hier Indien, da der Buddhismus über die Seidenstraße vom Westen her nach China gelangte. Nishijima/Cross übersetzen mit „The Ancestral Master's Intention in Coming from the West".

Shōji 生死 – Leben und Tod
Shō: Leben, geboren werden, entstehen, lebendig, wachsen. *Ji* (bzw. *shi*): Tod, sterben. Nishijima/Cross übersetzen mit „Life-and-Death", Abe/Waddell mit „Birth and Death". Diese Wendung wird auch als Übersetzung des Sanskritwortes „samsara" verwendet, wobei es dann vor allem den Kreislauf von Geburt und Tod bezeichnet, der mit dem Nirvana endet. In dem übersetzten Text trennt Dōgen jedoch die beiden Zeichen voneinander und deutet sie zugleich als einen Zusammenhang. Wollte man in der deutschen Sprache den Sachverhalt als ein Wort wiedergeben, so könnte man „LebenTod" sagen.

Zenki 全機 – Alle bewegten Momente
Zen: ganz, vollständig, alles, unversehrt. *Ki*: Webstuhl; Organ; treibende Kraft; Beweggrund; Gelegenheit; das Moment. Nishijima/Cross übersetzen mit „All Functions", Abe/Waddell mit „Total Dynamic Working", Tanahashi mit „Undivided Activity".

Kaiinzanmai 海印三昧 – Sammlung in die Meeresinschrift
Kai: Meer. *In*: Stempel, Siegel; drucken, Abdruck, Eindruck; Zeichen, Mal; buddhistisch für „*mudrā*" (rituelle Geste). *San*: drei. *Mai*: Geschmack. Es handelt sich hier um die Übersetzung der Sanskrit-Wendung *sāgara-mudrā-samādhi*. Die Wendung „Zanmai" (chin. sanmi) ist eine lautliche Nachbildung des Sanskritwortes „*samādhi*" (Gesammeltheit), so daß die Bedeutung der chinesischen Zeichen keine Rolle spielt. Nishijima/Cross übersetzen mit „Samādhi, State Like the Sea".

2. Worterklärungen

Im folgenden werden diejenigen Schlüsselbegriffe erklärt, die in den übersetzten Texten vorkommen, und zu denen auch die Titel der Texte gehören. Sie sollen aber auch den Schlüsselbegriffen entsprechen, die zu dem von Toshihiko Izutsu konzipierten „Netzwerk der Schlüsselbegriffe der orientalischen Philosophie" gehören können. Izutsu hat die Grundidee der orientalischen Philosophie als das Ziel seiner Arbeit und Reflexion betrachtet, und um diese Idee auszuarbeiten, hat er ein „Netzwerk der Schlüsselbegriffe" konzipiert. In den folgenden Sätzen wird diese Idee verdeutlicht:

    Die Schlüsselbegriffe der einzelnen orientalischen Philosopheme sollen in der Weise gesammelt, gesichtet und vernetzt werden, daß die zentralen Philosopheme „synchronisch strukturiert" werden können. Die Tiefenschichten der einzelnen Philosopheme können dadurch in einen semantischen Zusammenhang gebracht, als ein sinngebender Text rekonstruiert, und zu einem umfassenden Gedankenraum gebildet werden, der einen zukunftsträchtigen Ausblick birgt. Dieser Gedankenraum ist es, den Izutsu die „orientalische Philosophie" nennt.

Bampō 萬法 – zehntausend *dharma*
    Ban (bzw. *man*): zehntausend. *Pō* (bzw. *hō*): siehe *dharma*. Das Wort bezeichnet alle Lebewesen und Gegebenheiten, da „zehntausend" für „alles" steht.

Bodai 菩提 – Erwachen
    Es handelt sich hier um die lautliche Übertragung des Sankritwortes *bodhi*, das seinerseits das Erwachen im buddhistischen Sinne bezeichnet.

Bon'nō 煩惱 – Begierde
    Bon: sorgen, kümmern, begehren. *Nō*: ärgerlich, bekümmert, gequält. Das Wort bezeichnet insgesamt die sinnlichen Begierden des Menschen bzw. die weltlichen Sorgen, die ihn in alltäglichen Situationen anhaften lassen in ichhafter Weise.

Buppō 佛法 – Buddha-*dharma*
    Butsu: Buddha. *Pō* (bzw. *hō*): siehe *dharma*.

Busshō 佛性 – Buddha-Natur
    Butsu: Buddha. *Shō*: Wesen, Natur, Charakter, Beschaffenheit.

Butsudō 佛道 – Buddha-Weg
    Butsu: Buddha. *Dō*: Weg, gehen; sagen. Das Wort bezeichnet den Weg Buddhas als Übungsweg.

dharma (Skrt.)
Das Wort *dharma* bzw. jap. *hō* 法 bedeutet „Gesetz", „Norm der Handlung", „Ordnung", „Regel" und „Sitte". Der spezielle buddhistische Sprachgebrauch nennt mit dem Wort vor allem die Lehre Buddhas und zugleich die existierenden Dinge als einzelne Gegebenheiten, die jedoch immer nur als zusammenhängend mit anderen erscheinen. Da das Wort inzwischen im deutschen Fremdwörterbuch verzeichnet ist, wird es im Text nicht übersetzt, so daß bewußt die Vieldeutigkeit des Wortes erhalten bleibt.

Dōri 道理 – Sachverhalt
Dō: Weg, Bahn; Lauf der Welt; Weltordnung; rechter Weg; sprechen, sagen. *Ri*: Linienmuster in einem Jade-Stein; Grundlinien, Grundzüge; Ordnung; innere Natur der Dinge. Mit der Übersetzung „Sachverhalt" soll betont werden, daß es bei Dōgen immer um konkrete leibliche Sachvollzüge geht, die in sich ein Beziehungsgeflecht bilden.

Dōshu 道取 – klar in Worte fassen. Siehe *dōtoku, dōte*.

Dōtoku, dōte 道得 – zu sagen vermögen, gelingendes Sprechen
Dō: siehe *dōri*. *Toku*: erlangen; bekommen; erreichen; glücken; können. Text 39 der 95 er-Edition des *Shōbōgenzō* trägt den Titel „Dōte" bzw. „Dōtoku". Aufgrund der Doppeldeutigkeit des Wortes „dō" kann das gelingende Sprechen zugleich „erreichen des (Buddha-)Weges" bedeuten.

Engaku 縁覺 – Durch Anlässe Erwachte
En: Anlässe, Ursachen, Bedingungen. *Gaku* (kaku): Erwachen. Dadurch, daß *shōmon* (siehe dort) und *engaku* die beiden unteren Stufen des Erwachens bilden – die beiden höheren sind Bodhisattva und Buddha – erhalten sie einen abwertenden Beiklang.

Fushiryō 不思量 / Hishiryō 非思量 – Nichtdenken / Undenken
Fu: nicht, nein, un-. *Hi*: nicht, un-, verneinen. *Shi*: denken, überlegen; Gedanke, Sinn; das aktive Bewußtsein (skrt. *cetana*). *Ryō*: messen; ermessen, erwägen. Es handelt sich um zwei Zeichen der Verneinung, wobei *fu*, chi. *bu*, gewöhnlich für die Verneinung von Verben oder Verbalphrasen und *hi*, chin. *fei*, für die Verneinung von Nomen oder Nominalphrasen verwendet wird.

Fushō-fumetsu 不生不滅 – Nichtentstehen-Nichtvergehen
Fu: Nicht, un-. *Shō*: siehe dort. *Metsu*: siehe dort.

Gedatsu 解脱 – Loslösung

Ge: lösen, losmachen; sich freimachen, öffnen; aufheben, auflösen; erklären, verstehen; entscheiden; zerlegen. *Datsu*: ausziehen, abziehen, abwerfen, trennen sich entziehen; loslassen, aufgeben, sich entledigen. Das Wort bezeichnet die Loslösung von allen Anhaftungen, die aus ichhaften Wünschen entstehen.

Gedō 外道 – die außerhalb des Buddhismus Stehenden
Ge: außerhalb, außen. *Dō*: siehe *dōri*. Diejenigen, die nicht der buddhistischen Lehre folgen.

Genjō 現成 – Volles Erscheinen, vollauf erscheinen. Siehe *Genjōkōan*.

Go 吾 – Ich, siehe *ware*.

Go'un 五蘊 – fünf Daseinsfaktoren
Fünf Anhaftungs- bzw. Daseinsgruppen im Menschen: 1. Formhafte Gestalt (skrt. *rūpa*), 2. Empfindungen/Gefühle (skrt. *vedanā*), 3. Wahrnehmung (skrt. *saṃjñā*) besteht aus den sechs Sinnesbereichen, 4. Karmische Formkräfte (skrt. *saṃskāra*), 5. Bewußtsein (skrt. *vijñāna*).

Gyō 行 – Übung. Siehe *shugyō*.

Hijō 非情 – unbelebte Wesen
Hi: nicht, un-. *Jō*: Gemüt, Gefühl, Leidenschaft, Neigung, Zuneigung, Mitleid, Sympathie. *Jō* als die natürliche Empfindsamkeit des belebten Lebens wird negiert im *hijō*, der gefühllosen Kühle. Das Wort kann die unbelebten Wesen bezeichnen, aber auch das Unbelebte im Sinne des Toten.

Hishiryō siehe *Fushiryō*.

Hō'i 法位 – *dharma*-Rang
Hō: siehe *dharma*. *I*: Stelle, Platz; sich befinden; einsetzen; Stellung, Posten, Rang; Sitz; Thron; regieren.

Hokkai 法界 – *dharma*-Welt. *Hō*: siehe *dharma*. *Kai*: siehe *sekai*.

Hongaku 本覺 – Ursprüngliches Erwachen
Hon: Ursprung, ursprünglich. *Gaku* (bzw. *kaku*): empfinden, fühlen, wahrnehmen, Bewußtsein, Sinn; erwachen, wach; Erkenntnis im Sinne der Tendai-Schule, daß alle Wesen von Anfang an bereits das Erwachen und die Buddha-Natur in sich tragen.

Honshō 本性 – Ursprüngliches Wesen.
Hon: siehe *hongaku*. *Shō*: siehe *Jishō*.

Hōrin 法輪 – *dharma*-Rad
Hō: siehe *dharma*. *Rin*: Rad. *Hōrin* bedeutet das Drehen des *dharma*-Rades, d.h. die Aktualität der Lehre Buddhas.

Hōshin, hosshin 法身 – *dharma*-Leib
Hō: siehe *dharma*. *Shin*: Leib, Körper; Person; selbst, persönlich; Lebenszeit, Leben.

Honshō 本性 – ursprüngliche Natur
Siehe *Hongaku*.

In'nen 因縁 – verursachende Anlässe, verursachende Zusammenhänge
In: Grund, Ursache; wegen, weil; entsprechend; nachfolgen. *Nen* (bzw. *en*): Anlaß, Zusammenhang, Verbindung; Umstände; Ursache, folgen.

Inga 因果 – Ursache und Wirkung
In: Grund, Ursache; wegen, weil; entsprechend; nachfolgen. *Ga*: Frucht; Folge, Wirkung, Ergebnis; wirklich, sicher.

Jiko 自己 – sich selbst, Selbst
Ji: selbst; persönlich; von selbst; selbsttätig. *Ko*: selbst, eigen, persönlich. Das Wort kann mit „sich selbst" oder mit „Selbst" übersetzt werden, wobei in beiden Übersetzungen der Selbstbezug zu betonen ist. In der Übersetzung „Selbst" geht es ausdrücklich nicht um ein substantialisiertes Selbst, sondern um den durchsichtigen und erwachten Bezug zu sich selbst.

Jisetsu 時節 – Zeit
Ji: Zeit (siehe auch die Erklärung zu *Uji*). *Setsu*: Knoten am Bambus; Abschnitt; Zeitabschnitt; Angelegenheit; Takt. Heute wird das Wort in der Zusammensetzung in der Bedeutung „Jahreszeit", „Saison", „Zeit für etwas" verwendet.

Jisho 時處 – Zeitort, Zeit und Ort
Ji: Zeit. *Sho*: Ort. Zeit und Ort werden hier wie in einem Wort genannt.

Jishō 自性 – eigenes Wesen
Ji: siehe Jiko. *Shō*: Wesen, Natur, Charakter, Beschaffenheit.

Juppō bzw. jippō 十方 – zehn Richtungen

Es handelt sich hierbei um die acht Richtungen Norden, Osten, Süden, Westen, Nord-Osten, Süd-Osten, Süd-Westen und Nord-Westen plus Zenit (Scheitelpunkt) und Nadir (Fußpunkt). Kapitel 60 der 95 er-Fassung des *Shōbōgenzō* trägt den Titel *Juppō* bzw. *Jippō*.

Ki 起 – Hervorgehen
Ki: aufstehen, sich erheben, aufsteigen, anfangen, hervorgehen. Dieses Wort betont den Hervorgangscharakter eines jeden Geschehens.

Kikan 機關 – bewegtes Gefüge der Momente
Ki: Webstuhl; Organ; treibende Kraft; Beweggrund; Gelegenheit; das Moment. *Kan*: Zusammenhang, zusammenhängen; Schranke; Wendepunkt, wichtiger Augenblick.

Kōan 公案 – Siehe die Erklärung zu *Genjōkōan*.

Kudoku 功德 – Vermögen
Ku: Verdienst, Leistung, Erfolg, Fähigkeit. *Doku* (bzw. *toku*): Tugend; Eigenschaft; Verdienst; Fähigkeit; Wirkung.

Kufū 工夫 – bemühtes Ausprobieren.
Ku: Arbeit, Leistung, Geschicklichkeit. *Fū*: Gatte; Weiser.

Kyōryaku 經歷 – ereignishaftes Verlaufen
Kyō: Kettfaden in einem Gewebe; grundlegend, Regel; monatliche Regel; kanonische Bücher; hindurchgehend; vorbei, vorübergehend, Zeichen der Vergangenheit; sich ereignen, erleben, durchmachen; durch Vermittlung von, sich beschäftigen mit, besorgen, leiten. *Ryaku*: Kreislauf der Sterne, Kalender; Geschichte; durchlaufen, dauern; durchmachen, hindurchgehen, entlang, Reihenfolge, aufeinanderfolgen, fortlaufen. Andere bisherige Übersetzungen sind: „passing in a series of moments" (Nishijima / Cross), „moment to moment occurring" (Wright), „flowing" (Welch / Tanahashi), „passage" (Heine; Kim; Yokoi), „Während" (Tsujimura), „seriatim passage" (Abe / Waddel).

Meigo 迷悟 – Irren und Erwachen
Mei: sich verirren, Verirrung; verblendet; Täuschung. *Go*: erwachen, gewahr werden, begreifen, verstehen; Erwachen; eine andere Lesung dieses Zeichens ist: Satori.

Metsu 滅 – Vergehen, Sterben
Metsu: untergehen, vergehen, auslöschen; Vergänglichkeit; Nirvana.

Mitsu'u 密有 – verborgenes Sein
Mitsu: verborgen, geheimnisvoll, versteckt. *U*: siehe die Erklärung zu *Uji*.

Nirvana
Jap. *nehan*. Das Wort ist inzwischen in die deutsche Sprache eingegangen, so daß es unübersetzt im deutschen Text verwendet wird.

Nyorai 如来
Nyo: wie, so wie. *Rai*: kommen. Wörtlich: der So Gekommene. Das Wort ist eine Übersetzung des Sanskritwortes „*tathāgata*" und bezeichnet jemanden, der auf dem Weg Buddhas zum höchsten Erwachen gelangt ist. Es ist daher einer der Namen Buddhas, der im Sanskrit *tathāgata* lautet.

Satori 悟り – Erwachen
Satori: erwachen, gewahr werden, begreifen, verstehen; Erwachen.

Sangaku 參學 – inständiges Lernen
San: teilnehmen, beiwohnen; überlegen; gründlich. *Gaku*: lernen, Lehre. Die Übersetzung soll betonen, daß es um ein Lernen mit ganzer Hingabe geht.

Sekai 世界 – Welt
Se: Generation (30 Jahre); Zeitalter, Zeit; ganzes Leben; Welt, weltlich. *Kai*: Grenze; Gebiet; Welt; Kreis. In diesem sinojapanischen Wort, das auch heute noch im Chinesischen und Japanischen für unser Wort „Welt" verwendet wird, fügen sich Zeit und Raum zu dem Begriff der „Welt" zusammen.

Shi 死 – Tod, Sterben
Shi: sterben, Tod; töten; leblos; starr, fest. Siehe *Shōji*.

Shidai 四大 – vier Elemente
Wörtlich: vier Größen, skrt. *mahābhūta*. Es handelt sich um Erde, Wasser, Feuer und Wind.

Shikaku 始覺 – anfängliches Erwachen
Shi: anfangen, Anfang. *Kaku*: siehe *hongaku*. *Shikaku* und *hongaku* gehören zusammen.

Shikin, nikon 而今 – Gegenwärtig, gegenwärtiges Jetzt
Shi (bzw. *ni*): aber, sondern, jedoch, gleichwohl. *Kin* (bzw. *kon* oder *ima*): jetzt, heute. Die Wendung kann auch übersetzt werden mit „aber jetzt" im

Sinne der Betonung des gegenwärtigen Jetzt, in dem eine bestimmte Handlung mit Nachdruck vollzogen wird.

Shin, kokoro 心 – Herz
Shin, kokoro: Herz; Neigung, Lust, Sinn, Absicht, Gemüt, Gefühl; Verstand, Denken, skrt. *citta*; Geist, Inneres; Mitte. Mit der Übersetzung „Herz" ist gemeint, daß Gemüt, Gefühl, Wille, Denken und letztlich alle Bewußtseinstätigkeiten nicht voneinander zu trennen sind.

Shinjin 身心 – Leib und Herz, Leib-Herz
Shin: Leib, Körper; Person; selbst, persönlich; Lebenszeit, Leben. *Jin* (bzw. *shin*): Herz; Neigung, Lust, Sinn, Absicht, Gemüt, Gefühl; Verstand, Denken; Geist, Inneres; Mitte. Siehe auch Erklärung zu *Shin*. In der Übersetzung steht „Leib und Herz". In der Einleitung wird hingegen häufiger die ungewöhnlichere Wendung „Leib-Herz" benutzt.

Shinjindatsuraku 身心脱落 – Abfallen von Leib und Herz
Shinjin: siehe dort. *Datsu*: ausziehen, abziehen, abwerfen, trennen sich entziehen; loslassen, aufgeben, sich entledigen. *Raku*: fallendes Laub; fallen, fallen lassen; verschwinden, vergehen; Anfang, anfangen.

Shin'nyo 真如 – das Wahrhafte
Shin: wahrhaft, wirklich, wahr. *Nyo*: wie, so wie. Skrt. *tathatā*. Mit dem Wort wird das „wahre Wie" bzw. die Soheit allen Gegebenseins bezeichnet und somit die Weise des Erwachens selbst.

Shiryō 思量 – Denken
Shi: denken, überlegen; Gedanke, Sinn; das aktive Bewußtsein. *Ryō*: messen; ermessen, erwägen. Es bedeutet, einem Sachverhalt auf verschiedenen Ebenen des Wissens nachzugehen.

Shiryo-funbetsu 思量分別 – Denken und Urteilen
Shi: siehe *shiryō*. *Ryo*: berücksichtigen, besorgen überlegen. *Fun*: Teil, teilen. *Betsu*: unterscheiden; verschieden; andere; trennen. Diese Ebene der Bewußtseinstätigkeit wird im Buddhismus eher negativ bewertet.

Shō 生 – Leben, leben, Geburt, Entstehen
Shō: Leben, gebären, erzeugen, bilden, entstehen, wachsen; frisch, unreif; (buddhistisch) Existenz, Geburt. Siehe *Shōji*.

Shō, shō suru 証 – Erweis, erweisen
Shō: zeigen, erweisen, bezeugen, Zeuge, Zeugnis ablegen. Die japanische

Wendung „shō suru" ist eine Verbalisierung von „shō". Die Übersetzung „Erweis" bzw. „erweisen" ist hier im starken Sinne gebraucht. „Erweisen" zeichnet sich im Gegensatz zu „Beweisen" und „Aufweisen" dadurch aus, daß im Falle Dōgens Erwachen im buddhistischen Sinne immer wieder im Vollzug *erwiesen* werden muß.

Shōmon 声聞 – Hörend-Erwachte
Diejenigen, die durch das Hören (mon) der Stimme (shō) des Buddha zu einer Art Erwachen gelangen. Dadurch, daß Shōmon und Engaku (siehe dort) die beiden unteren Stufen des Erwachens bilden – die beiden höheren sind Bodhisattva und Buddha – erhalten sie einen abwertenden Beiklang.

Shugyō 修行 – Übung
Shu: ordnen, einrichten, erbauen, pflegen, ausbilden, üben, lernen. *Gyō*: gehen, handeln, ausüben, vollziehen, Wandel. In der Kombination bezeichnet das Wort die buddhistische Übung.

Shujō 衆生 – leidende Wesen
Shu: alle, ganz, viele, zahlreich. *Jō* (bzw. shō) *Shō*: Lebewesen, leben. Dieses Wort bezeichnet alle Lebewesen und zwar in der Hinsicht, daß sie in grundsätzlicher Weise leiden und darin befangen sind.

Shūshō 修証 – übender Erweis
Shū: ordnen, einrichten, erbauen, pflegen, ausbilden, üben, lernen. *Shō*: zeigen, erweisen, bezeugen, Zeuge, Zeugnis ablegen. In verbaler Form: *shūshō suru*. Siehe auch *Shō* – Erweisen.

Tako 他己 – Anderer, anderes Selbst
Ta: er, anderer. *Ko*: selbst, eigen, persönlich. Antonym zu *jiko* (siehe dort).

Tokoro 處 – Ort
Tokoro, sho: Ort, an dem eine Aktivität stattfindet, Ort der Handlung.

Toku 徳 – Qualität
Toku: Tugend; Eigenschaft; Verdienst; Fähigkeit; Wirkung.

Tōtotsu, tōdatsu 透脱 – durchdringendes Loslösen
Tō: hindurchgehen, durchdringen, durchscheinend; gründlich; vollständig; verstehen, durchschauen. *Totsu* bzw. *datsu*: ausziehen, abziehen, abwerfen, trennen sich entziehen; loslassen, aufgeben, sich entledigen.

Totsuraku bzw. datsuraku 脱落 – abfallen
Siehe *Shinjindatsuraku*.

Ujō 有情 – belebte Wesen
U: Siehe Uji. *Jō*: siehe *Hijō*.

Umu 有無 – Sein/Nichts, Gegebenes/Nichtgegebenes
U: siehe *Uji*. *Mu*: nicht vorhanden, es gibt nicht, nichts, kein, ohne, un-, -los. Das Wort sollte als *ein* Wort verstanden werden, ähnlich wie im Falle des Wortes *Shōji*, so daß es weder einfach um das eine noch um das andere geht.

Ware 我、われ – Ich
Personalpronomen der ersten Person. Dōgen benutzt neben dem chinesischen Zeichen 我 mit der Aussprache *ware* die in Silbenschrift ausgeschriebene Variante *ware* (われ) und das Zeichen 吾 (go), die beide auch die 1. Person Singular bezeichnen.

Zengosaidan 前後際斷 – Abschneiden von vorher und nachher
Zen: vorher. *Go*: nachher. *Sai*: Berührungspunkt, Grenze, Rand; Stelle; zwischen; Gelegenheit, Umstand; Zeitpunkt. *Dan*: abschneiden, trennen, unterbrechen, entscheiden, Entscheidung.

Zenkigen 全機現 – manifestieren aller bewegten Momente
Zen: ganz, vollständig, alles, unversehrt. *Ki*: Webstuhl; Organ; treibende Kraft; Beweggrund; Gelegenheit; das Moment. *Gen*: siehe *Genjōkōan*.

Anhang

3. Kommentierung zu Personen und Texten in den Übersetzungen und Anmerkungen

3.1. Personen

Baso Dōitsu: Chin. Mazu Daoyi (709-788). Anch bekannt als kōzei(s.u.). Eine der bedeutensten Zen-Meister Chinas. Er entwickelte Methoden, die später für die Tradition des Zen prägend wurden.

Bodhidharma: China 5./6. Jh. Er gilt in der Überlieferung der Zen-Schulen als der 28. Patriarch nach Buddha in Indien und als der 1. chinesische Patriarch, mit dem der Zen (Chan)-Buddhismus nach China gebracht wurde.

Chō Setsu: Von diesem Mandarin sind keine näheren Umstände bekannt, außer dem zitierten Gedicht, das Dōgen aus einer zenbuddhistischen Schrift zitiert.

Daii: Name des Berges, auf dem Meister Isan Reiyū (771-853), chin. Weishan Lingyu, wohnte.

Eisai Zenji: Auch Myōan Eisai (1141-1215). Japanischer Zen-Meister, der die Ōryō-Linie des Rinzai-Zen als erster nach Japan brachte und damit die japanische Zen-Tradition begründete. Er hielt sich zwei Mal zum Studium in China auf.

Engo Kakugon: Chin. Yuanwu Keqin (1063-1135). Meister Engo stellte das *Biyanlu* zusammen, eine der wichtigsten Kōan-Sammlungen in China.

Etsu vom Berg Sekimon: Chinesischer Zen-Meister. Lebensdaten sind unbekannt.

Ejō: Koun Ejō (1198-1280). Dōgens ältester Schüler und erster Nachfolger. Er leitete nach Dōgen den Eihei-Tempel. Durch sein Verdienst sind uns viele der Schriften Dōgens überliefert.

Gelber Kaiser: Der dritte der fünf legendären Herrscher im alten China (2852-2205 v. Chr.).

Hōtetsu vom Berg Mayoku: Chin. Magu shan Baoche. Schüler des berühmten Zen-Meisters Baso Dōitsu (chin. Mazu Daoyi, 709-788). Lebensdaten nicht bekannt.

Jōsan: Jōsan Shin'e (771-853), chin. Dingshan Shenying.

Jūken aus Setchō: Setcho Jūken (980-1052), chin. Xuedou Chongxian. Sein posthumer Name war Myokaku.

Kai vom Berg Taiyō: Fuyō Dōkai (1043-1118), chin. Furong Daokai. Zen-Meister in der gleichen Traditionslinie wie Dōgen.

Kassan: Kassan Zen'e (805-881), chin. Jiashan Shanhui. Er studierte Zen bei Meister Tokujo, dem Bootsmann, und wurde sein Nachfolger.

Kisei aus Sekken: Sekken Kisei (ca. um 1000), chin. Shexian Guisheng.

Kōsei: chin. Guangcheng. Legendäre Gestalt aus dem alten China.

Kōshō vom Berg Roya: Chinesischer Zen-Meister. Lebensdaten sind unbekannt.

Kōzei: Kōzei Daijaku. Es handelt sich hier um Meister Baso Dōitsu (chin. Mazu Daoyi, 709-788), der als einer der bedeutendsten Zen-Meister Chinas gilt. Er ist bekannt für seine plötzlichen Schreie und wortlosen Gesten als Lehrmethode. Er tritt in den Beispielen 30 und 33 des *Mumonkan* und 3, 53 und 73 des *Biyanlu* auf.

Musai: Anderer Name für Sekitō Kisen (vgl. dort).

Myōzen Ryōnen (1184-1225): Schüler und Nachfolger von Eisai und Lehrer von Dōgen. Beide gingen zusammen nach China.

Nansen: Nansen Fugan (748-835), chin. Nanquan Puyuan. Nachdem er die buddhistische Lehre in China studiert hatte, wurde er Zen-Mönch und war später Lehrer bedeutender Zen-Meister.

Nyorai: Skrt. *tathāgata*. „Der so Gekommene bzw. Gegangene" oder „der aus der Soheit kommt". Bezeichnet Shākyamuni Buddha und die Buddhas als diejenigen, die zum höchsten Erwachen gelangt sind.

Ōbaku: Ōbaku Kiun (gest. 850), chin. Huangbo Xiyun. Großer chinesischer Zen-Meister, der im 2. Beispiel des *Mumonkan* und im 11. des *Biyanlu* auftritt.

Reikun vom Berge Fuyō: Chinesischer Zen-Meister. Lebensdaten sind unbekannt.

Rinzai: Rinzai Gigen (gest. 866), chin. Linji Yixuan. Durch Meister Rinzai wurde eine eigene Linie des Zen in China begründet.

Seigen: Seigen Gyōshi (660-740), chin. Qingyuan Xingsi. Berühmter Schüler Huinengs (638-713), eines der größten Zen-Meister Chinas. Lehrer von Sekitō Kisen.

Sekiso: Sekiso Keisho (807-888), chin. Shishuang Qingzhu. Meister Sekiso ist für seine strenge meditative Schulung bekannt.

Sekitō: Sekitō Kisen (700-790), chin. Shitou Xiqian. Wichtiger Zen-Meister seiner Zeit. Über sein Leben ist wenig bekannt.

Shākyamuni Buddha: Das erste Wort bedeutet wörtlich der „Weise aus dem Geschlecht der Shākya", das zweite wörtlich „der Erwachte". Es handelt sich um den historischen Buddha, dessen Name zuvor Siddhārtha Gautama war.

Shin in Ryūtan: Ryūtan (auch Ryōtan gelesen) Sōshin (9. Jh.), chin. Longtan Chongxin. Er tritt auf in Beispiel 28 des *Mumonkan*.

Shishin vom Tempel Kishū: Chinesischer Zen-Meister. Lebensdaten sind unbekannt.

Shutō aus dem Kyōgen Tempel: Shutō ist der posthume Name von Kyōgen Chikan (gest. 898), chin. Xiangyan Zhixian.

Shuzan: Shuzan Shōnen (926-993), chin. Shousan Shengnian. Er ist der vierte Nachfolger in der Linie von Meister Rinzai.

Sozan Gensho: Posthumer Name von Sozan Honjaku (840-901), chin. Caoshan Benji. Er ist einer der Begründer der Sōtō-Schule des Buddhismus in China. Dōgen ist der Begründer dieser Schule in Japan.

Tafuku: Koshu Tafuku, chin. Hangzhou Duofu. Lebensdaten unbekannt, wahrscheinlich 9./10. Jahrhundert.

Tokujo: Sensu Tokujo (8./9. Jh.), chin. Chuanzi Decheng. Nachdem er von Meister Yakusan das *dharma* erhalten hatte, wurde er am Fluß Katei Bootsmann in der Hoffnung, einen wahren Menschen zu treffen.

Tokusan Senkan: Chin. Deshan Xuanjian (781-867). Er war besonders dafür bekannt, das Diamant-Sūtra gut zu kennen. Er ist Protagonist in Beispiel 13 und 28 im *Mumonkan* und im Beispiel 4 des *Biyanlu*.

Tōzan Shusho: Chin. Dongshan Shouchu (910-990). Meister Tōzan begegnet uns im 15. und 18. Kōan des *Mumonkan*. Er war Schüler von Meister Unmon.

Ungo: Ungo Doyo (gest. 902), chin. Yunju Daoying.

Unmon Kyōshin: Gewöhnlich genannt Unmon Bun'en (864-949), chin. Yunmen Wenyan. Meister Unmon ist bekannt dafür, die Lehre Buddhas in kurzen Wendungen auszudrücken.

Vairocana: Skrt. „der Sonnengleiche". Name eines Buddhas, der oft mit der Geste der höchsten Weisheit dargestellt wird.

Yakusan Kudō: Bekannt unter dem Namen Yakusan Igen (wahrscheinlich 745-828), chin. Yueshan Weiyan. Schüler von Sekitō Kisen.

3.2. Klassische Texte und Textsammlungen des Buddhismus

Dahui lu: Aufzeichnungen der Gespräche von Meister Dahui Zonggao (1089-1163), der in seiner Lehre die Übung mit dem Kōan besonders betonte.

Dainihon zokuzōkyō: Sammlung buddhistischer Schriften, von denen viele im *Taishō* (siehe dort) nicht aufgenommen sind.

Diamant-Sutra: Jap. Kongo-hannya-kyo, Skrt. *Vajracchedikā-prajñāpāramitā-Sūtra*. Es handelt sich um eines der vor allem in Ostasien wirkungsreichen Sutren des Mahāyāna-Buddhismus.

Engo Koroku: Auszeichnungen von Zen-Meister Yuanwu Keqin (jap. Engo Kokugon, 1063-1135).

Gotō-egen: Chin. Wudeng Huiyuan. Zusammenfassendes Werk zu den „Fünf Aufzeichnungen zur Leuchte" (Gotōroku). Wahrscheinlich zusammengestellt von Dachuan Puji (jap. Daisen Fusai, 1179-1253). Es enthält Gespräche zwischen Zen-Meistern, auf die Dōgen sich immer wieder bezieht.

Hekiganroku: Chin. Biyanlu. Berühmte Kōan-Sammlung, die von Yuanwu Keqin (siehe *Engo*) im 12. Jahrhundert zusammengestellt wurde.

Keitoku dentōroku: Chin. Jingde chuandenglu. „Aufzeichnung über die Überlieferung der Flamme, verfaßt in der Jingde-Zeit". Es handelt sich um die früheste Chronik des sogenannten Gotō-roku (Fünf Aufzeichnungen von der Flamme). Kompiliert wurde die Sammlung von dem Mönch Daoyuan (jap. Dōgen) im Jahre 1004. In dem dreißigbändigen Werk sind über 600 Meister aufgezeichnet und mehr als 1000 weitere genannt. Eine große Zahl der Kōan, die später in den Sammlungen zusammengestellt wurden, sind in dieser Schrift zum ersten Mal aufgezeichnet worden.

Lotos-Sutra: Skrt. *Saddharmapuṇḍarīka-Sūtra*. Dieses Sutra ist eines der wirkungsreichsten Schriften des Mahāyāna-Buddhismus, vor allem im Populär-Buddhismus in China, Korea und Japan. In Beispielen und Gleichnissen wird die Lehre Buddhas erläutert.

Mahaparinirvana-Sutra: Das Werk ist nur noch in chinesischer Sprache erhalten und behandelt u.a. die Lehre, nach der alle Wesen von Anfang die Buddha-Natur besitzen.

Mumonkan: Chin. Wumenguan. Diese wichtige Kōan-Sammlung wurde von Wumen Huikai (jap. Mumon Ekai, 1183-1260) zusammengestellt. Sie enthält 48 Kōan samt Kommentaren und anderen Zusätzen.

Shōdōka: Die Schrift geht auf Yongjia Xuanjue (jap. Yōka Genkaku, 665-713) zurück und genießt in verschiedenen Schulen des Zen besondere Beliebtheit.

Shūmon Rentōeyō: Chin. Zongmen Liandeng Huiyao. Der Text, der Zen-Geschichten versammelt, wurde von Huiweng Wuming im Jahre 1189 in China zusammengestellt.

Shūmon Tōyōshu: Sammlung zenbuddhistischer Gespräche.

Shuryōgon-gyō: Skrt. *Śūraṅgama-samādhi-sūtra*. Es handelt sich um ein spätes Sutra des Mahāyāna-Buddhismus, das vor allem von Meistern des Zen-Buddhismus ausgelegt wurde

Taishō: Mit diesem Kürzel wird die Sammlung des chinesisch-buddhistischen Kanons bezeichnet. Das 85 Bände umfassende Werk enthält auch Schriften, die in den Originalsprachen wie Sanskrit verloren gegangen sind. Siehe Literaturangaben.

Tenshō Kotōroku: Chin. Tiansheng Guangdeng lu. Das Werk „Aufzeichnung von der sich ausdehnenden Flamme in der Tiansheng Periode" wurde zusammengestellt im Jahre 1029.

Unmon goroku: Aufzeichnungen der Sprüche von Meister Unmon Kyōshin.

Vimalakīrtinirdeśa-Sūtra: Das ca. im 2. Jh. n. Chr. entstandene Werk erfreute sich besonders in China und Japan großer Beliebtheit. Es betont die Gleichrangigkeit des Lebens als Laie und als Mönch.

Wanshi zenji kōroku: Chin. Hongzhi Chanshi Guanglu. Eine von Meister Hongzhi Zhengjue (jap. Wanshi Shōgaku, 1091-1167) zusammengestellte Schrift.

Zokudentōroku: Fortsetzung des Keitoku dentōroku (vgl. dort).

4. Auswahlbibliographie

4.1. Japanische Textausgaben von Dōgen

Ōkubo Dōshu 大久保道舟 (Hg.): Dōgen zenji zenshū, 道元禅師全集 (Gesammelte Werke des Zen-Meisters Dōgen). 2 Bde., Tōkyō Chikuma shobō 1969/70.

Shōbōgenzō chūkai zensho 正法眼蔵註解全書 (Sammlung der Kommentare zum Shōbōgenzō), hg. v. Jimbō Nyoten 神保如天 und Andō Bun'ei 安藤文英, 10 Bde., Tōkyō 1956/57.

Nishiari Bokuzan 西有穆山, Shōbōgenzō keiteki 正法眼蔵啓迪 (Kommentar zum Shōbōgenzō), 3 Bde., Tōkyō 1965.

Shōbōgenzō 正法眼蔵 (75 er Fassung und 12 er Fassung), Hg. mit Anmerkungen von Mizuno Yaoko 水野弥恵子, 4 Bde., Tōkyō, Iwanami bunko 1990-1993.

4.2. Chinesischer und japanischer Kanon buddhistischer Texte

Taishō shinshū daizōkyō 大正新修大蔵経, hg. v. Takakusu Junjirō 高楠順次郎, et. al., 85 Bde., Tōkyō 1924-32.

Dainihon Zokuzōkyō 大日本続蔵経, hg. v. Maeda Keun 前田慧雲 u. Nakano Tatsue 中野達慧, 150 Bde., Kyōto 1905-1912.

Zengakuten sekisōkan 禪学典籍叢刊, hg. v. Yanagida Seizan 柳田聖山 et al., 11 Bde., Tōkyō 1999-2001.

4.3. Übersetzungen von Dōgen-Texten in westliche Sprachen

4.3.1. Gesamtübersetzungen des *Shōbōgenzō*

Dōgen Zenji. Shōbōgenzō. The Eye and Treasury of the True Law, übers. v. Kōsen Nishiyama u. John Stevens, 3 Bde., Sendai 1975/Tōkyō 1977.

Dōgen Zenji Shōbōgenzō. Die Schatzkammer der Erkenntnis des Wahren Dharma, 3 Bde., Übersetzung der englischen Ausgabe, Zürich 1977 ff. (Sowohl die englische wie auch die deutsche Übersetzung sind nicht empfehlenswert.)

The Shōbō-genzō, übers. v. Yūhō Yokoi, Tōkyō 1986.

Master Dōgen's Shōbōgenzō, übers. v. Gudō Wafu Nishijima and Chodo Cross, 4 Bde., London 1994-1999. (Bisher beste Gesamtübersetzung.)

Meister Dōgen. Shōbōgenzō. Die Schatzkammer des Wahren *dharma*-Auges, übers. v. Gabriele Linnebach u. Gudō Wafu Nishijima, 4 Bde. (bisher zwei Bände erschienen), Heidelberg-Leimen 2001/2003. (Weitgehend identisch mit der englischen Übersetzung, jedoch insgesamt nicht so genau.)

4.3.2. Auswahlübersetzungen aus dem *Shōbōgenzō*

Yokoi, Yūhō: Zen Master Dōgen: An Introduction with Selected Writings, Tōkyō 1976.

Cook, F. H.: How to raise an ox: Zen practice as taught in Zen Master Dogen's *Shobogenzo*; including 10 newly transl. essays, Los Angeles 1978, Neuauflage 2002. (Übersetzung von Fukanzazengi, Keisei Sanshoku, Hotsu mujōshin, Shukke, Raihai tokuzui, Shunjū, Shinjin inga, Nyorai zenshin, Gyōji, Kajō.)

Kim, Hee-Jin: Flowers of Emptiness. Selections from Dōgen's *Shōbōgenzō*, Lewiston/Queenston 1985. (In der Übersetzung finden sich 30 verschiedene Texte aus dem *Shōbōgenzō*.)

Tanahashi, Kazuaki: Moon in a dewdrop. Writings of Zen Master Dogen, San Francisco 1985. (Neben Texten aus dem *Shōbōgenzō* – Genjōkōan, Shōji, Uji, Zenki, Shinjin gakudō, Sansuikyō, Shunjū, Baika, Kajō, Tsuki, Gabyō, Bendōwa, Yuibutsu Yobutsu, Kattō, Menju, Bussō, Shisho, Henzan, Bukkōjōji – sind auch Gedichte und andere kleine Texte in dem Band aufgenommen.)

Cook, F. H.: Sounds of Valley Streams. Enlightenment in Dōgen's Zen, translation of nine essays from *Shōbōgenzō*, New York 1989. (Übersetzungen von Genjōkōan, Ikka myōju, Gabyō, Ganzei, Kannon, Ryūgin, Dōtoku, Bukkōjōji, Daigo.)

Tanahashi, Kazuaki: Enlightenment Unfolds. The Essential Teachings of Zen Master Dogen, Boston 1999.

Göbel, Oliver: Das Samādhi bei Zen-Meister Dōgen. Das Samādhi (Geistessammlung) und seine Beziehung zum Zazen (Sitzmeditation) und zum Satori (Erleuchtung). Mit der Übersetzung von sechs Texten des Shōbōgenzō: Zazengi, Zazenshin, Kaiin-zammai, Hosshō, Zammai-ō-zammai und Jishō-zammai, Neuried bei München 2001.

Waddell, N. A. u. Abe, Masao: Heart of Dogen's *Shobogenzo*, New York 2002. (Übersetzung von Fukanzazengi, Bendōwa, Ikka Myōju, Genjōkōan, Uji, Busshō, Zanmai-ō-zanmai, Shōji, Zazengi.)

4.3.3. Übersetzung einzelner Bücher des *Shōbōgenzō*
Genjōkōan
Junyu Kitayama, in: Rudolf-Otto-Ehrung, Quellenstudien zur Religionsgeschichte, hrsg. v. Heinrich Frick, Berlin 1940, 1-15.

Heinrich Dumoulin, in: Monumenta Nipponica, 15, 1959/60, 425-440 bzw. 217-232.

Norman A. Waddell u. Masao Abe, in: The Eastern Buddhist, 5:2, 1972, 120-140.

Ryōsuke Ōhashi u. Hans Brockard, in: Philosophisches Jahrbuch, 83, 1976, 402-415.

Hakuun Yasutani, in: Flowers fall. A commentary on Dogen's Genjokoan, Boston 1996.

Christian Steineck, in: Steineck et al. (Hg.): Dōgen als Philosoph, Wiesbaden 2002, 9-28.

Uji
Philip Kapleau (Teilübersetzung), in: The Three Pillars of Zen, Tōkyō 1965; dt.: Die drei Pfeiler des Zen, 5. Aufl. 1981, 401-406.
Kōichi Tsujimura, in: Festschrift für Medard Boss, hg. v. Gion Condrau, Stuttgart 1973, 172-201.
Norman A. Waddell u. Masao Abe, in: The Eastern Buddhist, 12:1, 1979, 124-157.
Steven Heine, in: Steven Heine, Existential and Ontological Dimensions of Time in Heidegger and Dōgen, New York 1985, 153-162.
Shibasaki Fumikazu, in: Sōtōshū kenkyūin kenkyū kiyō, Nr. 12, 1991, 29-43.
Tom Wright, in: Time and Nothingness, hg. v. Michael Lazarin, Kyōto 1997, 115-131.
Eidō Shimano Rōshi u. Charles Vacher (engl. u. franz.), in: Dōgen, Shōbōgenzō Uji, traduit du japonais et annoté par Eidō Shimano Rōshi et Charles Vacher, Encre Marine 1997.

Busshō
Norman A. Waddell u. Masao Abe, in: The Eastern Buddhist, 8:2, 1975, 94-112; 9:1, 1976, 87-105; 9:2, 1976, 71-87.
Christan Steineck, in: Steineck et al. (Hg.): Dōgen als Philosoph, Wiesbaden 2002, 29-93.

Bendōwa
Norman A. Waddell u. Masao Abe, in: The Eastern Buddhist, 5:1, 1971, 124-157.
Daniel Leighton u. Shohaku Okumura, in: Wholehearted Way. A Translation of Eihei Dogen's Bendowa, Boston 1997.

Shinfukatoku
Ryōsuke Ōhashi u. Hans Brockard, in: Fernöstliche Weisheit und christlicher Glaube. Festgabe für H. Dumoulin, hrsg. v. H. Waldenfels u. T. Immoos, Mainz 1985, 56-67.
Steven Heine, in: Dōgen and the Kōan Tradition, New York 1994, 253-256.

Sansuikyō
Minoru Nambara et al., in: Nachrichten der Deutschen Gesellschaft für Natur- und Völkerkunde Ostasiens (NOAG) 120, 1976, 5-15.
Anzan Hoshin, in: Mountains and rivers. Zen teachings on the San sui kyo of Dogen zenji, 2. überarbeitete Auflage Ottawa 1991.

Shinjin-gakudō
Christian Steineck, in: ders., Leib und Herz bei Dōgen. Kommentierte Übersetzungen und theoretische Rekonstruktion, St. Augustin 2003.

Sokushin-zebutsu
Christian Steineck, in: ders., Leib und Herz bei Dōgen. Kommentierte Übersetzungen und theoretische Rekonstruktion, St. Augustin 2003.

Katō
Steven Heine, in: ders., Dōgen and the Kōan Tradition, New York 1994, 243-249.

Ōsakusendaba
Steven Heine, in: ders., Dōgen and the Kōan Tradition, New York 1994, 249-253.

Zenki
Norman A. Waddell u. Masao Abe, in: The Eastern Buddhist, 5:1, 1972, 74-77.

Shōji
Norman A. Waddell u. Masao Abe, in: The Eastern Buddhist, 5:1, 1972, 78-80.

Ikka-myōju
Norman A. Waddell u. Masao Abe, in: The Eastern Buddhist, 4:2, 1971, 108-118.

Zanmai-ō-zanmai
Norman A. Waddell und Masao Abe, in: The Eastern Buddhist, 7:1, 1974, 118-123.

Dōtoku
Hiroshi Sakamoto, in: The Eastern Buddhist, 16:1, 1983, 90-106.

Keiseisanshoku
Oscar Benl, in: Nachrichten der Deutschen Gesellschaft für Natur- und Völkerkunde Ostasiens (NOAG), 125, 1979, 13-19; 126, 1979, 11-18.

4.3.4. Übersetzungen von anderen Schriften
Benl, Oscar: Die Lehre des Küchenmeisters (Das Tenzō-kyōkun von Dōgen), in: Oriens Extremus, 22:1, 1975, 59-86.

Dumoulin, Heinrich: Allgemeine Lehren zur Förderung des Zazen von Zen-Meister Dogen, in: Monumenta Nipponica, 14, 1958/59, 429-436.
Dumoulin, Heinrich: Dōgen Zen. Kleine Schriften der Sōtō-Schule, Zürich/München 1990.
Leighton, T. D. u. Okumura, S. (Hg. u. Übers.): Dōgen's Pure Standards for the Zen Community. A Translation of Eihei Shingi, New York 1996.
Leighton, T. D. u. Okumura, S. (Hg. u. Übers.): Dōgen's Extensive Record. A Translation of the Eihei Kōroku, Somerville 2004.
Masunaga, Reiho: A Primer of Soto Zen: A Translation of Dogen's Shobogenzo Zuimonki, Honolulu 1971.
Waddell, Norman u. Masao Abe: Dōgen's Hōkyōki, in: The Eastern Buddhist (n. s.), 10:2, 1977, 102-139; 11:1, 1978, 66-84.
Kodera, T. J.: Dogen's Formative Years in China. Historical Study and Annotated Translation of the Hokyo-Ki, London 1980.
Steineck, Christian: Leib und Herz bei Dōgen. Kommentierte Übersetzungen und theoretische Rekonstruktion, St. Augustin 2003.
Nishijima, Gudo: Master Dogen's Shinji Shobogenzo, hg. v. M. Luetchford u. J. Pearson, Bristol 2003.
Yokoi Yūhō: The Eihei-kōroku, Tōkyō 1987.
Okumura, Shohaku: Eihei Dōgen. Shōbōgenzō Zuimonki. Unterweisungen zum wahren Buddhaweg, Heidelberg 1997.

4.4. Forschungsliteratur zu Dōgen
4.4.1. Philosophisch orientierte Studien
Abe, Masao: A Study of Dōgen. His Philosophy and Religion, hg. v. S. Heine, New York 1992.
Arifuku, Kōgaku: Deutsche Philosophie und Zen-Buddhismus. Komparative Studien, Berlin 1999.
Elberfeld, Rolf: Phänomenologie der Zeit im Buddhismus. Methoden interkulturellen Philosophierens, Stuttgart-Bad Cannstatt 2004.
Fehlbaum, Dieter: Zeitsprache. Gedanken des Zen-Meisters Dōgen-Zenji. Zwanzig Auslegungen zum Shōbōgenzō, Berlin 2003.
Foshay, Toby Avard: The Leap of Thinking: A Comparison of Martin Heidegger and Dōgen on thinking, in: Philosophy Today, 25, 1991, 55-62.
Foshay, Toby Avard: Denegation, Nonduality, and Language in Derrida and Dōgen, in: Philosophy East and West, 44:3, 1994, 543-558.
Fox, Douglas: Zen and ethics. Dōgen's synthesis, in: Philosophy East and West, 21:1, 1971, 33-42.
Heine, Steven: Existential and Ontological Dimensions of Time in Heidegger and Dogen, New York 1985.

Heine, Steven: Dōgen and the Japanese Religio-Aesthetic Tradition, in: The Eastern Buddhist, 22:1, 1989, 71-95.
Heine, Steven: A blade of grass. Japanese poetry and aesthetics in Dōgen Zen, New York 1989.
Heine, Steven: Dōgen Casts Off ‚What'. An Analysis of Shinjin Datsuraku, in: Journal of International Association of Buddhist Studies, 9:1, 1986, 53-70.
Heine, Steven: A dream within a dream: studies in Japanese thought, New York 1991.
Heinemann, Robert Klaus: Der Weg des Übens im ostasiatischen Mahāyāna. Grundformen seiner Zeitrelation zum Übungsziel in der Entwicklung bis Dōgen, Wiesbaden 1979.
Heinemann, Robert Klaus: Shushō-ittō und Genjō-kōan: Welterkenntnis und -verwirklichung bei Dōgen, in: Asien. Tradition und Fortschritt, FS Horst Hammitzsch, hg. v. L. Brüll u. U. Kemper, Wiesbaden 1971, 184-192.
Izutsu, Toshihiko: The Field Structure of Time in Zen Buddhism, in: Eranos-Jahrbuch 1978, Zeit und Zeitlosigkeit, hg. v. A. Portmann und R. Ritsema, 309-340.
Izutsu, Toshihiko: Philosophie des Zen-Buddhismus, Reinbek bei Hamburg 1986.
Kasulis, Thomas P.: Zen Action, Zen Person. Honolulu 1981.
Kasulis, Thomas P.: The Zen Philosopher. A Review Article on Dōgen Scholarship in English, in: Philosophy East and West, 28:3, 1978, 353-373.
Kasulis, Thomas P.: The Incomparable Philosopher. Dōgen on How to Read the Shōbōgenzō, in: William R. LaFleur (Hg.), Dōgen Studies, Honolulu 1985, 83-98.
Kim, Hee-Jin: The Reason of Words and Letters. Dōgen and Kōan Language, in: William R. LaFleur (Hg.), Dōgen Studies, Honolulu 1985, 54-82.
Kopf, Gereon: Beyond Personal Identity. Dōgen, Nishida and a Phenomenology of No-Self, Richmond 2002.
LaFleur, William R. (Hg.): Dōgen Studies. Honolulu 1985.
Laube, Johannes: Zen-Meister Dōgen (1200-1253). Seine Bedeutung für das zeitgenössische und für das moderne Japan, in: Zeitschrift für Missionswissenschaft und Religionswissenschaft, 71:2, 1987, 121-136.
Loy, David: The path of no-path. Sankara and Dōgen on the paradox of practice, in: Philosophy East and West, 38:2, 1988, 127-146.
Maraldo, John: The Practice of Body-Mind: Dōgen's Shinjingakudō and Comparative Philosophy, in: William R. LaFleur (Hg.), Dōgen Studies, Honolulu 1985, 112-130.
Maraldo, John: Is There Historical Consciousness Within Ch'an?, in: Japanese Journal of Religious Studies, 12:2-3, 1986, 141-172.
Maraldo, John: Hermeneutics and Historicity in the Study of Buddhism, in: The Eastern Buddhist, 19:1, 1986, 17-43.

Mikkelson, Douglas K.: Who is arguing about the cat? Moral action and enlightenment according to Dōgen, in: Philosophy East and West, 47:3, 1997, 383-397.

Nagasawa, Kunihiko: Das Ich im Deutschen Idealismus und das Selbst im Zen-Buddhismus. Fichte und Dogen, Freiburg/München 1987.

Nagatomo, Shigenori: An analysis of Dōgen's 'casting off body and mind', in: International Philosophical Quarterly, 27, 1987, 227-242.

Nakimovitch, Pierre: Dōgen et les paradoxes de la Bouddhéité: introduction, traduction et commentaire du volume De la Bouddhéité, Genève 1999.

Noda, Keisuke: Disclosure of Presuppositions: Husserlian Phenomenology and Dōgen's Zen, PhD, Richmond 1995.

Norimoto, Iino: Dōgen's Zen view of interdependence, in: Philosophy East and West, 12:1, 1962, 51-57.

Novak, Philip C.: Empty Willing. Contemplation of Being-in-the-world in St. John of the Cross and Dōgen, PhD, Univ. of Syracuse 1981.

Ōhashi, Ryōsuke: Geschichte-Zeit und Geschichtskategorie - aus der Zeitlehre vom Zen-Meister Dōgen, in: ders., Zeitlichkeitsanalyse der Hegelschen Logik. Zur Idee einer Phänomenologie des Ortes, Freiburg München 1984, 241-249.

Ōhashi, Ryōsuke: Zen und Philosophie. Kontinuität der Diskontinuität, in: ders., Japan im interkulturellen Dialog, München 1999, 146-165.

Olson, Carl: The human body as a boundary symbol. A comparison of Merleau-Ponty and Dōgen, in: Philosophy East and West, 36:2, 1986, 107-120.

Parkes, Graham: Dōgen/Heidegger/Dōgen – a review of Dōgen studies, in: Philosophy East and West, 37:4, 1987, 437-454.

Sakamoto, Hiroshi: The Voicing of the Way. Dōgen's Shōbōgenzō Dōtoku, in: The Eastern Buddhist, 16:1, 1983, 90-105.

Shaner, David Edward: The Body-Mind Experience in Japanese Buddhism. A Phenomenological Perspective on Kūkai and Dōgen, New York 1985.

Shaner, David Edward: The bodymind experience in Dōgen's Shōbōgenzō. A phenomenological perspective, in: Philosophy East and West, 35:1, 1985, 17-38.

Stambaugh, Joan: Impermanence is Buddha-nature: Dōgen's Understanding of Temporality, Honolulu 1990.

Stambaugh, Joan: The formless self, New York 1999.

Steineck, Christian: Dōgen – die Verweigerung einfacher Wahrheiten, in: Allgemeine Zeitschrift für Philosophie, 24:2, 1999, 183-196.

Steineck, Christian: Dōgen und Shinran zur Frage von Wiedergeburt und ethischer Verbindlichkeit, in: W. Schweidler (Hg.): Wiedergeburt und kulturelles Erbe, St. Augustin 2001, 155-176.

Steineck, Christian: Übersetzung und theoretische Rekonstruktion am Beispiel

von Dōgens Genjōkōan, in: Hōrin. Vergleichende Studien zur japanischen Kultur, 9, 2002, 117-144.
Steineck, Christian et al. (Hg.): Dōgen als Philosoph, Wiesbaden 2002.
Steineck, Christian: Leib und Herz bei Dōgen. Kommentierte Übersetzungen und theoretische Rekonstruktion, St. Augustin 2003.
Takayanagi, Shun'ichi: Weisheit und Sprache in Dōgens Shōbōgenzō, in: Fernöstliche Weisheit und christlicher Glaube. Festgabe für H. Dumoulin, hg. v. H. Waldenfels u. T. Immoos, Mainz 1985, 43-55.
Tamaki, Kōshirō: The position of Dōgen in the history of Buddhist thought, in: Acata Asiatica, 20, 1971, 7-24.

4.4.2. Philologisch und historisch orientierte Studien
Aumann, Oliver: Die Frage nach dem Selbst im Amida-Buddhismus bei Shinran und im Zen-Buddhismus bei Dōgen, Frankfurt a.M. 2000.
Benl, Oscar: Der Zen-Meister Dōgen in China, in: Nachrichten der Gesellschaft für Natur- und Völkerkunde Ostasiens, 79/80, 1956.
Benl, Oscar: Die Anfänge der Sōtō-Mönchsgemeinschaften, in: Oriens Extremus, 7:1, 1960, 31-50.
Bielefeldt, Carl: Dogen's Manuals of Zen Meditation, Berkeley 1988.
Bielefeldt, Carl: Recarving the Dragon. History and Dogma in the Study of Dōgen, in: William R. LaFleur (Hg.), Dōgen Studies, Honolulu 1985, 21-53.
Bielefeldt, Carl: Dōgen Studies in America. Thoughts on the State of the Field, Komazawa Daigaku Zen kenkyūjo nenpo 3, 1992, 212-196.
Bodiford, William: Sōtō Zen in Medieval Japan, Honolulu 1993.
Dumoulin, Heinrich: Geschichte des Zen-Buddhismus, Bd. 1: Indien und China, Bd. 2: Japan, Bern 1986.
Faure, Bernard: The Daruma-shū. Dōgen and Sōtō Zen, in: Monumenta Nipponica, 42:1, 1987, 25-55.
Faure, Bernard: The Rhetoric of Immediacy. A Cultural Critique of Ch'an / Zen Buddhism, Princeton 1991.
Faure, Bernard: Chan Insights and Oversights. An Epistemological Critique of the Chan Tradition, Princeton 1993.
Göbel, Oliver: Das Samādhi bei Zen-Meister Dōgen. Das Samādhi (Geistessammlung) und seine Beziehung zum Zazen (Sitzmeditation) und zum Satori (Erleuchtung), Neuried bei München 2001.
Heine, Steven: Truth and method in Dōgen scholarship. A review of recent works, in: The Eastern Buddhist, 20:2, 1987, 128-147.
Heine, Steven: Dōgen and the Kōan Tradition. A Tale of Two Shōbōgenzō Texts, New York 1994.
Heine, Steven: The Dōgen Canon. Dōgen's Pre-Shōbōgenzō Writings and the Question of Change in His Later Works, in: Japanese Journal of Religious Studies, 24:1-2, 1997, 39-85.

Kim, Hee-jin: Dogen Kigen. Mystical Realist, Tucson 1975, 1987.
Kodera, Takashi James: Dōgen's Formative Years in China. An Historical Study and Annotated Translation of the Hōkyōki, London 1980.
Putney, David: Some Problems in Interpretation. The Early and Late Writings of Dōgen, in: Philosophy East and West, 46:4, 1996, 497-531.
Suzuki, Daisetz Taitaro: Dōgen, Hakuin, Bankei. Three Types of Thought in Japanese Buddhism, in: The Eastern Buddhist, 9:1, 1976, 1-17; 9:2, 1976, 1-20.
Yanagida, Seizan: The Search for the Real Dōgen. Challenging Taboos concerning Dōgen, in: Young East, 8:1, 1982, 3-19.

4.5. Buddhistische Texte in Übersetzung

Aufzeichnung des Meisters vom Blauen Fels. Bi-Yän-Lu, Koan-Sammlung, übers. v. E. Schwarz, München 1999.
Bi-Yän-Lu, Meister Yüan-wu's Niederschrift von der Smaragdenen Felswand, übers. v. W. Gundert, 3 Bde., München/Wien 1983.
Bodhidharmas Lehre des Zen. Frühe chinesische Zen Texte, übers. aus dem Chinesischen und mit einer Einführung von Red Pine, dt. Ausgabe, Zürich 1990.
The short Prajñāpāramitā Texts, übers. v. E. Conze, London 1973. (Enthält u. a. das Diamant-Sutra.)
Das Zen von Meister Rinzai. Das Rinzai Roku (Lin-Chi Lu) des Lin-chi I-hsüan, hg. v. Sōtetsu Yūzen, Leimen 1990.
Huang-po. Der Geist des Zen. Die Zen-Lehre des chinesischen Meisters Huang-po, über. v. J. Blofeld, Bern 1983.
Lotos-Sūtra. Sūtra von der Lotosblume des wunderbaren Gesetzes, nach dem chin. Text von Kumārajīva übers. v. Margareta von Borsig, Gerlingen 1992.
Luetchford, Michael: Between Heaven and Earth: From Nagarjuna to Dogen. A Translation of Nagarjuna's Mulamadhyamakakarika, Windbell 2002.
Mumonkan. Die Schranke ohne Tor. Meister Wu-men's Sammlung der 48 Kōan, übers. v. H. Dumoulin, Mainz 1975.
Satori hier und jetzt: Yoka Daishis „Shodoka", vollst. übertr. und mit Kommentaren vers. von Taisen Deshimaru-Roshi, Berlin 1982.
Prajñāpāramitā. Die Vollkommenheit der Erkenntnis, übers. v. M. Walleser, Göttingen 1914. (Enthält das Diamant-Sutra)
Weber-Brosamer, Bernhard, u. Dieter M. Bach, Die Philosophie der Leere. Nāgārjunas *Mūlamādhyamaka-Kārikās*. Übersetzung des buddhistischen Basistextes mit kommentierender Einführung, Wiesbaden 1997.
Zen-Worte vom Wolkentor-Berg. Meister Yunmen, aus d. Chin. übers. u. hg. v. Urs App, Bern/München 1994.

4.6. Varia

Balslev, Niyogi Anindita: A Study of Time in Indian Philosophy, Wiesbaden 1983.

Brück, Michael von: Identität und Zeitfluß – Buddhistische Wirklichkeitskonstruktion, in: W. Schweidler (Hg.), Wiedergeburt und kulturelles Erbe, St. Augustin 2001, 197-220.

Conze, Edward: Buddhistisches Denken. Drei Phasen buddhistischer Philosophie in Indien, Frankfurt a.M. 1988.

Coulmas, Florian: Japanische Zeiten. Eine Ethnografie der Vergänglichkeit, Hamburg 2000.

Dschuang Dsi: Das wahre Buch vom südlichen Blütenland, übers. v. Richard Wilhelm, Köln 1984.

Elberfeld, Rolf: Entstehen in Abhängigkeit bei Fazang, in: Elberfeld/ Leibold/ Obert: Denkansätze zur buddhistischen Philosophie in China. Seng Zhao – Jizang – Fazang zwischen Übersetzung und Interpretation, Köln 2000.

Elberfeld, Rolf: Übersetzung der Kultur am Beispiel der Übertragung buddhistischer Texte vom Sanskrit ins Chinesische, in: Translation und Interpretation, hg. v. R. Elberfeld, J. Kreuzer, J. Minford, G. Wohlfart, München 1999.

Elberfeld, Rolf/ Leibold, Machael/ Obert, Mathias: Denkansätze zur buddhistischen Philosophie in China. Seng Zhao – Jizang – Fazang zwischen Übersetzung und Interpretation, Köln 2000.

Elberfeld, Rolf: Kitarō Nishida (1870-1945). Das Verstehen der Kulturen. Moderne japanische Philosophie und die Frage nach der Interkulturalität, Amsterdam 1999.

Elberfeld, Rolf: Aspekte einer philosophischen Grammatik des Altchinesischen, in: Denkformen – Lebensformen, hg. v. Tilman Borsche, Hildesheim 2003, 169-185.

Elberfeld, Rolf: Philosophie in Japan – Japanische Philosophie. Perspektiven der Philosophiegeschichtsschreibung im 20. Jahrhundert, in: Polylog 10/11, 2004, 51-66.

Elberfeld, Rolf: Japanische Philosophie in deutscher Sprache, in: Japanese Philosophy Abroad, hg. v. J. Heisig, Nagoya 2004, 155-171.

Frauwallner, Erich: Die Philosophie des Buddhismus, Berlin 31969.

Hegel, Georg Wilhelm Friedrich: Werke 20 Bde,. hg. v. E. Moldenhauer/ K. M. Michel, Frankfurt a. M. 1969 ff.

Heidegger, Martin: Bauen Wohnen Denken, in: Gesamtausgabe Bd. 7, Frankfurt a. M. 2000.

Heine, S./ Wright, D. S. (Hg.): The Kōan. Texts and Contexts in Zen Buddhism, Oxford 2000.

Heine, S./ Wright, D. S. (Hg.): The Zen Canon. Understanding the Classic Texts, Oxford 2004.

Heisig, James (Hg.): Japanese Philosophy Abroad, Nagoya 2004.
Inoue, Tetsujiro: Die japanische Philosophie, in: Die Kultur der Gegenwart, Abt. 1, hg. v. Paul Hinneberg, Bd. 5, Allgemeine Geschichte der Philosophie, Leipzig 1913.
Isshu, Miura, Ruth: Fuller Sasaki, The Zen Koan. Its History and Use in Rinzai Zen, New York 1965.
Izutsu, Toshihiko: Philosophie des Zen-Buddhismus, Reinbek bei Hamburg 4. Aufl. 1986.
Izutsu, Toshihiko: The Field Structure of Time in Zen Buddhism, in: Eranos-Jahrbuch 1978, Zeit und Zeitlosigkeit, hg. v. A. Portmann und R. Ritsema, 309-340.
Kandel, Barbara: Wen Tzu. Ein Beitrag zur Problematik und zum Verständnis eines taoistischen Textes, Frankfurt a.M. 1974.
Kato, Shuichi: Geschichte der japanischen Literatur. Die Entwicklung der poetischen, epischen, dramatischen und essayistisch-philosophischen Literatur Japans von den Anfaängen bis zur Gegenwart, Bern/München/Wien 1990.
Lorenz, Kuno: Indische Denker, München 1998.
Merleau-Ponty, Maurice: Das Auge und der Geist. Philosophische Essays, hg. v. C. Bermes, Hamburg 2003.
Merleau-Ponty, Maurice: Phänomenologie der Wahrnehmung, übers. v. R. Boehm, Berlin 1966.
Nakamura, Hajime (Hg.): Inga (Ursache und Wirkung), Bukkyōshisō (Buddhistisches Denken) Bd. 3, Tōkyō 1978.
Nietzsche, Friedrich: Also sprach Zarathustra, in: ders., Sämtliche Werke. Kritische Studienausgabe, hg. v. G. Colli u. M. Montinari, München/ Berlin 1980, Bd. 4.
Nyanatiloka: Das Wort des Buddha, Konstanz 1989.
Obert, Mathias: Sinndeutung und Zeitlichkeit. Zur Hermeneutik des Huayan-Buddhismus, Hamburg 2000.
Ōhashi, Ryōsuke (Hg.): Die Philosophie der Kyōto-Schule. Texte und Einführungen, Freiburg i.B. 1990.
Ōhashi, Ryōsuke (Hg.): Kyōto-gakuha no shisō (Die Philosopheme der Kyōto-Schule), Kyōto 2004.
Ōhashi, Ryōsuke: Kire. Das Schöne in Japan. Philosophisch-ästhetische Reflexionen zu Geschichte und Moderne, Köln 1994.
Ōhashi, Ryōsuke: Idee zu einer auditiven Geschichtsphilosophie, in: Das Interesse des Denkens – Hegel aus heutiger Sicht, hg. v. W. Welsch et al., München 2004, 231-245.
Ōhashi, Ryōsuke: Kiku koto to shite no rekishi (Ideen zu einer auditiven Geschichtsphilosophie), Nagoya 2005.
Pörtner, Peter/ Heise, Jens: Die Philosophie Japans, Stuttgart 1995.

Prasad, Hari Shankar (Hg.): Time in Indian Philosophy. A Collection of Essays, Delhi 1992.

Rospatt, Alexander von: The Buddhist Doctrine of Momentariness. A Survey of the Origins and Early Phase of this Doctrine up to Vasubandhu, Stuttgart 1995.

Saigusa Hiroto: Japanische Philosophie, in: Japanische Geistesgeschichte, bearbeitet von Klaus Kracht, Wiesbaden 1988, 93-99.

Schlieter, Jens: Buddhismus zur Einführung, Hamburg 1997.

Schlieter, Jens: Versprachlichung – Entsprachlichung. Untersuchungen zum philosophischen Stellenwert der Sprache im europäischen und buddhistischen Denken, Köln 2000.

Tuck, Andrew P.: Comparative philosophy and the philosophy of scholarship. On the Western interpretation of Nāgārjuna, Oxford 1990.

Waldenfels, Bernhard: Ordnung im Zwielicht, Frankfurt a.M. 1987.

Wright, Dale S.: Philosophical Meditations on Zen Buddhism, Cambridge 1998.

Zhuangzi: Das klassische Buch daoistischer Weisheit, übers. u. hg. v. Victor H. Mair, Frankfurt a.M. 1998.

Sachregister

A

Abfallen (lassen) 13, 39, 66, 76, 251
Abhängigsein 136, 172
Abschneiden (von Vorher und Nachher) 14, 19, 21, 28, 41, 80, 126
alle bewegten Momente 84, 178 f., 182 ff.
alle Wesen 204 ff., 208
Allein-Erwachte 85
alltägliche Handlungen 46
alltägliche Welt 147
anderes Selbst (tako) 133, 162
Andere, Anderes 12 f., 46
Anfang 68, 73, 182, 196
anfängliches Erwachen 188
Anhaften 72
Ankommen 18, 74, 190
Antwort 57, 166 ff., 170
Äon der Leerheit 18, 116
Aufenthaltsort 141
Auge 18, 44, 66, 72, 81, 83, 85 f., 108, 110, 114, 119, 121, 128, 160, 194 f., 222
Augenblick 14, 48, 225 f.
Augenbraue 110, 114
Augentrübung (blinde Augen) 18, 68 ff., 73, 84, 208
außerhalb des Buddhismus Stehende 66, 124, 128, 140
authentische Überlieferung 241
Avici-Hölle 143, 149, 254

B

bampō 36
Baum 65, 121, 148 f., 158 f., 162, 164, 169, 170

Befreiung vom eigenen Ich 222
Begegnung 190, 195, 204
Begierde 80
belebte Wesen 120, 154
bemüht ausprobieren 156, 180, 188, 208
Berg 9, 18, 29, 44, 98, 110, 116, 120 f, 132, 134, 146, 148 f., 150, 152, 155 f., 204
Bewegtes Gefüge der Momente 178 f., 181
Bewegung 79, 202
Bewußtsein 12, 136
bezweifeln 94, 120, 147, 202
Blume (Blüte) 9, 17, 62, 65 f., 70, 72 ff., 77, 85 f., 89, 110, 118, 134
Blütenentfaltung 62, 63
bodai 68, 103
bonnō 80
Böses 175
Buddha 36, 38, 50, 66, 68 f., 71, 80, 83 ff., 88, 103, 107, 123, 150, 156, 160, 172, 174 f., 178, 186 f., 192 f., 204, 241
Buddha-Augen 18, 73
Buddha-*dharma* 36, 48, 66, 120
Buddha-Natur 14, 15, 140, 205
Buddha-Praxis 250
Buddha-Weg 36, 38, 46, 66, 71, 128, 199, 250
Buddha-Welt 66
Buddhaerweis 38
Buddhaland 141
buddhistische Meister 65, 148, 192
buppō 36, 98
busshō 140, 205

307

butsudō 36, 66

D

Denken 19, 79, 140, 142, 160, 180, 190, 243
Denken und Urteilen 50
dharma 3, 4, 16 f., 24, 36, 40, 43, 46, 62, 70 f., 80, 82, 102 f., 112, 136, 138, 154, 179 f., 183, 187, 189, 190, 192 ff., 196 f., 202
dharma-König 151
dharma-Leib 69
dharma-Natur 134
dharma-Rad 42, 148, 151
dharma-Rang 14, 40 f., 71, 102, 104 f., 116
dharma-Welt 120, 141, 143
Diamant-Sutra 15, 51, 53
dokkaku 85
dōri 40, 48, 56, 72, 96, 119, 182
dōtoku 189, 198
Drache 134, 144 f., 154
drei Welten 66, 71, 82, 191
durchdringendes Loslösen 116, 136, 144, 178

E

eigenes Selbst 179
Einschreibung 16, 199 f.
Entfaltung 66, 76, 89
Enthalten 207, 208
Entschluß 222
Entstehen 19, 36, 73, 126, 174
Erdblume 87
Erde 64, 88 f., 92, 96, 98, 121, 136, 138, 140 f., 154, 162, 181 ff.,
ereignishaftes Verlaufen 21 f., 25, 28, 100 f., 106 f., 235, 243 ff.
ergründendes Ausschöpfen 116, 178
Erreichen 111 ff., 118, 188

Erscheinen 105, 139, 141, 146, 199, 208
Erscheinungen 96, 135
Erscheinungsebene 104
Erscheinungsort 64
Erscheinungsweisen 44
Erscheinungszeit 64
Erwachen 38, 42, 68, 72, 105, 108, 126, 132, 251
Erwachenlassen des Herzens 103
erwachte Einsicht 103
erwachte Weisheit 140
Erweisen 17, 30, 38, 47 f., 102, 188
Essenz 76, 86, 88, 136, 201, 204

F

Fallen-lassen von Leib und Herz 31
Festhalten 202
Feuer 63 ff., 136, 140, 143, 191
Fische 134, 144, 145
Fließen 121, 138, 144, 148, 152, 154 f.,
Frage (Fragen) 57, 60, 158, 165, 168 ff., 202
Frucht 17, 62, 65 f., 68, 82
Frucht der Leere 82
Frühling 76, 107, 204
fu-metsu 42, 174
fu-shō 41, 174
Fülle 36, 149
fünf Daseinsfaktoren 63, 195
fünf Elemente 143
fushiryō 160

G

Geburt 19, 36, 174
Gedanke 78, 98, 140, 186, 194
gedatsu 124, 134, 173
gedō 66, 124
Gegebenes 20, 86, 94, 100, 103 f.,

232
Gegenwart   16, 18, 29, 50, 58 f., 64, 73, 116, 146, 150, 240 f., 243
gegenwärtig   97, 179 f., 184
gegenwärtiges Jetzt   21, 99 f.
Gehen auf dem Wasser   121
genji gensho   65
genjō   18, 29, 47, 68, 76, 78, 84, 103, 106, 116, 123, 125, 133, 141 f., 146, 155, 178 f., 198 f., 208
genjō su   188
genjōkōan   113
genjōkōan su   46
genzai   240
Gesicht   105, 121
gestern   99, 101, 239
gewahren   119
gewöhnliche Menschen   78, 98, 125, 139, 144
gewohnte Welt   71
go   72, 193
godai   143
goun   63, 195
Großmeister   108, 125, 158
gyō   186

H

Heilige   146, 149 f., 152 f., 156, 199, 201
Hervorgehen   17, 113, 187, 190 ff., 194, 196 f.
Herz   7, 15 f., 20, 50, 53, 56, 58 f., 61, 95, 124, 136, 148, 175, 180, 204, 222
heute   99, 100, 101, 239
hijō   120
Himmel   42, 44 ff., 64, 98, 132 f., 136, 138, 180, 200
Himmelsblume   70, 85, 87
Himmelskönige   106
Himmelsleere   155
Himmelswesen   128, 147, 202

hishiryō   160
hōi   41, 102, 104, 116
hokkai   141
hongaku   70, 188
honshō   70
Hören   51, 136, 190 f.,
Hörend-Erwachte   51, 85, 128, 140
hōrin   42
hōshin   69
Hungergeist   134

I

Ich   17, 21, 23 f., 28, 63, 95 f., 102, 113, 120, 181, 187, 190 ff., 194, 198 f.
ichlos   40
in Worte fassen   196, 202, 204, 206
Inmitten (Innen)   54, 64, 73, 86 f., 102, 134, 199
inochi   175
inständig ausschöpfen   156, 182
inständig ergründen   114, 148, 156
inständig erreichen   114
inständig gehen   107, 114
inständig kommen   107, 114
inständig lernen   44, 55, 58, 62, 96, 106, 118, 128, 133, 142, 146, 154 f., 180, 188
inständig nicht erreichen   114
Irre (Irren)   38, 62, 72, 132
Irren und Erwachen   36

J

Jetzt   18, 110, 116, 228
ji   8, 20, 94, 103, 234
jiko   12 f., 21, 38, 39, 96, 116, 120, 133, 152, 162, 179
jisetsu   21, 36, 42, 62 f., 65, 68, 74, 98, 122 f., 133, 147, 168 f., 180, 188 ff., 194
jisho   63, 64, 73

jishō 40, 69
juppō 133
juppōbutsu 85

K
Kaiinzanmai 9, 16, 186 ff., 197, 208
kako 240
Karma 148
karmisches Handeln 136
kattō 127
kikan 178
kinō 239
Klar-in-Worte-Fassen 189, 198
kleines Fahrzeug 69, 128, 140
Knochen 126, 148, 190, 192
kōan 9, 68, 142, 250
kudoku 22, 116, 118, 186, 196, 203, 235
kufū 188
Kūge 9, 17, 66
kyōryaku 21 f., 100, 235, 237 f.

L
Leben 8, 14, 19, 21, 27, 41 f., 45, 82, 167, 174 f., 178 ff., 194, 222
Leben und Tod 172 ff., 178, 184, 186
Lebewesen 103, 145
Leere 18, 68 f., 73 ff., 77, 86, 148, 164
leere Blüte 18, 66, 69, 71, 75 f., 81 ff., 88
leerer Himmel 66, 70, 73, 88 f., 92, 181 ff.
leere Himmelsblume 66, 73, 88 f.
Lehre 136, 140, 201, 204, 241
Lehre Buddhas 76, 98
Leib 7, 16 f., 20, 24, 26, 79, 136, 148, 167 f., 175, 187, 189 f., 192, 195, 254
Leib und Herz 13, 38 ff., 43, 121, 142, 144, 146, 181

Leib und Herz abfallen lassen 218, 251
Leib und Herz gesammelt 30
Leib und Leben 158, 166, 168
Leib-Herz 3 f., 6 f., 9, 12, 15, 17 ff., 27
leidende Wesen 36, 38, 66, 94
loslösend durchdringen 130
Loslösung 134, 173 f.
Lotos-Sutra 198 f.,

M
Manifestieren 179, 183
Manifestieren aller bewegten Momente 19, 184
Meditationsmethode 222
Meer 9, 16, 43 f., 110, 140 f., 145, 186 f., 198 f., 204
Meeresgrund 92, 186, 205
Meeresinschrift 16, 186, 200
mei 72
meigo 36, 132
meine Sein-Zeit 21 ff., 27 f., 100
Mensch 41, 71, 113, 118, 128, 133 f., 138, 144, 146, 148, 153, 162, 165
Menschenwelt 150, 152
metsu 19, 36, 174, 187
mirai 240
mitsuu 47
Mond 38, 42, 70, 199, 252
morgen 100, 101
mui shinjin 63

N
Nachdenken 126, 130
nenryo 127
Nichtentstehen 41, 174
Nichtvergehen 42, 174
Nichtbewegtheit 79
Nichtdenken 160
Nichterreichen 112, 113

Sachregister

Nichtfließen 148, 152, 154
Nichtgegebenes 86
Nichttreffen 110
Nichtverhinderung 81
Nichtverstehen 96
Nirvana 68 f., 81 f., 103, 105, 173, 194

O
Offenbarmachen 46, 62, 68, 142
Offenbarmachen des vollen Erscheinens 46, 113
Ort 40, 46 ff., 62, 64, 70, 84, 86, 104, 123, 140, 143, 162, 199

P
Predigen 17, 192, 198 f.

Q
Qualitäten 43 f.

R
Rang 104, 138
richtige und treffende Zeit 180
rokudai 143

S
Sachverhalt 40, 48, 56, 62, 68, 72, 77, 96, 98, 119, 121, 125, 154, 182, 206, 222
Sammlung in die Meeresinschrift 187
Samsara 78
sangaku 96, 121, 188
Sansuikyō 9, 18, 116
satori 42, 72
Schatzkammer des rechten *dharma*-Auges 68, 160
Schritt zurück 120
sechs Sinne 78 f.
Sehen 51, 190, 191

Sein-Zeit 20 f., 23, 25, 29 f., 65, 92, 96, 98 ff., 102, 104, 106, 110, 112, 114, 231, 245
sekai 44, 141, 154
Selbst 24, 30, 38 f., 63, 70, 116, 133
shi 36, 174
shidai 63, 143, 195
shikaku 188
shikantaza 251
shikin 18, 29, 99, 116
shin 50, 95
Shinfukatoku 8, 15, 50
shinjin 3 f., 6 f., 11, 13, 15, 17, 19, 27, 30, 38 f., 40, 43, 121, 142, 146
shinjindatsuraku 218, 251
shinnyo 80
shiryō 142, 180
shiryō-funbetsu 50, 140, 190
shō (erweisen) 21, 48, 186
shō (Leben) 19, 36, 174
Shōji 8, 19, 82, 172, 173, 174, 175, 178, 184
shōmon 85, 128
shugyō 36, 95, 103
shujō 36, 94
shūshō 38, 45, 125
Sinn 111 ff., 144, 165 f., 168, 170, 172, 250
Sinnlosigkeit 130
sōshi 77
Sprechen 51, 60, 168, 170
Sprechen der Loslösung 124
Spruch 56 f., 124, 204
Status 19, 42, 174
staubige Alltagswelt 44
Stehenbleiben bei Worten 124
Sterben 19, 27, 36, 174, 222

T
tako 12 f., 39, 133
tenjin 53

Tod   8, 14, 19, 36, 41 f., 81, 82, 174, 178, 179, 182, 183, 194
tokoro   46, 64, 70
toku   43 f.
tōtotsu   116, 178
totsuraku   39
Traum   222
treffen   69, 110, 160, 168, 169
treffende Zeit   96, 120, 179
Tugend   149
tugendhafte Qualitäten   149

U

u   8, 20, 94, 103, 232
Übendes Erweisen   13, 21, 45, 125, 132 f., 136, 197
Übung   36, 46, 95 f., 102 f., 195
Übung des Herzens   206
Übung des Weges   150
Übungswege   123
uji   65, 92, 96, 98 ff., 102, 104, 106, 108, 110 ff., 114, 245
Uji   8, 20, 230, 231, 232, 234 f.
ujō   120, 154
umu   87, 132
unbelebte Wesen   120
Undenken   160
Unentstandenes   72
Unerschöpflichkeit   76
Ungeschiedenheit   72
Unsinnige Reden   126, 128
Ursachen   63 f.
Ursprung   118, 186
ursprünglich Erwachte   70 f., 188
Urteil   140

V

Vergangenheit   15 f., 28, 50, 58 f., 64, 73, 146, 150, 240 f., 243
Vergänglichkeit   220, 222
Vergehen   17, 19, 36, 73, 105, 174, 179, 187, 192 ff., 196 f.
vergessen   39
Verhindern   81, 112
Vermögen   22, 100 f., 116, 118, 133, 155, 186, 188, 196, 201 f., 208, 235
verursachende Anlässe/ Zusammenhänge   54, 87, 102, 134
vier Elemente   63, 70, 143, 195
vollauf erscheinen   47, 68, 103, 125, 133, 141 f., 146, 179, 188, 199, 208
volles Aussprechen   165
volles Erscheinen   18, 24, 29, 46, 76, 78, 84, 86, 106, 116, 123, 178, 184, 198
vollständiges Erwachen   82
von selbst so   17, 39, 62 f.
von selbst so hervorgehen   (jinenjō) 62
Vorstellungsaugenblick   25, 243

W

wahrer Mensch ohne Rang   63
wahrhafte Gestalt des Soseins   154
wahrhafte Wirklichkeit   123
Wandlungsverlauf   199, 205, 206, 208
ware   63, 95, 96, 187, 191, 192, 194
Wasser   9, 18 f., 29, 38, 42, 44 ff., 65, 79, 102, 116, 121, 132 ff., 136, 138 ff., 180, 200, 205
Weg   46, 68, 88, 100, 107, 128, 172 f., 175, 188, 241
Weg-Augen   18, 73
Welt   4, 7, 9, 12, 63, 65, 95, 97, 100, 1 03, 106, 118, 141, 147, 154, 179, 180, 222, 254
Welten   44, 140
welthaft erschöpfen   103
weltliche Verstrickungen   44
Wesensnatur   124
Wind   48, 70, 106, 118, 136, 143, 154

Wind-Natur   14, 15, 22, 48
wirklicher Mensch   82
Wissen   46 f., 139, 188, 190
Wort   88, 111 f., 114, 148, 154, 156
Worte   7, 18, 105, 116, 126, 130, 160, 172, 175, 188, 191, 195, 250

Z

zanmai   16
Zazen   250 f., 253
zehn Richtungen   85, 86, 133
zehntausend *dharma*   11, 13, 21, 36, 39 f., 44, 155
Zeit   8, 12, 16 ff., 26, 28, 42, 63, 76, 84, 94 ff., 112 f., 125, 174, 180, 184, 190, 192 ff., 206, 234
Zeit der Loslösung   243
Zeit des Erweisens   186
Zeit des Hervorgehens   187, 190, 191
Zeit des Predigens   186
Zeit des Übens   186
Zeit (jisetsu)   21, 36, 42, 62 f., 65, 68, 74, 98, 122 f., 133, 147, 168 f., 180, 188 ff., 194
Zeitort   63, 64, 73
Zen-Meister   108, 182
Zen-Rede   126
zengosaidan   41
Zenki   8, 19, 178
zenkigen   84, 179
Zukunft   15 f., 28, 58 ff., 73, 240 f., 243
Zweifeln   65, 94 f., 148, 172, 206
zwölf Lehrabteilungen   108
zwölf Tageszeiten   15, 94, 191

Dōgen „Shōbōgenzō". Ausgewählte Schriften
Übersetzt, erläutert und herausgegeben von
Ryōsuke Ōhashi und Rolf Elberfeld

2006年1月10日　初版第1刷発行

編訳者―――――大橋良介／ロルフ・エルバーフェルト
発行者―――――坂上　弘
発行所―――――慶應義塾大学出版会株式会社
　　　　　　　〒108-8346　東京都港区三田2-19-30
　　　　　　　TEL〔編集部〕03-3451-0931
　　　　　　　　　〔営業部〕03-3451-3584〈ご注文〉
　　　　　　　　　〔　〃　〕03-3451-6926
　　　　　　　FAX〔営業部〕03-3451-3122
　　　　　　　振替　00190-8-155497
　　　　　　　http://www.keio-up.co.jp/
ブックデザイン―宮川なつみ
　　　　　　　表紙・扉題字「正法眼蔵」出典：
　　　　　　　彫刻永平正法眼蔵本山版 流布本
　　　　　　　『正法眼蔵』（駒澤大学図書館所蔵）表紙
印刷・製本――精興社

©2006 Ryōsuke Ōhashi, Rolf Elberfeld
Printed in Japan　ISBN 4-7664-1201-X